CAPACITACIÓN Y GESTIÓN DEL CONOCIMIENTO A TRAVÉS DE LA WEB 2.0

CAPACITACIÓN Y GESTIÓN DEL CONOCIMIENTO A TRAVÉS DE LA WEB 2.0

Domingo J. Gallego
Mabel Álvarez
(Coords.)

Dykinson, S. L.

Editorial DYKINSON, S.L. Meléndez Valdés, 61 - 28015 Madrid
Teléfono (+34) 91 544 28 46 - (+34) 91 544 28 69
e-mail: info@dykinson.com
http://www.dykinson.es
http://www.dykinson.com

Consejo editorial: véase www.dykinson.com/quienessomos

ISBN: 978-84-9031-406-7
Depósito Legal: M-14969-2013

Maquetación:
BALAGUER VALDIVIA, S.L. - german.balaguer@gmail.com

Impresión:
Coimpress, S.A.
e-mail: clientes@coimpress.es

EQUIPO REALIZADOR DEL PROYECTO AECID A/024521/09

Dirección: Dr. Domingo J. Gallego Gil

- Coordinación América: Dra. Mabel Álvarez

Universidad Nacional de Educación a Distancia, UNED, España:

- Dr. Domingo J. Gallego Gil
- Dra. Catalina M. Alonso García
- Dra. María Luz Cacheiro González
- Dra. Ana Martín Cuadrado
- Dña. Mª Jesús Sánchez Pindado

Universidad Nacional de la Patagonia San Juan Bosco, UNPSJB, Argentina:

- Dra. Mabel Álvarez
- Mg. Marta Isabel Dans
- Mg. Alicia Beatriz Paur
- Mg. Zulema Beatriz Rosanigo

Universidad de Concepción, UdeC, Chile:

- Mg. Nibaldo Gatica Zapata
- Dr. Jorge Valdivia Guzmán

Escuela Politécnica del Ejército, ESPE, Ecuador:

- Mg. Karina Lorena Cela Rosero
- Mg. Cecilia Milena Hinojosa Raza

ÍNDICE

PARTE III. SINERGIAS CON OTROS PROYECTOS

PRÓLOGO

DOMINGO J. GALLEGO Y MABEL ÁLVAREZ
Coordinadores

En 1962 Arthur Clarke escribía en su libro *Perfiles del futuro* “Cuando un científico famoso, pero ya de edad, dice de algo que es posible, es casi seguro que está en lo cierto. Cuando dice que es imposible, lo más probable es que se equivoque.” George Steiner gran ensayista y nada sospechoso de ser exagerado, afirmaba que la revolución sufrida en el ámbito de la creación, la comunicación y la conservación de datos producida por los ordenadores, el intercambio electrónico a escala planetaria y la realidad virtual es mucho más radical y tiene un alcance mucho mayor que la revolución de Gutenberg. Estas afirmaciones, pioneras en su tiempo, hoy nadie se atrevería a negarlas. Cada día se avanza más aún y encontramos en libros, artículos y revistas frases como estas:

> “Con la Web 2.0 se puede hacer todo”.
>
> “La formación telemática irá sustituyendo aceleradamente la formación presencial”, “En las bases de datos conocidas como servidores universales, en la nube, está el futuro.” “El comercio electrónico crecerá hasta magnitudes ahora desconocidas.”
>
> “La democracia deberá reconvertirse en gobierno participativo electrónico”
>
> “Las redes sociales abren una nueva dimensión a la interrelación, la acción y la organización de movimientos sociales.”

Este libro quiere afrontar algunos de estos temas candentes en la Sociedad de la Información y del Conocimiento, presentando la experiencia de un proyecto de investigación financiado por la Agencia Española de Cooperación Internacional para el Desarrollo – AECID, “Capacitación y Gestión del Conocimiento con herramientas Web 2.0 para Docencia Universitaria, Gestión Administrativa y Educativa y Desarrollo Profesional Continuo en Argentina, Chile y Ecuador”– CGC Web 2.0,. Hemos vivido unos años de trabajo intenso, pero gratificante, en el que hemos experimentando nuevas vías para superar la brecha digital que separa las sociedades avanzadas de las que están en vías de desarrollo. Este trabajo es el resultado de la colaboración de cuatro universidades en cuatro países la Universidad Nacional de Educación a Distancia (UNED) de Madrid, España, la Universidad Nacional de la Patagonia San Juan Bosco (UNPSJB) de Argentina, la Universidad de Concepción (UdeC) de Chile y la Escuela Politécnica del Ejército (ESPE) de Ecuador.

El libro se estructura en tres partes:

Parte I Introducción al Proyecto CGCWeb2.0, Gestión del Conocimiento y Gestión del Talento.

Parte II Presenta las experiencias en formación Web 2.0, realizadas principalmente mediante cinco cursos elearning impartidos por la Unidad Ejecutora del Proyecto.

Parte III Sinergias con otros Proyectos de investigación que añadieron valor a los resultados de nuestro proyecto.

Finalmente queremos agradecer a AECID por el apoyo recibido, a nuestras universidades por su comprensión y sensibilidad ante este proyecto y a todos los miembros de la Unidad Ejecutora por el esfuerzo realizado, la calidad de sus aportaciones y la amistad que hemos disfrutado entre todos y que va a perdurar en el tiempo. Estamos seguros que este proyecto podrá ayudar a diseñar otras muchas acciones de desarrollo sostenible con la Web 2.0

PARTE I.
PROYECTO AECID CGCWEB2.0

CAPÍTULO 1. GESTIONAR EL CONOCIMIENTO Y EL TALENTO UN RETO PARA EL SIGLO XXI

DOMINGO J. GALLEGO[1], CATALINA M. ALONSO[2]
[1,2]*Universidad Nacional de Educación a Distancia, España*
[1]*domingoj.gallego@gmail.com;* [2]*catalinam.alonso@gmail.com*

Resumen. El conocimiento es el motor fundamental de los individuos y las organizaciones. El progreso y el desarrollo vienen unidos estrechamente al conocimiento. Sin embargo, el conocimiento ya no es patrimonio de unos pocos privilegiados. Internet ha democratizado el conocimiento permitiendo el acceso gratuito a millones de bases de datos, a cualquier interesado que tenga acceso a la red. Ha cambiado el paradigma del conocimiento con las posibilidades que ofrece la Tecnología.
Sin embargo, una vez más la Brecha Digital se interpone en este camino de progreso. Los que no tienen acceso a la tecnología no tienen acceso al conocimiento. Y cuando hablamos de conocimiento nos referimos tanto al conocimiento orientado a la sabiduría como al conocimiento como recurso estratégico de las organizaciones orientado al desarrollo socioeconómico.
En este capitulo analizamos la relación entre gestión del Conocimiento y Gestión del Talento, la creatividad, la inteligencia exitosa, los recursos y el talento.
Palabras Clave: Gestión, Gestión del Conocimiento, Talento, Gestión del Talento, Brecha Digital, Web 2.0

1.1. GESTIÓN DEL CONOCIMIENTO Y GESTIÓN DEL TALENTO

Dos pescadores se encontraban en un río en Estados Unidos, pescando con la técnica de la mosca. En esta técnica el hilo se mueve como un látigo encima del agua, golpeando ocasionalmente la superficie del agua para dar la impresión de que un insecto ha caído en ella. Esto hace que las truchas inmediatamente se lancen a su captura. Lógicamente, para que al pez le dé tiempo a cazar a su presa, ha de sentir que está muy cerca de ella. Por eso, en esta técnica de pesca es de gran importancia que el cebo toque el agua en la proximidad de los peces. Uno de los pescadores pescaba muchísimo, mientras que el otro no pescaba nada. Muchas personas hablaban de suerte y otras de experiencia. La realidad era que el pescador que pescaba tantos peces utilizaba unas gafas polarizadas que le permitían distinguir la silueta de los peces bajo el agua y así situaba el cebo en el sitio preciso y adecuado.

Reflexionar sobre la *Gestión del Conocimiento y Gestión del Talento* quiere facilitar a todos esas gafas polarizadas que nos ayuden a conseguir a innovar y a gestionar bien el talento. Tener éxito, no es simplemente aumentar el número de peces que conseguimos utilizando los recursos tecnológicos adecuados, es mejorar la calidad de la educación en todos los niveles del sistema educativo y en todos los países.

Hace muchos años que nos esforzamos por gestionar el talento. Nuestros proyectos en AECID desarrollados en Argentina, Chile y Ecuador han sido una muestra de este esfuerzo. En un momento de grave crisis socioeconómica saber gestionar el talento se ha convertido en un requisito de supervivencia.

Hoy se vuelve a demostrar que en el siglo XXI la coincidencia cultural entre los países es, precisamente, la convergencia tecnológica. En cualquier país se presenta y accede a la información con los cauces que nos ofrece la tecnología. Compartimos el interés por mejorar la educación utilizando adecuadamente los recursos del siglo XXI.

Steve Case famoso presidente de América On Line decía que la tecnología de las máquinas de vapor llegó al mismo tiempo a Francia e Inglaterra, pero así como en Francia solo se utilizó para los juguetes de los príncipes de su monarquía absoluta y para las fuentes de sus palacios reales, en Inglaterra se utilizó para llevar adelante la revolución industrial. (Maestre, 2004:93). Innovación tecnológica gestionada con talento.

1.2. CREATIVIDAD

El título de nuestro trabajo reúne grandes conceptos, estrechamente interrelacionados. El punto de partida de la innovación es la creatividad y el punto de partida de la creatividad es el talento aplicado. El único capital que produce innovación es el capital intelectual. La creatividad es un proceso mental que se ve afectado por las condiciones del entorno y en especial del entorno organizativo. La creatividad no es solo una cuestión de disposición natural de los individuos, es la capacidad de generar nuevas ideas tanto individualmente como en grupo. Estas afirmaciones son válidas tanto para las organizaciones empresariales como para las organizaciones educativas.

En mayo-junio de 2011 se presentaba en Madrid el Circo del Sol. No se trata de un circo evolucionado, ni un espectáculo musical, ni una actuación teatral. Es algo diferente. Se ha reinventado a base de tres componentes: talento, creatividad y capacidad para convertir la creatividad en innovación. Los pequeños robot que desempeñan el papel de perritos son un símbolo de lo que significa utilizar la tecnología para conseguir fines superiores.

La creatividad es unir ideas que antes no estaban conectadas. La innovación es ponerlas en práctica. La creatividad sin innovación es inútil y estéril porque no produce nada relevante. Hoy la innovación es un requisito de supervivencia. Quien no innova, muere. Según el índice de Innovación 2011, España ocupa el puesto decimoprimero en el ranking que encabezan Finlandia, Suecia, Islandia y Dinamarca como países europeos con mayor capacidad de innovación.

Desde Darwin la forma tradicional de considerar el talento ha sido "los genes (la naturaleza) y el entorno (la educación) se combinan para convertirnos en lo que somos". Este modelo explica algunos casos de talento humano, pero quedan otras muchas variables y características que no se tienen en cuenta, ni explican otros muchos casos de talento.

Dan Coyle (2009) se preguntaba en su libro *Las claves del talento*:

¿Cómo consigue un club de tenis ruso que no tiene un céntimo y que tan solo dispone de una pista cubierta formar a más jugadoras que hayan alcanzado el top 20 que todas las escuelas de tenis de Estados Unidos?

¿Cómo logra una humilde escuela de música situada en un local originariamente destinado a ser una tienda en Dallas Texas, producir una constelación de estrellas de la música pop que ha conseguido contratos fabulosos?

¿Por qué surgen en el seno de una familia británica pobre, que vive en un pueblo remoto y que no han tenido acceso a la educación, tres escritoras de importancia mundial las hermanas Brönte?

1.3. COMPRENDER EL TALENTO

Hay múltiples definiciones de talento. Algunas simplemente de sentido común "la posesión de habilidades repetibles que no dependen del tamaño físico" (Coyle, 2009:17)

El Diccionario de la Real Academia de la Lengua define talento con cuatro acepciones:

- Inteligencia (capacidad de entender)
- Aptitud (capacidad para el desempeño o el ejercicio de una ocupación)
- Persona inteligente o apta para determinada ocupación
- Moneda de los griegos y los romanos

David Ulrich (Blanco, 2008:XIX) definía el talento como el resultado de esta ecuación: *Sensibilidad + capacidad x compromiso.*

Para Gagné (2004) el talento es un constructor evolutivo; es el resultado del desarrollo de la superdotación para convertirse en excepcionalidad en un determinado campo.

Blasco y Prieto (2008) lo definen como "una característica de las personas que se manifiesta en desempeños excepcionales en algún campo o aspecto de su vida."

Según Cubeiro (2008) el talento es mucho más que la inteligencia, "es capacidad por compromiso en un contexto determinado". La capacidad es aptitud (conocimientos y habilidades) más actitud (disposición de ánimo manifestada en comportamientos). La inteligencia (conocimiento) sin las debidas habilidades (de comunicación, de negociación, de liderazgo, creativas...) sin un buen nivel de compromiso, sin un contexto que aprecie, refuerce y aflore el talento, no es suficiente.

Concretemos con Oliver y Prieto (2008:5) las líneas definitorias que encontramos en los diferentes autores que analizan el concepto de talento:

- Es una cualidad inherente a las personas (por lo tanto con un sustrato psicobiológico y ambiental que se complementan).
- Evaluable (a través de `procedimientos cuantitativos o cualitativos contrastables).
- Que les permite destacar con comportamientos altamente eficaces (dos o más desviaciones típicas por encima de la media).
- Y con plasticidad suficiente para adaptarse con la organización a las exigencias cambiantes del entorno.

Del análisis de la mayoría de las investigaciones resulta aceptable afirmar que existe un componente genético en la inteligencia, incluso en las capacidades excepcionales o talentosas, pero que es gracias a una correcta e importante estimulación y fundamentalmente a un proceso de automotivación constante, por lo que se llega al desarrollo de los grandes talentos.

En los últimos años las investigaciones se han intensificado en el estudio de un componente neurológico llamado *mielina*. Algunos neurólogos lo consideran "el santo grial de la adquisición de habilidades". Toda habilidad humana ya sea jugar al futbol o interpretar a Bach proviene de una cadena de fibras nerviosas que trasmite un diminuto impulso eléctrico, una señal que viaja a través de un circuito. La mielina rodea esas fibras nerviosas del mismo modo que un aislamiento de goma envuelve un alambre de cobre: hace que la señal sea más veloz y fuerte porque impide que se escapen los impulsos eléctricos. Cuanto más gruesa sea la capa de mielina, mayor será su capacidad de aislamiento, de manera que nuestros movimientos y pensamientos se volverán más veloces y precisos. Todas las habilidades, todo el lenguaje, toda la música, todos los movimientos están hechos de circuitos vivos; en los que la mielina interviene de forma importante. (Coyle, 2009:11)

Sobre la mielina conocemos un 2% de lo que sabemos acerca de la sinapsis, por lo tanto nos queda mucho por conocer. Hay cuatro aspectos que están lo suficientemente investigados para que puedan presentarse como principios fundamentales (Coyle, 2008:49):

- La activación del circuito es fundamental. La mielina responde a acciones concretas. Se trata de un mecanismo que responde a la repetición urgente.

- La mielina es universal. Una sola substancia sirve para todas las habilidades, crece de acuerdo a las mismas reglas, no le importa quién eres, le importa lo que haces.
- La mielina envuelve, no desenvuelve. La mielinización se produce en una sola dirección. Una vez que se aísla el circuito de habilidad, no puedes "desaislarlo" (excepto a causa de la edad o de una enfermedad. Esta es la razón por la cual los hábitos resultan tan difíciles de romper. La única manera de cambiarlos es construir hábitos nuevos a través de la repetición de nuevos comportamientos.
- La edad es importante. En los niños, la mielina llega en una serie de oleadas, algunas de ellas determinadas por los genes, otras dependientes de la actividad que desarrollan. Esas oleadas se producen hasta que llegamos a la treintena y crean períodos críticos durante los cuales el cerebro se muestra extraordinariamente receptivo al aprendizaje de nuevas habilidades. Después de este período experimentamos una ganancia neta de mielina hasta los cincuenta años. Cualquiera que haya tratado de aprender un idioma o a tocar un instrumento en la edad madura puede confirmar que cuesta mucho más tiempo y sudor construir los circuitos necesarios.

Cuando murió Einstein se realizó una cuidada autopsia de su cerebro. Tenía un número corriente de neuronas, pero tenía una cantidad significativamente alta de células gliales (que son las que producen y sostienen la mielina). En su momento este dato fue considerado irrelevante. Pero ahora tiene mucho sentido: Einstein poseía "una gran banda ancha" que le permitía tener un extraordinario sistema de circuitos mentales. (Coyle, 2008:77).

Muchos autores han reflexionado e investigado en busca de las características necesarias para que una persona pueda ser considerada como talento. Según Blasco y Prieto (2008:36) podríamos resumirlas así:

- Inteligencia, con capacidad excepcional para analizar y resolver problemas con fluidez y para procesar información relativa a áreas concretas de conocimientos, aptitudes y destrezas.
- Un notable grado de autonomía (al menos en aquello que se refiere a su excepcionalidad).
- Placer por el hecho de hacer lo que hacen, al hilo de su motivación intrínseca.
- Notables niveles de motivación de logro para ver sus acciones convertidas en resultados tangibles.
- Realismo, es decir, conexión con la realidad o demandas actuales y/o futuras en aquello que le compete.
- Anticipación, capacidad de analizar y actuar proactivamente en el planteamiento de problemas y soluciones.

- Sin barreras personales para alcanzar los límites normativos en pos de sus ideas y proyectos.

1.4. INTELIGENCIA EXITOSA

En la práctica empresarial el talento tiene mucho que ver con lo que Sternberg denomina "inteligencia exitosa".

Que los tests de inteligencia no dan la medida del éxito es una idea constante en las obras de Sternberg y sus aportaciones se enmarcan dentro de los autores más críticos a las aplicaciones de los tests de inteligencia.

Su punto de partida es su propio fracaso en los test de inteligencia realizados en la escuela y en la Universidad. Y, sin embargo, ha llegado a ser un profesor de gran prestigio en la Universidad de Yale. (Sternberg, 1997)

Vamos a analizar su postura acerca de la inteligencia exitosa que se diferencia claramente del concepto convencional de inteligencia, que él denomina "inteligencia inerte". Los test convencionales, según Sternberg, miden tan sólo una pequeña parte de la inteligencia, no la inteligencia entera ni la mayor parte de ella.

Sterberg (1988), nos propone una teoría triárquica de la inteligencia, definiéndola en términos de:

- El mundo interno del individuo (los componentes de procesamiento de la información presentes en los componentes metacognitivo, de obtención de resultados y de adquisición del conocimiento).
- El mundo externo del individuo (la habilidad del individuo para adaptarse y para moldear los entornos existentes o para escoger nuevos entornos).
- La experiencia del individuo en el mundo (cómo se enfrenta el individuo a la novedad y cómo automatiza el procesamiento de la información).

La inteligencia exitosa implica un aspecto analítico, un aspecto creativo y un aspecto práctico. El primero se usa para resolver problemas, el segundo para decidir qué problemas resolver y el tercero para llevar a la práctica las soluciones. Estos tres aspectos son relativamente independientes entre sí.

El pensamiento analítico compara y contrasta, juzga, evalúa y analiza. El pensamiento creativo descubre, inventa, imagina y supone. El pensamiento práctico usa, aprovecha y aplica.

La inteligencia es modificable. Cada uno puede aumentar su inteligencia y también puede disminuirla. La inteligencia exitosa es particularmente susceptible de cambios. La inteligencia no es primordialmente un problema de cantidad sino de equilibrio, de saber cuándo y cómo usar las habilidades analíticas, las creativas y las prácticas.

Las escuelas tienden a premiar habilidades que no son importantes en la vida posterior. Es preciso que las exigencias de la escuela se acerquen más a las de la vida cotidiana.

Un elemento importante de la inteligencia es la flexibilidad. Así hay que enseñar a los niños a enfocar los problemas desde una variedad de puntos de vista y, sobre todo, a ver cómo otras personas y otras culturas abordan las cuestiones y los problemas del mundo.

Las personas con inteligencia exitosa se hacen cargo de sus fuerzas y sus debilidades y luego buscan la manera de capitalizar las primeras y corregir o remediar las segundas. Es un concepto de inteligencia menos exclusivo, mucho más democrático y con aplicaciones más amplias en el mundo real.

Sternberg (1997: 263 y ss) describe las características de las personas con inteligencia exitosa. La única prueba verdadera de la inteligencia exitosa es el rendimiento exitoso, se mida lo que se mida o se defina lo que se defina. Las personas con inteligencia exitosa:

- se automotivan
- aprenden a controlar sus impulsos
- saben cuando perseverar
- saben cómo sacar el máximo partido de sus habilidades
- traducen el pensamiento a la acción
- se orientan hacia el producto
- completan las tareas y llegan al final
- tienen iniciativa
- no tienen miedo de arriesgarse al fracaso
- no retrasan los compromisos
- aceptan el reproche justo
- rehusan la autocompasión
- son independientes
- tratan de superar las dificultades personales
- se centran y concentran en superar sus objetivos
- no tratan de hacer demasiadas cosas a la vez ni hacer demasiado pocas
- tienen capacidad para aplazar la gratificación
- son capaces de ver al mismo tiempo el bosque y los árboles
- tienen un nivel razonable de autoconfianza y creen en su capacidad para alcanzar sus objetivos
- equilibran el pensamiento analítico, el creativo y el práctico

Charles Darwin escribió: “siempre he sostenido que, salvo los tontos, los hombres no se diferencian mucho en cuanto a intelecto, solo en ahínco y trabajo duro.”

En una empresa se pueden distinguir cinco tipos de talento:

- Talento técnico (especialmente relevante en contribuidores individuales)

- Talento creativo (imprescindible para crear nuevos conceptos, productos, servicios)
- Talento relacional (para hacer equipo)
- Talento comercial (capaz de vender)
- Talento directivo (la capacidad y el compromiso para inspirar a las personas y conseguir que den lo mejor de sí mismas

¿Dónde y cómo nacen los talentos y se desarrollan? ¿Por qué unos sitios y algunos períodos son mucho más productivos que el resto? Un genio solitario es fácil de explicar pero docenas de genios en dos generaciones no es tan fácil. La historia nos presenta tres épocas excepcionales en las que el talento fue especialmente abundante.

- Atenas desde el 440 al 380 a.c.,
- Florencia desde 1440 hasta 1490,
- Londres desde 1570 hasta 1640

Bank (s.f.) busca las razones de este florecimiento y concreta cinco:

- *Prosperidad*: que proporcionaba dinero y mercados para apoyar el arte.
- *Paz*: que proporcionaba la estabilidad necesaria para buscar el progreso artístico y filosófico.
- *Libertad*: que mantenía a los artistas y filósofos a salvo del control estatal o religioso.
- *Movilidad social*: que permitía que la gente pobre y con talento accediera al mundo del arte.
- *Paradigmas dominantes*: que aportaban nuevos medios y perspectivas que provocaron una ola de originalidad y expresión.

Estas razones parecen ser causa del florecimiento pero sin embargo la mayoría de ellas contradicen lo que presenta la historia. Si analizamos el caso de Florencia nos encontramos con gente seleccionada al azar, que provenían tanto de familias ricas como pobres, tenían personalidades diferentes, maestros distintos y motivaciones diversas. Pero sí tenían una cosa en común: todos pasaron gran parte de su infancia dentro de un invernadero de práctica intensa activando y optimizando circuitos, corrigiendo errores, compitiendo y mejorando habilidades. Todos ellos participaron en la mayor obra artística que un individuo puede crear: la arquitectura de su propio talento. (Coyle, 2008:70)

La creación social del "gremio de artesanos" permitió el aprendizaje de los oficios y cultivó los talentos incipientes a base de pasar miles de horas resolviendo problemas, probando soluciones, equivocándose y volviendo a intentarlo. Miguel Ángel, por ejemplo, vivió con un picapedrero y su familia de los seis a los diez años, Aprendió a manejar antes el mazo y el cincel que la pluma. Después de un breve y fracasado intento de ir a la escuela, entró como aprendiz en el taller de Ghirlandaio, y a continuación con el maestro escultor Bertoldo. Aprendió de las grandes figuras de la pintura y la escultura en casa de Lorenzo de Médicis. A los veinticuatro años esculpió La Pietà y todo el mundo le aclamó como genio. Y Miguel Ángel respondía: "si la gente supiera cuán duramente tuve que trabajar para conseguir mi maestría, no le parecería tan maravillosa".

Coyle (2008) destaca tres puntos para conseguir la excelencia. El primero es *la práctica intensa*. No es posible el éxito sin la práctica intensa y continuada, al menos durante diez años. "La práctica no te hace perfecto, la práctica perfecta te hace perfecto." Hay que elegir un objetivo, ir a por él, evaluar la brecha que hay entre el objetivo y nuestras posibilidades de alcanzarlo.

Ericsson, Prietula y Cokely (2007) de la Academia de Música de Berlín investigaron el número horas que los violinistas de la Academia habían dedicado a la práctica de su instrumento. Todos los estudiantes habían comenzado a los cinco años de edad. Los mejores habían practicado 10.000 horas. Los estudiantes buenos habían practicado 8.000 horas y los estudiantes no tan buenos 4.000 horas. De esta investigación y otras similares se ha llegado a la idea de que la excelencia en una tarea compleja requiere "el número mágico" de diez mil horas, independientemente del campo al que nos refiramos jugadores de baloncesto, compositores, patinadores sobre hielo, ajedrecistas, pianistas... Parece que el cerebro necesita todo ese tiempo para asimilar cuanto necesita conocer para alcanzar un dominio verdadero.

El segundo elemento es *la ignición,* la suma de energía, pasión y compromiso, la motivación. Al preguntar a unos estudiantes durante cuánto tiempo pensaban tocar un instrumento: durante un año, durante toda la enseñanza primaria o durante toda la vida, es decir, el compromiso por realizar una tarea a corto, medio o largo plazo se determinaba notablemente el rendimiento. Con la misma cantidad de práctica los estudiantes comprometidos a largo plazo lograban mucho mejores resultados.

El tercer elemento es el *maestro/instructor.* La persona que sabe "gestionar los talentos incipientes" y enfocarlos hacia el éxito. Por eso es importante que hablemos de gestión del talento, Hay muchos talentos que se quedan en simples y eternas "promesas" porque les falta este último elemento dinamizador. "Los maestros e instructores de talento que he conocido, dice Coyle (2008:164), tenían el temperamento tranquilo y reservado, muchos de ellos eran mayores, la mayoría llevaba enseñando treinta o cuarenta años, todos tenían la misma clase de mirada firme, profunda y limpia, escuchaban mucho más que hablaban...mostraban una sensibilidad extraordinaria ante la persona a la que estaban enseñando y adaptaban cada mensaje a cada alumno, eran los susurradores de talento."

1.5. RECURSOS Y TALENTO

Hemos tratado de fomentar estas tres grandes líneas de acción para la gestión del talento: la práctica, la ignición y la acción del maestro.

Para innovar hacen falta recursos. Es evidente. Hay que saber utilizar y encontrar los recursos necesarios y válidos. No por poner excesivos recursos se resuelven los problemas. Aunque se pongan nueve mujeres para conseguir que nazca un niño no por eso se va a lograr que nazca en un mes. Hay que saber identificar donde están los recursos y a quién se puede acceder para solicitarlos.

Una mujer con un desteñido vestido de algodón barato y su esposo, vestido con un raído traje, se bajaron del tren en Boston, y caminaron tímidamente sin tener una cita a la oficina de la secretaria del Presidente de la Universidad de Harvard.

La secretaria adivinó en un momento que esos campesinos venidos de los bosques, no tenían nada que hacer en Harvard. 'Desearíamos ver al presidente' dijo suavemente el hombre. 'El estará ocupado todo el día' respondió la secretaria. 'Esperaremos' replicó la mujer. Durante horas la secretaria los ignoró, esperando que la pareja finalmente se desanimara y se fuera. Ellos no lo hicieron, y la secretaria finalmente decidió interrumpir al presidente

'Tal vez si usted conversa con ellos por unos minutos, se irán' le dijo. El hizo una mueca de desagrado y asintió. Alguien de su importancia obviamente no tenía el tiempo para ocuparse de ellos, y detestaba los vestidos de algodón barato y los raídos trajes en la oficina de su secretaria. El presidente, con el ceño adusto y con dignidad, se dirigió con paso arrogante hacia la pareja. La mujer le dijo 'Tuvimos un hijo que asistió a Harvard por solo un año. El amaba a Harvard. Era feliz aquí. Pero hará un año, murió en un accidente. Mi esposo y yo deseamos levantar un memorial para él, en alguna parte del campus'. El presidente no se interesó. 'Señora', dijo ásperamente, 'no podemos poner una estatua para cada persona que asista a Harvard y fallezca. Si lo hiciéramos, este lugar parecería un cementerio.' 'Oh no', explicó la mujer rápidamente. 'No deseamos erigir una estatua. Pensamos que nos gustaría donar un edificio a Harvard'

El presidente entornó sus ojos. Echó una mirada al vestido de algodón barato y al traje raído, y entonces exclamó 'Un edificio! ¿Tienen alguna remota idea de cuánto cuesta un edificio? Hemos gastado más de siete millones y medio de dólares en los edificios de Harvard!'

Por un momento la mujer quedó en silencio. El presidente estaba feliz. Tal vez se podría deshacer de ellos ahora. La mujer se volvió a su esposo y dijo suavemente ¿Eso es todo lo que cuesta iniciar una universidad? ¿Por qué no iniciamos la nuestra?' Su esposo asintió. El rostro del presidente se oscureció en confusión y desconcierto.

El Sr. Leland Stanford y su esposa se levantaron y se fueron a Palo Alto, California, donde establecieron la Universidad que lleva su nombre, la Universidad Stanford, en memoria de un hijo del que Harvard no se interesó. La Universidad 'Leland Stanford Junior' fue inaugurada en 1891. Ése fue su 'memorial'. Hoy en día la Universidad de Stanford está considerada por muchos la número uno del mundo, por encima de Harvard.

Al hablar hoy de Gestión del Conocimiento y de Gestión del Talento en Stanford es imprescindible recordar a Steve Jobs, creador de Apple, que falleció el 6 de octubre de 2011 y su célebre discurso a los estudiantes del 12 de junio de 2005. Gracias a Steve Jobs la informática dejó de ser una "cosa de ingenieros". Integró el ordenador con el teléfono, lo vistió con diseño y lo hizo táctil. Revolucionó el modo de oir música y de acercarse a la información. Fue un creador de ilusiones. Consiguió que Apple no tenga clientes sino "creyentes".

¿Cuál fue el secreto de la inteligencia exitosa de Steve, la gestión de su talento? ¿Qué significaba esa I de IMac, IPod, ITunes, IPhone, IPad?

I-DEAS, I-MAGINACIÓN, I-NVENCIÓN

"La mayor parte de las cosas con que tropecé siguiendo mi curiosidad e intuición resultaron ser importantísimas posteriormente". Quién podía imaginar que el único curso al que asistía el tecnólogo Jobs era el de caligrafía, sin ese curso las computadoras personales no tendrían la maravillosa tipografía que tienen hoy.

A los 30 años fue despedido de la empresa que fundó. *"Por aquel entonces no lo entendía, pero ser despedido de Apple fue lo mejor que podía haberme pasado. La pesadez del éxito fue reemplazada por la liviandad de ser un principiante otra vez, menos seguro de todo. Me liberó para entrar en una de las etapas más creativas de mi vida".*

"Cambiaría toda mi tecnología por poder pasar una tarde con Sócrates"

"Ser el hombre más rico del cementerio no es algo que me preocupe... Irme a la cama cada noche pensando que he hecho algo maravilloso, eso es lo que más me importa".

"Uno de mis mantras ha sido enfocarme hacia la búsqueda de simplicidad. Tienes que trabajar duro para tener tu pensamiento limpio y poder lograr algo simple. Cuando lo consigues puedes mover montañas.

"El talento no nace. El talento no se hace. **El talento se forja** (precioso verbo consistente en transformar el hierro en metal). Por lo tanto ha de haber metal, voluntad. Cuando la voluntad existe el talento se puede, se debe desarrollar". Cubeiro (2008:354).

Tal vez no podamos levantar el viento, pero cada uno de nosotros puede izar las velas para que cuando el viento llegue podamos atraparlo. E.F. Schumacher (Maestre, 2004:33).

1.6. REFERENCIAS

Alonso, C.M., Gallego, D.J. y Honey, P. (2012) *Estilos de Aprendizaje*. Bilbao: Mensajero.

Blanco Belda, J. (2008) (coord.) *Desarrollo del talento*. Madrid: Pearson –AEDIPE.

Blasco, R. y Prieto, J.M. (2008) "Aspectos psicosociales del talento", en Blanco *Desarrollo del talento*. Madrid: Pearson –AEDIPE.

Coyle, D. (2009) *Las claves del Talento*. Barcelona: Planeta.

Cubeiro, J,.C. (2008) "Presente y futuro del desarrollo de los talentos en España", en Blanco Belda, J. (coord.) *Desarrollo del talento*. Madrid: Pearson – AEDIPE.

Damasio, A. (2010) *El error de Descartes*. Barcelona: Crítica.

Damasio, A. (2010) *Y el cerebro creó el hombre*. Barcelona: Destino.

Ericsson, K.A. y otros (2007) "The Making of an Expert", *Harvard Business Review*, July - August.

Felman, D.H. (1980) *Beyond universals in cognitive development*. Norwood, N.J.: Ablex.

Gagné, F. (1995) "From giftedness to talent: a developmental model and its impact on the language of the field", *Roeper Review*, 18, 103-111.

Gagné, F. (2004) "Transforming gifts into talents: The DMGT as a developmental theory", *High Ability Studies*, 15, 2.

Gallego, D.J. y Alonso, C.M. (2011*) Innovación y Gestión del Talento*. Cáceres: Ebs.

Gallego, D.J. y Alonso, C.M. (2011) *Gestión del Talento. Una perspectiva multidisciplinar*. Arrecife: Cabildo de Lanzarote y Centro UNED.

Gallego, D.J. y Ongallo, C. (2004) *Conocimiento y gestión*. M id: Pearson.

Gallego, D.J. y Gallego, M.J. (2004) *Educar la Inteligencia Emocional en el aula*. Madrid: PPC.

Gallego, D.J., Alonso, C.M. y Cacheiro, ML (Coord.) (2011) *Educación, Sociedad y Tecnología*. Madrid: Editorial Universitaria Ramón Areces.

Gardner, H. (1983) *Frames of Mind*. New York: Basic Books.

Gardner, H. (1993) *Multiple intelligences: The theory in practice*. New York: Basic Books.

Gardner, H. (1999) *Intelligence reframed*. New York: Basic Books.

Gladwell, M. (2009) *Fueras de serie*. Madrid: Taurus.

Goleman, D. (1996). *Inteligencia emocional*. Barcelona: Ed. Kairós.

Gould, S.J. (1984) *La falsa medida del hombre*. Barcelona: Bosch.

Kornhaber, M. y Krechevsky, M. (1998) "Abordar el concepto de inteligencia", en Gardner, *Inteligencias múltiples*. Barcelona: Paidós.

Guthridge, M.; Lawson, E. y Komm, A. (2008) "Making talent a strategic priority", *McKinsey Quarterly*, January.

LeVine, R.A. y White, M.I. (1986) *Human conditions: The cultural basis of educational development*. New York: Routledge & Kegan Paul.

Maestre, P. (2004) *Equilibrio*. Madrid: Fundación Dintel.

Oliver, C. y Prieto, J.M. (2008) "Psicobiología del talento", en Blanco Belda, J. (coord.) (2008) *Desarrollo del talento*. Madrid: Pearson – AEDIPE.

Pinillos, JL. (1995). *La mente humana*. Madrid: Ediciones Temas de Hoy, S.A.

Punset, E. (2010) *Viaje a las emociones*. Barcelona: Destino.

Punset, E. (2011) *Viaje al poder de la mente. Los enigmas más fascinantes de nuestro cerebro y del mundo de las emociones*. Barcelona: Destino.

Punset, E. (2011) *Excusas para no pensar: Cómo nos enfrentamos a las incertidumbres de nuestra vida.* Barcelona: Destino.

Rojas, E (1997) *El amor inteligente*. Madrid: Ed. Temas de Hoy.

Rojas, E. (1998). *La conquista de la voluntad. Cómo conseguir lo que te has propuesto.* Madrid: Temas de Hoy.

Sternberg, R.J. (1990) *Más allá del cociente intelectual*. Bilbao: Desclée de Brouwer.

Sternberg, R.J. (1997) *Inteligencia exitosa*. Barcelona: Paidós.

Sternberg, R.J. (1999) *Estilos de pensamiento*. Barcelona: Paidós.

Toffler, A. (1990) *La Tercera Ola*. Barcelona: Plaza y Janés.

Vivas. M., Gallego, D.J. y González, B. (2007) *Educar las Emociones*. Madrid: Dykinson.

Wolstencroft, F. (2002) *Talent Identification and Development: an Academic Review*. Edimburg: Caledonia House.

CAPÍTULO 2. PROYECTO AECID CGC WEB2.0: ORIGEN DEL LIBRO CAPACITACIÓN Y GESTIÓN DEL CONOCIMIENTO A TRAVÉS DE LA WEB 2.0

DOMINGO J. GALLEGO[1], MABEL ALVAREZ[2]
Universidad Nacional de Educación a Distancia, España [1]
Universidad Nacional de la Patagonia San Juan Bosco, Argentina[2]
[1] domingoj.gallego@gmail.com, [2] mablop@speedy.com.ar

Resumen. El libro Capacitación y Gestión del Conocimiento a través de la Web2.0 surge a partir del Proyecto "Capacitación y Gestión del Conocimiento con herramientas Web 2.0 para Docencia Universitaria, Gestión Administrativa y Educativa y Desarrollo Profesional Continuo en Argentina, Chile y Ecuador"– CGC Web 2.0, financiado por la Agencia Española de Cooperación Internacional para el Desarrollo – AECID. En este capítulo se abordan los antecedentes que dieron origen al proyecto, la composición de la unidad ejecutora, lo objetivos y metas, las líneas estratégicas y las actividades para lograrlo. Se analizan luego los resultados alcanzados en el proyecto y la forma de presentarlos en un libro, que comprende tres partes: la primera relativa al proyecto y temas conceptuales específicos resultantes de investigaciones, la segunda referente a la experiencia realizada mediante cinco cursos elearning impartidos por la Unidad Ejecutora del Proyecto y la tercera concerniente a los proyectos de investigación con los cuales se establecieron sinergias que añadieron valor a los resultados del proyecto CGC Web 2.0. Finaliza el capítulo con la estructura del libro en cuanto a las partes y capítulos que lo componen.
Palabras Clave: AECID, líneas estratégicas, Web 2.0, sinergias.

2.1. INTRODUCCIÓN

El Proyecto "Capacitación y Gestión del Conocimiento con herramientas Web 2.0 para Docencia Universitaria, Gestión Administrativa y Educativa y Desarrollo Profesional Continuo en Argentina, Chile y Ecuador", con el acrónimo CGC Web 2.0 e identificación A/024521/09, ha sido financiado por la Agencia Española de Cooperación Internacional para el Desarrollo – AECID.

2.1.1. Antecedentes

El proyecto A/024521/09, se aprobó por Resolución de fecha 21 de diciembre de 2009, de la Presidencia de la Agencia Española de Cooperación Internacional para el Desarrollo, por la que se conceden las ayudas para la realización de las diversas modalidades que conforman el Programa de Cooperación Interuniversitaria e Investigación Científica. La Resolución fue publicada en el Boletín Oficial del Estado (BOE) Num. 14, el 16 de enero de 2010, comenzando la ejecución del proyecto el 17 de enero, con plazo de ejecución de un año.

La aprobación del Proyecto fue por 23.000€ en lugar de los 49.780€ presentados en la propuesta. Este hecho requirió un profundo análisis antes de comenzar, con el fin de lograr los máximos resultados posibles con el monto concedido.

Se planificó la primera reunión de los países miembros, en Concepción, Chile, a principios del mes de marzo de 2010, que no pudo llevarse a cabo por el terremoto que afectó notoriamente a la Ciudad de Concepción, sede de la Universidad y del equipo del Proyecto de ese país.

La Universidad de Concepción, ubicada a 120 Km. del epicentro del terremoto (8,8 grados Richter), se vio muy afectada no sólo en sus aspectos estructurales y edificaciones más importantes, sino también en una pérdida significativa de documentación asociada a líneas de investigación científica relevante para el desarrollo del país.

Estos hechos imprevisibles de contemplar al momento de la formulación del proyecto, obligaron a un cambio de planificación de las actividades y a una reorganización del cronograma, para cumplir con los objetivos estratégicos de la iniciativa. Se generó en consecuencia un nuevo cronograma y asimismo la ejecución de otras tareas complementarias, a fin de fortalecer las actividades y el impacto del proyecto. Las interacciones con otros proyectos con los cuales el A/024521/09 estableció sinergias, permitieron una significativa aportación al mismo.

Los hechos descritos, junto a un conjunto de posibilidades viables de concretar en caso de contarse con un tiempo adicional, motivaron la fundamentación de la solicitud de una prórroga, la que fue solicitada a AECID y concedida, otorgándose una extensión del período de ejecución hasta el 17 de julio de 2011 y de presentación del Informe Final hasta el 16 de octubre de 2011.

En síntesis el proyecto se desarrolló en un período de 18 meses en lugar de los 12 originalmente previstos y con un presupuesto de 23.000 €, equivalente al 46,2% del presupuesto solicitado.

2.1.2. Composición de la Unidad Ejecutora

El Proyecto se desarrolló entre las Universidades: Nacional de Educación a Distancia (UNED) de Madrid, España, Nacional de la Patagonia San Juan Bosco (UNPSJB) de Argentina, de Concepción (UdeC) de Chile y Escuela Politécnica del Ejército (ESPE) de Ecuador.

Los equipos de UNED y la UNPSJB de este proyecto habían desarrollado desde enero 2008 a abril 2009 el proyecto financiado por AECID titulado Proyecto A/8-

108/07. Aplicación de TIC para el desarrollo de capacidades institucionales de gestión de Comunidades Rurales de la Patagonia Argentina, con el acrónimo TicCorPat.

El proyecto contó con el aval explícito de las cuatro Universidades involucradas en la investigación.

2.1.3. Objetivos generales

Los objetivos generales del proyecto se resumen en:

Fomentar la cooperación universitaria entre España, Argentina, Chile y Ecuador y su aplicación a escenarios concretos.

Potenciar el uso de las herramientas de la Web 2.0 y otras tecnologías de la educación y el conocimiento para fortalecer la docencia universitaria, la formación y gestión administrativa en Comunidades Rurales y el Desarrollo Profesional Continuo de profesionales.

Extender los resultados del Proyecto AECID Código A/8108/07 a Chile y Ecuador.

Promover el trabajo y aprendizaje colaborativo de todos los actores y beneficiarios del proyecto.

Propender a una adecuada gestión de la información y del conocimiento que se obtendrán de los diferentes escenarios de intervención.

2.1.4. Líneas estratégicas del Proyecto

Dentro de la evolución tecnológica, se ha avanzando de la Web 1.0 (como repositorio de información) a la Web 2.0 (creativa, participativa), hecho que sumado a las herramientas de uso libre, ofrecen un gran potencial para la formación y aprendizajes significativos en cualquier contexto que se los aplique. En la educación universitaria, es frecuente que los docentes no pongan suficiente atención al aprovechamiento significativo de tecnologías a su alcance, que ofrecerían a los estudiantes los contenidos y actividades de un modo más atractivo y acorde a cómo los jóvenes esperan recibir la educación.

En lugares alejados como las Comunidades Rurales (CR), hace falta contribuir a la formación de capacidades para un uso efectivo de la tecnología disponible.

En cuanto al Desarrollo Profesional Continuo (DPC) las profesiones dependientes de los avances tecnológicos tienen necesidad de frecuentes capacitaciones específicas y a la vez dificultades para concretarlas, puesto que mayormente se las imparte en ciudades grandes. En muchos casos no se emplea la posibilidad de educación a distancia ya que los profesionales carecen de formación básica en herramientas Web.

El proyecto propuso contribuir a formar personas, bajo tres líneas de acción estratégicas, aplicándolas a lugares geográficos determinados y colectivos específicos:

1. Docencia universitaria con alcance a las universidades: UNPSJB, UdeC y ESPE.
2. Formación y gestión administrativa, con alcance a CR de Argentina, Chile y Ecuador.
3. Formación de base para el DPC, para personas asociadas a tareas del territorio

La línea 1 previó la capacitación de docentes en el colectivo universitario para desempeñarse como formador de formadores en herramientas de la Web 2.0 utilizando plataformas educativas, tales como Moodle.

La línea 2, continuación del Proyecto "Aplicación de TIC para el desarrollo de capacidades institucionales de gestión de Comunidades Rurales de la Patagonia Argentina", AECID Código A/8108/07 incluyó nuevos alcances y sumó a Chile y Ecuador.

La línea 3, DPC, se orientó principalmente a: Capacitación en el uso de herramientas Web 2.0, plataformas virtuales y otras tecnologías para la educación y el conocimiento, como así también a la formación en el uso de herramientas Web 2.0 para fortalecer el acceso a fuentes de información y la participación en redes.

2.2. ACTIVIDADES

Tomando como referencia el cronograma original con sus 22 tareas, se detallan a continuación las tareas efectivamente realizadas. Para ello se transcriben las tareas del cronograma original por grupos o en forma individual, y se hace referencia a la forma en que fueron abordadas en la etapa de ejecución del proyecto.

Análisis, puesta en marcha y mantenimiento de mecanismos de comunicación entre integrantes y destinatarios.

Generación de materiales para difusión del proyecto (logo, folletería, otros).

Desarrollo del sitio Web.

Establecimiento de links entre el sitio Web y sitios relacionados.

Análisis de la situación de cada colectivo beneficiario al inicio del proyecto.

Evaluación de herramientas Web 2.0 disponibles y de otras tecnologías.

Las tareas 1 a 6 inclusive se realizaron conforme a la planificación original. El sitio Web del proyecto, cuya URL es: www.idetic.net/cgcweb20/, se desarrolló como un portal de comunicación del Proyecto con la Sociedad y como punto de enlace con las aulas virtuales que operaron en Argentina, Chile y Ecuador para los cursos de formación a distancia.

Realización de la 1º reunión del proyecto en Chile.

La reunión no se realizó debido al terremoto que afectó a la Ciudad de Concepción.

Integración y adaptación de materiales generados previamente por los participantes promoviendo su reutilización como objetos de aprendizaje (OA).

En el período marzo–julio 2010 se realizó el Curso de Posgrado "Nuevas tendencias para el diseño de materiales en entornos virtuales: Objetos de Aprendizaje", impartido mediante el Proyecto 628 de la UNPSJB, al que pertenecen dos integrantes del Proyecto A/024521/09. Mediante este curso se capacitaron miembros de la Unidad Ejecutora del Proyecto A/024521/09. Las formaciones logradas fueron de aplicación inmediata en los cursos de capacitación que se impartieron mediante el Proyecto A/024521/09.

Diseño de cursos virtuales, sobre Moodle, de herramientas Web 2.0, utilizando Objetos de Aprendizaje (OA).

Diseño y desarrollo del 1º ciclo de e-Seminarios sobre temas objeto del proyecto, mediante videoconferencias, entre los países participantes.

Desarrollo de videos educativos sobre herramientas Web 2.0 para destinatarios del proyecto y para subirlos a lugares de acceso público como aportación a la sociedad.

Con el fin de compensar la reducción presupuestaria, en lugar de la diversificación original de la oferta formativa, se la concentró en cursos elearning a impartirse, desde Argentina, Chile y Ecuador. De este modo distintas metodologías, tecnologías y estrategias de enseñanza – aprendizaje se aplicaron desde cursos virtuales impartidos a través de la Plataforma Moodle, ampliándose considerablemente la oferta formativa respecto a la que originalmente se había planeado.

Esta oferta ampliada comprendió 5 cursos, de los cuales 3 se impartieron en dos ediciones, que en conjunto contaron con más de 1.100 personas inscritas, provenientes de los países beneficiarios y en pequeña escala de otros países. En los cursos impartidos se generaron materiales tales como videos y OA.

Identificación y selección de fuentes de información y repositorios; capacitación en su uso y en la participación en redes.

Análisis de herramientas Web 2.0 en relación con estilos de aprendizaje.

Estas dos actividades se cumplieron y aplicaron a los cursos de capacitación impartidos y a actividades de investigación que concluyeron en ponencias o comunicaciones como forma de transferencia. Complementariamente, las sinergias con otros proyectos posibilitaron que los avances y resultados que se iban logrando fueran de aplicación en docencia universitaria u otros ámbitos educativos.

Realización del 1º Taller con instituciones beneficiarias.

Se integró con la actividad 18.

Implementación de instancias de capacitación sobre herramientas Web 2.0, para docencia universitaria, formación y gestión administrativa y DPC en Argentina, Chile y Ecuador.

Se implementaron instancias de capacitación, algunas de ellas en ámbitos de educación formal, otras en contextos de educación no formal o informal. Los ámbitos de trabajo de los miembros de la Unidad Ejecutora, los proyectos que conducen y las iniciativas en las que participan, permitieron contar con los escenarios apropiados para implementar las instancias de capacitación, basadas en herramientas Web2.0.

Realización de la 2º reunión conjunta inter-universitaria en España.

La reunión conjunta interuniversitaria en Madrid, congregó a la totalidad de miembros del Proyecto, permitiendo además del cumplimiento de la agenda de trabajo programada, la participación en el XV Congreso Internacional de Tecnologías para la Educación y el Conocimiento presentándose diversas comunicaciones.

Diseño y desarrollo del 2º ciclo de e-Seminarios sobre temas objeto del proyecto.

Está actividad se integró junto a las actividades 9, 10 y 11.

Realización del 2º Taller con instituciones beneficiarias.

Esta actividad se realizó en cada país, posibilitando interacciones a nivel presencial, teleconferencias y videoconferencias, abarcando temas y aplicaciones varias, relativas a las líneas estratégicas del proyecto. El hecho que se concretaron en 2010 proyectos que no estaban explicitados al momento de la formulación de la propuesta, en los cuales participan miembros de la Unidad Ejecutora, amplió considerable el escenario de intervención del proyecto y las posibilidades de compartir en otros entornos sus avances y resultados. (Ejemplo de ello, son las actividades desarrolladas en relación a la Sociedad Geoespacial Internacional – IGS, en el marco de GSDI 12), que motivó, entre otros: reuniones, ponencias y poster en la Conferencia a nivel global sobre Infraestructuras de Datos Espaciales, en el mes de octubre de 2010, en Singapur.

Presentación y publicación de avances y logros del proyecto en eventos científicos, medios especializados, Web, revistas digitales y Newsletter IDE Iberoamérica Marzo-Diciembre.

Esta actividad tuvo un amplio desarrollo, facilitándose la transferencia de resultados a un amplio espectro de destinatarios y a una cobertura Iberoamericana complementada con otros ámbitos geográficos.

La difusión, divulgación y diseminación de avances y resultados se realizó por múltiples medios de manera local en cada país optimizando las posibilidades brindadas por las sinergias con otros proyectos y otras actividades en las que los miembros de la Unidad Ejecutora participan.

Realización de la 3º reunión en Argentina.
Preparación Informe Final; cierre administrativo y económico.
Reunión final en España.

Con el otorgamiento de la extensión de plazo la reunión prevista en la actividad 20, sumada a la planeada en la actividad 22, se reprogramaron para julio de 2011, teniéndose de este modo una nueva oportunidad para trabajar conjuntamente los miembros de los 4 países en Madrid, en el cierre del proyecto y presentar además resultados en el XVI Congreso Internacional de Tecnologías para la Educación y el Conocimiento y II Congreso Internacional Gestión del Talento: Innovación Tecnológica y Gestión del Talento, que organizó la UNED en Madrid, y "Gestalent" en Yuste, Cáceres, en el ámbito de una amplia comunidad internacional afín a la temática.

2.3. RESULTADOS ALCANZADOS EN EL PROYECTO

Se presentan los resultados alcanzados, relacionándolos a los objetivos específicos trazados al momento de formular la propuesta. De este modo es posible visualizar las modificaciones realizadas con relación a la propuesta original, basados en la disponibilidad de un presupuesto menor al solicitado y en el terremoto de Chile que afectó a la Universidad de Concepción, integrante del proyecto.

Objetivos específicos

a. Desarrollar experiencias en la gestión para la ejecución de un proyecto entre cuatro países.
   La gestión de la ejecución, con integrantes de cuatro países, requirió del establecimiento de procesos específicos, tanto para las actividades técnicas, como para las administrativas y económicas. En la práctica estos procesos funcionaron sin dificultades de consideración.
b. Desarrollar herramientas para la comunicación del proyecto y el cumplimiento de sus objetivos.
   La comunicación fue mediada por herramientas para interacción a distancia. Se creó un Grupo para administrar las comunicaciones y como repositorio de los principales documentos de trabajo. Para las comunicaciones mediante videoconferencias, se utilizaron distintas herramientas de tecnología Web 2.0.

c. Establecer las necesidades de formación de los destinatarios del proyecto.
Las necesidades de formación, relativas a las líneas estratégicas del proyecto, fueron objeto de análisis en cada país en el primer semestre de 2010, lográndose los consensos y conclusiones finales en las reuniones de julio 2010 en Madrid. En las reuniones de Madrid, se planificaron los 5 cursos que conformaron la oferta formativa online.
d. Desarrollar cursos de capacitación e impartirlos en el contexto rural, y para profesorado de las universidades participantes.
Las capacitaciones para el entorno rural, en modalidad elearning estuvieron incluidas en los cursos online. En modalidad presencial, se planificaron para 2011, talleres titulados: "Herramientas Web 2.0 para Educadores", que se realizaron en zonas urbanas y rurales de Ecuador.
e. Desarrollar un sistema tutorial que permita definir las funciones y tareas de los responsables de la formación a distancia con TIC.
El sistema tutorial desarrollado permitió que cada uno de los actores analizara frecuentemente la formación a distancia, entre otros, en sus aspectos: administrativos, de gestión, logísticos y técnicos.
f. Explorar las herramientas de la Web 2.0 aplicables a las situaciones de los destinatarios, identificando sus fortalezas para la construcción colectiva de conocimiento.
El hecho de impartir cursos de formación sobre herramientas Web2.0, entre los países miembros del proyecto posibilitó una construcción colectiva del conocimiento, en las etapas de planificación, diseño y desarrollo de materiales, contenidos y actividades y en la impartición y valoración posterior.
g. Capacitar en el uso de Moodle a docentes en general y a otras personas de ámbitos rurales.
El curso de Moodle impartido, posibilitó la formación de docentes y de otras personas, provenientes de ámbitos urbanos y rurales. Recibieron los cursos, entre otros, miembros de Proyectos de Investigación con los cuales el Proyecto A/024521/09 estableció sinergias; la aplicación concreta de las formaciones recibidas permitió obtener resultados en el 2do. Semestre 2010 y en 2011, en cursos de docencia universitaria.
h. Capacitar a los destinatarios del Proyecto mediante cursos e-learning, videoconferencias y encuentros presenciales u otro medio sincrónico.
Se capacitaron a más de 1100 personas en cursos e-learning, más de 200 en encuentros presenciales y se llegó a una amplísima audiencia a través de diferentes conferencias, seminarios y otras intervenciones.
i. Presentar y publicar los avances y los logros del proyecto en congresos y otros eventos.

Los principales avances y resultados del Proyecto se presentaron en eventos y reuniones presenciales en: Argentina, España, Chile, Ecuador, México, Singapur, Portugal y Cuba.

2.3.1. Capacitaciones a distancia

Con el objetivo de capacitar en algunas herramientas de la Web 2.0 a interesados de los colectivos: docencia universitaria, desarrollo profesional continuo y gestión administrativa y educativa de comunidades rurales, se diagramaron los siguientes cursos:

Potenciando las interacciones sociales a través de la Web 2.0. Curso introductorio orientado a la utilización de herramientas Web 2.0 para la interacción en redes sociales. Duración 5 semanas, 40 horas.

Una aproximación en el uso de herramientas Web 2.0 para el desarrollo profesional. Curso introductorio orientado a la utilización de herramientas Web 2.0 para edición online de textos, planillas de cálculo y formularios. Duración 5 semanas, 40 horas.

Gestión de Proyectos a través de la Web 2.0. Curso introductorio a la utilización de Grupos y Calendarios para la Gestión de Proyectos colaborativos a través de Internet. Duración 5 semanas, 40 horas.

Introducción al Diseño y Administración de aulas virtuales en Moodle. Curso orientado a la adquisición de destrezas para administrar aulas virtuales sobre la plataforma Moodle. Duración 8 semanas, 64 horas.

Editando fotografías digitales con la herramienta Picasa. Curso introductorio a la edición de fotografías digitales, para mejorarlas, enviarlas por correo, generar álbumes online y mucho más. Duración 5 semanas, 40 horas.

Todos los cursos se impartieron en forma gratuita, a través de la plataforma virtual Moodle.

Estrategias de difusión a la comunidad: Las estrategias de difusión fueron variadas y consistieron fundamentalmente en:

Volantes informativos sobre los cursos.

Difusión en listas de noticias en cada universidad.

A través del sitio Web del proyecto.

Mediante el Newsletter IDE Iberoamérica.

A través del Boletín de Noticias Igeopat.

En el Newsletter IDE Iberoamérica, publicación digital mensual de libre distribución, se difundió información sobre el Proyecto CGCWeb2.0 en las siguientes ediciones:
Vol 6 Nº 8 Agosto 2010 – Anuncio de la 1º edición de los Cursos.

Vol 6 Nº 9 Septiembre 2010 – Cursos de Capacitación gratuitos.

Vol 6 Nº 12 Diciembre 2010 – Capacitaciones impartidas en cursos online sobre herramientas Web 2.0

Vol 7 Nº 9 Septiembre 2011 – Finalización del Proyecto CGCWeb2.0.

Las publicaciones están disponibles en: http://redgeomatica.rediris.es/newsletter

En el Boletín de Noticias Igeopat, publicación digital periódica de libre distribución que edita el Instituto de Investigaciones Geográficas de la Patagonia – IGEOPAT, se difundió información sobre el Proyecto CGCWeb2.0, en las siguientes ediciones:

Año 4 Vol.4 Nro. 02 Diciembre 2010 - Capacitaciones impartidas en cursos online sobre herramientas Web 2.0

Año 5 Vol.5 Nro. 01 Octubre 2011 - Finalización del Proyecto CGCWeb2.0.

Las publicaciones están disponibles en: http://www.igeopat.org

2.3.2. Talleres presenciales

Los talleres titulados: "Herramientas Web 2.0 para Educadores", impartidos en 2011, fueron coordinados por los integrantes del Proyecto de Ecuador (Escuela Superior Politécnica del Ejército -ESPE), siendo sus destinatarios: Profesores de Instituciones Educativas de Nivel Primario y Secundario del Cantón Rumiñahui - Provincia de Pichinha, provenientes de las áreas Urbanas y Rurales.

En razón que el gobierno de Ecuador ha implementado varios programas de acceso a la tecnología, especialmente en el mejoramiento de servicios e infraestructura para Internet, se consideró oportuno contribuir a la capacitación para el aprovechamiento de las TIC.

A través de los Talleres se contribuyó a mejorar el uso e integración de las TIC en las zonas más desfavorecidas, especialmente las rurales, aportando de manera directa a la inclusión tecnológica como recurso de innovación docente.

Los Talleres, de 20 horas de duración, que contaron en total con 236 inscritos, permitieron además vincular a docentes de distintos niveles educativos del sector rural y urbano del Cantón Rumiñahui. Se contó asimismo con la colaboración de varios profesores y estudiantes de la Escuela Politécnica del Ejército para impartir los Talleres.

Los resultados obtenidos se enmarcan en el tema de alfabetización digital e inclusión tecnológica en el aula. Los participantes demostraron su interés y necesidad en identificar las herramientas tecnológicas que le ayudan a mejorar su desempeño profesional y social, para no ser sobrepasados por la tecnología. Además lograron determinar las ventajas de varias aplicaciones Web 2.0, como los blogs, y documentos colaborativos.

2.3.3. Conferencias

Se impartieron conferencias en Chile, Ecuador, México, Portugal y Argentina que se detallan a continuación:

"Investigación sobre el desarrollo del aprendizaje colaborativo y el uso de los recursos tecnológicos en Educación Social", Dra. Ana Martín Cuadrado (UNED), Universidad de Los Lagos (Chile). Fecha: 25 de mayo de 2010.

"TIC en Diversos Escenarios Pedagógicos", Dra. Ana Martín Cuadrado (UNED), en Auditórium Selva Saavedra Campus Andrés Bello. Universidad de La Frontera, Temuco, (Chile). Fecha: 2 de junio de 2010.

"Desarrollando el aprendizaje autónomo y compartido desde las TIC", Dra. Ana Martín Cuadrado (UNED), en la sala multipropósito del edificio de Enlaces de la Universidad de Concepción (Chile). Fecha: 10 de junio de 2010.

"E-learning un reto para profesores y estudiantes", Dr. Domingo Gallego Gil (UNED), en Universidad Católica de Guayaquil, Guayaquil – Ecuador. Fecha: 14 de Septiembre 2010. Dirigida: a profesores, autoridades y estudiantes. Asistentes: 200 personas.

"Retos de la Universidad del Siglo XXI", Dr. Domingo Gallego Gil (UNED), en Universidad de Cuenca, Cuenca - Ecuador, 18 de Septiembre 2011. Asistentes: 100 personas.

"Desafíos de la Universidad", Dr. Domingo Gallego Gil (UNED), en Escuela Politécnica del Ejército (ESPE), Sangolquí -Ecuador. Fecha: 23 de setiembre de 2010. Dirigida: a profesores, autoridades y estudiantes de la Universidad. Asistentes: 100 personas.

"TIC y aprendizaje significativo", Dra. Ana Martín Cuadrado (UNED), en Universidad Pedagógica Nacional, 212 Teziutlan, Puebla. Fecha: 22 de octubre de 2010.

"Creatividad, Innovación y Estilos de Aprendizaje", Dr. Domingo Gallego Gil (UNED), en Colegio de Postgraduados, Campus de Montecillo, México D.F. Fecha: 27 de octubre de 2010.

"Potenciando la inclusión digital a través de proyectos de universidades". Domingo Gallego Gil (UNED), en Seminario de Exclusión Digital en la Sociedad de la Información. Universidad Técnica de Lisboa, Lisboa, Portugal. Fecha: 28 de Enero 2011. Dirigida: a profesores, estudiantes de Lisboa, y varias nacionalidades de Europa y América. Asistentes: 60 personas.

"Competencias TIC para el siglo XXI", Dra. Catalina Alonso (UNED) en "Retos y horizontes digitales en Educación", UNED, Buenos Aires (Argentina). Fecha: 28 de setiembre de 2011.

2.3.4. Seminarios

Seminario abierto a la comunidad educativa, impartido por la Universidad de Concepción, denominado "Innovación y Educación a través de las TIC y su mirada hacia el siglo XXI", en donde una de las temáticas fue el análisis y evaluación de la iniciativa "Una experiencia internacional. Formación en la Web 2.0 entre países de Iberoamérica", la cual fue cofinanciada por AECID.

Fecha: 28 de abril de 2011. Para acceder a mayor información ir a http://www.enlaces.udec.cl/index.php?option=com_content&task=view&id=347&Itemid=92

2.3.5. Producción científica del proyecto

La producción científica escrita del proyecto, incluyó capítulos de libros y Comunicaciones en Congresos y otras reuniones Científicas. Cabe destacar que para la producción científica se crearon sinergias con otros proyectos e iniciativas de ejecución simultánea al Proyecto CGC Web 2.0.

Se mencionan a continuación los Capítulos de Libros y las Comunicaciones, cuyo detalle se incluye en el ítem Referencias de este Capítulo.

Capítulos de libros

Álvarez, M. (2011), Álvarez, M. et al (2011), Gallego, D. et al (2011), Gatica, N. (2011), Martín Cuadrado, A. (2011a), Martín Cuadrado, A. (2011b) y Martín Cuadrado, A. (2011c).

Comunicaciones en Congresos y otras reuniones científicas

Álvarez et al (2010), Álvarez et al (2011), Dans, et al (2010a), Dans, et al (2010b), Dans, et al (2011), Gallego, et al (2010), Gallego et al (2011), Hinojosa, C. (2011), Paur, A. (2011), Rosanigo et al (2010a), Rosanigo et al (2010b), Rosanigo, et al (2011) y Valdivia, J. (2011).

2.4. IMPACTO DE LA EJECUCIÓN DEL PROYECTO

A través del trabajo colaborativo conjunto de los cuatro países, se logró establecer un marco de asociación para este proyecto con proyección a otras acciones estratégicas planteadas a futuro. Se brindó capacitación a distancia y presencial a Ecuador que es uno de los países que forman parte del grupo A, dentro de las prioridades geográficas, en el Plan Director de la Cooperación Española 2009-2012.

A través de la ejecución del proyecto se contribuyó dentro de los contenidos temáticos para las políticas para el desarrollo, en *Ciencia, Tecnología e Innovación, al* objetivo general de favorecer los procesos de generación, apropiación y utilización del conocimiento científico y tecnológico para mejorar las condiciones de vida, el crecimiento económico y la equidad social.

El hecho que las Universidades participantes de Argentina y de España en el Proyecto A/024521/09, hayan realizado el proyecto AECID Código A/8108/07, permitió extender la experiencia lograda en este Proyecto a Chile y Ecuador.

2.5. CONCLUSIONES

El cumplimiento de los objetivos del Proyecto, no obstante los imprevistos acontecidos, es el principal resultado logrado para todas las Universidades participantes.

La interacción entre los cuatro países permitió ir consolidando un espacio de Formación TIC para Iberoamérica permitiendo acercar la alfabetización tecnológica a usuarios de distintas realidades de modo concreto, disminuyendo la brecha digital de la población participante.

La experiencia lograda permite que la interacción entre los miembros y con los destinatarios sea ágil y productiva, siendo esta una oportunidad para la propuesta conjunta de nuevas acciones, orientadas a abordar otras problemáticas de Iberoamérica, relacionadas a las líneas de investigación que desarrollan los grupos de investigación participantes en el Proyecto A/024521/09. Los objetivos trazados en el Plan Director de la Cooperación Española y en otros instrumentos, tales como los emergentes de Cumbres Iberoamericanas, ofrecen el marco para la formulación de nuevas propuestas.

Las sinergias desarrolladas con otros proyectos e iniciativas, merecen una consideración especial, ya que han permitido maximizar resultados y optimizar el uso de los recursos, concretando acciones que, de otro modo y tomando en consideración la reducción presupuestaria del proyecto, no hubiese sido posible lograr.

Con el objetivo de difundir los resultados del proyecto con un alcance amplio, se consideró oportuno resumirlos en un libro que incluya como temas centrales: aspectos conceptuales, experiencias realizadas mediante cursos elearning y sinergias desarrolladas entre el Proyecto CGC Web 2.0 y otros proyectos de temáticas afines liderados por miembros de su Unidad Ejecutora.

2.6. PRESENTACIÓN DE RESULTADOS DEL PROYECTO EN UN LIBRO

La necesidad de compartir y difundir resultados, en las temáticas del proyecto, que revisten gran actualidad y denotan gran demanda, en el contexto de la Sociedad de la Información y el Conocimiento, llevaron a los miembros del proyecto a documentar los estudios efectuados, las actividades realizadas, las experiencias desarrolladas y las lecciones aprendidas, en un Libro, con la finalidad de compartirlo con un amplio rango de destinatarios.

2.7. REFERENCIAS

Las referencias se las divide en cuatro apartados: Informes, Capítulos de Libros y Artículos producidos como parte del Proyecto y otras referencias de carácter general.

Informes

Gallego, D. y Álvarez, M. (2011). Informe Final del Proyecto A/024521/09. Capacitación y Gestión del Conocimiento con herramientas Web 2.0 para Docencia Universitaria, Gestión Administrativa y Educativa y Desarrollo Profesional Continuo en Argentina, Chile y Ecuador.

Capítulos de libros

Álvarez, M. (2011). Contribución desde la Educación informal a la divulgación científica de infraestructuras de datos espaciales (cap.) en Gallego Gil, D.J. y Alonso García, C. (dir.) *Innovación y Gestión del Talento* (págs. 297-308). Cáceres: Editorial EBS Business School. ISBN: 978-84-614-9144-5.

Álvarez, M.; Gallego, D. y Zerpa, C. 2011 Las IDE y el Gobierno Electrónico: esbozando perspectivas futuras. En *Fundamentos para las IDE*, Bernabé-Poveda, M. A. y López-Vázquez, C. (eds.) UPM Press.

Gatica, N. (2011). Innovación de las prácticas pedagógicas con uso de recursos Web (cap.) en Gallego Gil, D.J. y Alonso García, C. (dir.) *Innovación y Gestión del Talento* (págs. 309-316). Cáceres: Editorial EBS Business School. ISBN: 978-84-614-9144-5.

Martín Cuadrado, A. (2011) Desarrollo de las competencias informáticas y la ciudadanía del siglo XXI, (cap. 4). En D. M. V. Barros et al., *Educação e tecnologías: reflexão, inovação e práticas*, (pp. 136-161). Lisboa: [s.n.]. ISBN: 978-989-20-2329-8.

Martín Cuadrado, A. (2011a). Comunidades de Prácticas y otras Redes (cap. 9). En A. Medina, A. de la Herrán y C. Sánchez (coords.), *Formación pedagógica y práctica del profesorado* (págs. 247-273). Madrid: Editorial Ramón Areces. ISBN 978-84-9961-023-8.

Martín Cuadrado, A. (2011b). Competencias del Educador ante el reto de la Sociedad del Conocimiento (cap.3). En D. J. Gallego, C. Alonso y M. L. Cacheiro (coords.), *Educación, Sociedad y Tecnología* (págs. 67-96). Madrid: Ramón Areces. ISBN: 978-84-8004-983-2. Pp 67-97.

Martín Cuadrado, A. (2011c). La formación de formadores ocupaciones: la importancia del apoyo de las TIC (cap.) en Gallego Gil, D.J. y Alonso García, C. (dir.) *Innovación y Gestión del Talento* (págs. 104-114). Cáceres: Editorial EBS Business School. ISBN: 978-84-614-9144-5.

Comunicaciones en Congresos y otras reuniones científicas

Álvarez M., Gallego D., Dans M., Rosanigo Z.B., Cela K., Valdivia J., Gatica N. & López Álvarez A. (2010). Training in Web 2.0 Tools: Bringing Spatial Data Infrastructures to

People. *GSDI 12 World Conference*: http://www.gsdi.org/gsdiconf/gsdi12/prog_details.html

Álvarez, M.; Dans, M.I.; Agudiak, B. y Erlich, C. (2011). Sinergias entre proyectos: experiencias en el ámbito de educación en Geomática. *VII Congreso Internacional Geomántica*. La Habana (Cuba).

Dans, M., Rosanigo, Z. B., Álvarez M., Paur, A., & Gallego, D. (2010a). Experiencias de gestión de la comunicación en proyectos de universidades. *Redes Sociales para el Aprendizaje* - ISBN Nº: 978-84-693-2709-8. Madrid (España): Anaya.

Dans, M., Rosanigo, Z., Paur, A., Alvarez, M. (2010b) Compartiendo experiencias: Capacitación a distancia a distintos agentes de las comunas rurales de Chubut, Patagonia Argentina. *XIV Congreso de Educación a Distancia CREAD*, Trelew (Argentina).

Dans, M.I.; Gallego, D. y Álvarez, M. (2011). Una capacitación en Moodle con modalidad EaD para docentes universitarios, profesionales y habitantes de las comunas rurales. Su evaluación. *XIV Congreso Internacional de Informática en la Educación*. La Habana (Cuba).

Gallego, D., Martín Cuadrado, A. y Cacheiro, M. L. (2010). Aprendiendo de forma colaborativa a través de la Web 2.0. En R. I. Vilá y M. Fiorucci (dirs.), *Claves para la Investigación en Innovación y Calidad Educativas. La Integración de las Tecnologías de la Información y de la Comunicación y la Interculturalidad en las Aulas* (págs. 163-178). Alicante, España: Marfil. ISBN: 978-84-268-1522-4.

Gallego, D. , Cela, K., & Hinojosa, C. (2011). Experiencias Interculturales de Formación en Web 2.0. *Innovación tecnológica y Gestión del Talento* - ISBN Nº: 978-84-694-4994-3. Madrid (España): Anaya.

Hinojosa, C. , Cela, K., & Gallego, D. (2011). De las Redes Sociales a las Redes del Conocimiento. *Innovación tecnológica y Gestión del Talento* - ISBN Nº: 978-84-694-4994-3. Madrid (España): Anaya.

Paur, A., & Rosanigo, Z. B. (2011). Sinergia entre Repositorios de Objetos de Aprendizaje y Redes Sociales - Hacia los Repositorios 2. *XVI Congreso Argentino de Ciencias de la Computación* (págs. 425-433)- ISBN Nº: 978-950-9474-49-9. Morón (Argentina): Universidad de Morón.

Rosanigo, Z. B., Paur, A., Álvarez, M., Dans, M., & Gallego, D. (2010a). Capacitación y Gestión del Conocimiento con herramientas Web 2.0 para Docencia Universitaria, Gestión Administrativa y Educativa y Desarrollo Profesional Continuo en Argentina, Chile y Ecuador. *Resúmenes en Actas de Congresos, WICC 2010* (págs. 767-771)- ISBN 978-950-34-0652-6. El Calafate, Argentina: Universidad Nacional de la Patagonia San Juan Bosco.

Rosanigo, Z. B., Dans, M., Paur, A., & Gallego, D. (2010b). Herramientas de software libre para gestión de proyectos. *Redes Sociales para el Aprendizaje* - ISBN Nº: 978-84-693-2709-8. Madrid (España): Anaya.

Rosanigo, Z. B., Álvarez, M., Dans, M., Paur, A., & Gallego, D. (2011). Capacitación y gestión del conocimiento con herramientas Web 2.0. *Innovación tecnológica y Gestión del Talento* - ISBN Nº: 978-84-694-4994-3. Madrid (España): Anaya.

Valdivia, J. (2011). La comunidad virtual de práctica, un espacio para el conocimiento y aprendizaje educativo. *Innovación tecnológica y Gestión del Talento* - ISBN Nº: 978-84-694-4994-3. Madrid (España): Anaya.

Otras Referencias

BOE (Boletín Oficial del Estado) Núm. 14, 16 de enero de 2010, Sec. III. Pág. 3954. Recuperado el 20/09/2011 http://www.boe.es/boe/dias/2010/01/16/pdfs/BOE-A-2010-708.pdf

Boletín de Noticias Igeopat, ISSN 1852-4281(correo electrónico) ISSN 1852 -4273 (en línea). Recuperado el 20/10/2011 http://www.igeopat.org

Newsletter IDE Iberoamérica, ISSN 1852-0847. Recuperado el 20/10/2011 http://red-geomática.rediris.es/Newsletter

Gallego, D. y Álvarez, M. (2009). Informe Final del Proyecto A/8-108/07. Aplicación de TIC para el desarrollo de capacidades institucionales de gestión de Comunidades Rurales de la Patagonia Argentina.

GSDI 12 Global Spatial Data Infrastructure Conference. Recuperado el 20/09/2011 http://www.gsdi.org/gsdiconf/gsdi12/

IGS – International Geospatial Society. Recuperado el 20/09/2011 http://www.igeoss.org

Proyecto A/024521/09- CGC Web 2.0. Recuperado el 20/09/2011 www.idetic.net/cgcweb20/

PARTE II.
EXPERIENCIAS EN FORMACIÓN WEB 2.0

CAPÍTULO 3. GESTIÓN DE PROYECTOS A TRAVÉS DE LA WEB 2.0

ZULEMA BEATRIZ ROSANIGO
Universidad Nacional de la Patagonia San Juan Bosco, Argentina
brosanigo@ing.unp.edu.ar

Resumen. En este capítulo se abordan en primer lugar aspectos generales sobre Gestión de Proyectos y su relación a la Web 2.0.
Se plantea luego el tema de Gestión de Proyectos en el contexto del Proyecto CGC Web2.0 y la posibilidad de realizar una experiencia de formación a través de un curso a distancia destinado prioritariamente a interesados de Argentina, Chile y Ecuador.
Se aborda a continuación la planificación, desarrollo, impartición y evaluación del curso a distancia, titulado: "Gestión de Proyectos a través de la Web 2.0", impartido en el año 2010.
Se concluye con consideraciones finales atinentes a la valoración y prospectiva respecto al tema Web 2.0 y Gestión de proyectos.
Palabras Clave: Gestión de proyectos, Web 2.0, software colaborativo

3.1. INTRODUCCIÓN

La gestión de proyectos es una actividad primordial dentro el mundo laboral actual. La necesidad de organizar y administrar los recursos, tiempos, actividades y alcance hacen de ella un trabajo complejo que se agudiza ante el surgimiento de variables que pueden influir en la realización de un proyecto.

El líder tiene un rol esencial, debe dirigir, planificar actividades y determinar personas, bienes y capital con el fin de cumplir en tiempo y forma con el trabajo con el cual se estableció un compromiso.

Es muy importante dedicar suficiente atención a la comunicación entre integrantes del equipo de trabajo. En ocasiones la comunicación se torna muy problemática, acentuándose más si los miembros del equipo están distribuidos geográficamente. Algunos de los factores que acentúan las dificultades son: los horarios de trabajo, la cultura, el idioma, el espacio físico.

Es indudable que la buena administración y el componente humano son factores muy importantes para el éxito, pero también es fundamental brindar una infraestructura adecuada para que los miembros del equipo puedan trabajar y comunicarse.

La Web 2.0 y las nuevas tecnologías brindan una serie de herramientas, muchas veces gratuitas, que permiten agilizar las actividades propias de la Gestión de Proyectos.

3.2. GESTIÓN DE PROYECTOS Y WEB 2.0

3.2.1. Qué es un proyecto?

Una definición clásica de proyecto es la dada por Cleland y King (1975) quienes lo especifican como "una combinación de recursos humanos y materiales, reunidos temporalmente en una organización para conseguir un propósito determinado".

El Project Management Institute, organización internacional sin fines de lucro que asocia a profesionales relacionados con la Gestión de Proyectos, PMBOX (2009), lo define como "un esfuerzo temporal que se lleva a cabo para crear un producto, servicio o resultado único". En esta definición se destacan varios conceptos:

- *Esfuerzo*: se emplean una serie de elementos, recursos, energía y vigor con miras a lograr el fin planteado.
- *Temporal*: tiene un inicio y un fin claramente definido.
- *Creación*: el fin de todo proyecto es la generación de algo ya sea tangible o intangible.
- *Único*: el resultado del proyecto tiene como característica la singularidad, es decir, lo generado por el proyecto es distinto a lo ya existente.

PMBOX (2009) considera además que todos los proyectos presentan una serie de características comunes, tales como el hecho de a) estar desarrollados por personas, b) estar condicionados por recursos limitados, y c) ser planificados, controlados y ejecutados desde este punto de vista.

Según Navarro y Hernández (2007), la solución de problemas a partir de proyectos genera una cultura de trabajo diferente, donde el proyecto se presenta como una entidad autónoma que se gobierna a partir de su propio diseño y que depende solamente de su presupuesto. Para liderar la solución del problema planteado surge la figura del jefe quien es un elemento activo, incentivador y motivador, cuya responsabilidad pasa por la planificación de las acciones a seguir, anticipando los obstáculos, ajustando el desarrollo del proyecto y realizando un seguimiento continuo de la distribución de los recursos humanos, tecnológicos y económicos.

En la vida diaria aparecen múltiples posibilidades de realizar proyectos, tales como proyectos en forma personal, familiar, en el lugar donde se trabaja, en las convocatorias que realizan instituciones, etc.

Aunque no todo puede plantearse como un proyecto, la mayoría de las veces nos encontramos planificando actividades tomando como base lo que queremos lograr con dicha labor, asegurándonos de disponer de los recursos adecuados para alcanzar el objetivo deseado, y midiendo factores de riesgo que podrían afectar la consecución de la meta.

En forma general se puede concluir que un proyecto es una idea que se quiere materializar y, para conseguirlo, se establece un proceso que necesita recursos humanos, temporales y materiales. Para alcanzar el fin establecido, es necesario definir objetivos o metas (qué hacer) y actividades o procesos (cómo hacer) que deberán cumplirse en un tiempo asignado, considerando para ello el inicio y termino del mismo, y la asignación y organización de todos los recursos involucrados para su ejecución.

3.2.2. Gestión de proyectos

Los proyectos necesitan ser realizados y entregados bajo ciertas restricciones. Estas restricciones tradicionalmente han sido el alcance, el tiempo, y el coste:

- La restricción del alcance hace referencia a qué debe hacerse para producir el resultado final del proyecto.
- La restricción del tiempo hace referencia a la cantidad de tiempo disponible para completar un proyecto.
- La restricción del coste hace referencia a la cantidad presupuestada disponible para el proyecto.

Se trata de tener muy claro, desde un principio, cuál es el alcance del proyecto, el tiempo requerido y los recursos/presupuesto necesario para completarlo (Horine, 2009). Estos tres parámetros básicos con los que tendrá que lidiar el administrador de proyectos, al final, determinarán en gran medida el éxito o fracaso del proyecto. Se los conoce también como *el triángulo de la gestión de proyectos*, donde cada lado representa una restricción (Pereña y Gélinier, 1996).

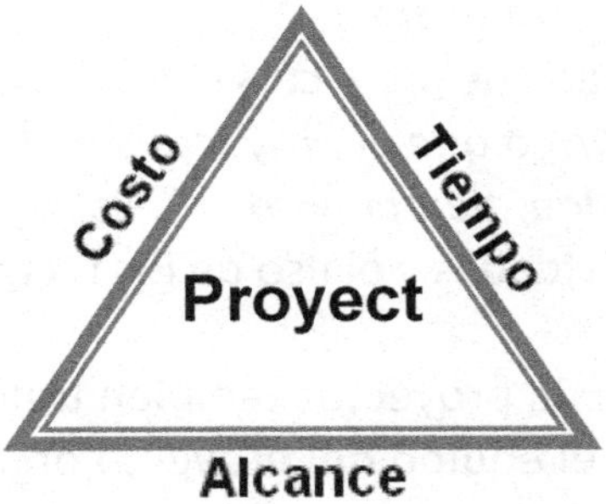

Figura 1: Triángulo de la gestión de proyecto.

Un lado del triángulo no puede ser modificado sin impactar a los otros. Además estas restricciones interaccionan y a menudo compiten entre ellas, por lo que se debe buscar un balance de acuerdo a los recursos con los que se cuenta:

- El aumento del alcance (un proyecto muy ambicioso) generalmente implica el aumento del tiempo y el aumento del coste.
- La reducción del tiempo puede implicar altos costos y menores alcances.
- La reducción del presupuesto puede implicar el aumento del tiempo y la reducción del alcance.

La idea es que de los tres aspectos: alcance, coste, y plazo, el cliente puede manejar dos grados de libertad. El otro, lo maneja la gestión del proyecto, de modo que haya un equilibrio básico entre las partes de un proyecto.

En un principio hay que identificar cuál es el alcance del proyecto, es decir cuáles son los requerimientos a satisfacer y los resultados esperados. Es muy importante tener una clara y correcta definición del problema o situación que se va a atender. Con base en esta información se puede determinar cuántos recursos (gente, herramientas, presupuesto) y tiempo se necesita para poder desarrollarlo. Si se tiene disponibilidad de recursos, entonces se puede reducir el tiempo. Si no hay presión de tiempo entonces se podrá disponer de menos personal y recursos para poderlo completar.

La administración de proyectos exitosa requiere administrar activamente estas interacciones. El primer desafío es estar seguro de que el proyecto será entregado dentro de las restricciones definidas. El segundo desafío es lograr una óptima integración de los recursos necesarios (dinero, personas, materiales, energía, espacio, suministros, comunicación, etc.) para alcanzar los objetivos predefinidos.

Un aspecto determinante del cumplimiento del alcance es el nivel de calidad logrado, tanto en el producto o servicio como en el proceso para lograrlo.

En proyectos internacionales, adicionalmente a las preocupaciones tradicionales por alcance, costo, tiempo, y calidad, el equipo de administración del proyecto debe también considerar los efectos de cambios de horario, influencias culturales, usos y costumbres de cada lugar, diferencias políticas, fiestas religiosas y nacionales, logística de teleconferencias, entre otras.

La Wikipedia define la gestión de proyectos como "*la disciplina de la organización y la gestión de recursos de forma que el proyecto sea llevado a cabo dentro de las restricciones de alcance, calidad, tiempo y coste*". Es el proceso de planear, organizar, dirigir y controlar, las actividades y el uso de los recursos con el fin de lograr los objetivos.

La disciplina de la gestión de proyectos también trata sobre las herramientas y técnicas que posibilitan que el equipo del proyecto organice su trabajo para adecuarse a estas restricciones.

Los administradores de proyectos utilizan diversas herramientas, técnicas, metodologías, marcos y procesos para monitorear de cerca los proyectos y llevarlos a cabo en su totalidad. Según expresa Malladi (2007), los mejores Administradores de Proyectos se distinguen por su habilidad para crear un ambiente donde los valores son aceptados, la integridad es aplaudida y donde la competencia personal y profesional prospera.

3.2.3. La Web 2.0 en la gestión de proyectos

Desde sus orígenes, la Web ha permitido un flujo de comunicación global a una escala sin precedentes, logrando compartir digitalmente en tiempo cuasi real los datos y la información con usuarios de cualquier lugar del mundo que cuentan con acceso a Internet. Con el surgimiento de la Web 2.0 se ha contribuido a enriquecer la interacción del usuario con las herramientas y sus contenidos a la vez que, tal como lo expresan Fumero y Roca (2007), se propone un espacio social para todos los agentes, capaz de dar soporte y formar parte de una verdadera sociedad de la información, potenciando la comunicación y el conocimiento.

El impacto que ha causado la Web 2.0 tanto en términos sociales y tecnológicos, como en los modelos de negocios de proveedores de software, ha influido categóricamente para que se consideren los efectos y beneficios de su implementación en las organizaciones.

El uso efectivo de las nuevas tecnologías y de Internet por parte de las empresas es considerado como un factor determinante de ventaja competitiva, de penetración de mercado, de innovación y de transferencia tecnológica (Torkzadeh y Dhillon, 2002).

Estudios realizados por McKinsey (2007, 2008, 2009, 2010) indican que las tecnologías de comunicación y colaboración basadas en la Web 2.0 están comenzando a ser utilizadas en formas muy imaginativas: en diversas áreas funcionales, con un claro sesgo competitivo, por algunas empresas líderes, para conectar los esfuerzos internos de los empleados y extender el alcance de la organización a los clientes, socios y proveedores. Concluye que las empresas que utilizan la Web intensamente obtienen una mayor cuota de mercado y mayores márgenes comerciales.

El contexto colaborativo de la Web 2.0 brinda facilidades para trabajar en equipo y constituir comunidades en línea, y favorece la conformación de redes de innovación basadas en el principio de la reciprocidad. Muchas organizaciones ya han dispuesto utilizar la Web 2.0 internamente, otras están experimentando con las herramientas o el despliegue de ellas a modo de prueba.

La consolidación de espacios de intercreatividad abre la posibilidad de explorar nuevas instancias de comunicación e intercambio, genera oportunidades de construcción social del conocimiento y facilita la concreción de proyectos interdisciplinarios e interinstitucionales conformados con profesionales espacialmente distribuidos que cooperan desde distintos lugares.

3.2.4. La importancia de la comunicación en la Gestión de Proyectos

Tradicionalmente el entorno del proyecto era cerrado y controlado, el Jefe de Proyecto ejercía el liderazgo por autoridad y era quien canalizaba la comunicación entre las partes interesadas y equipo de proyecto.

Actualmente los proyectos son entornos abiertos en el que ganan más importancia las personas y sus interacciones que los procesos de gestión, con colaboraciones entre diferentes agentes y profesionales en el que la relación cliente-proveedor es abierta, colaborativa y transparente.

Cada vez más, las empresas, instituciones educativas y organizaciones en general tienden a la gestión de proyectos virtuales, con equipos de trabajo distribuidos, involucrando a personas que cooperan desde diferentes sedes y entidades internacionales.

Es en estos entornos donde la comunicación toma un papel primordial y todo proyecto tiene que ejercer una buena gestión de la comunicación para ser exitoso. Edgar (2001) afirma que existe una relación directa entre la inversión realizada en gestionar la comunicación y la efectividad en la consecución de los objetivos de algunos programas.

Existen algunos factores que acentúan las dificultades en la comunicación entre miembros de un equipo distribuido geográficamente, tales como el idioma, las diferencias culturales y los diferentes husos horarios de los miembros participantes que reducen las horas de solapamiento del equipo dificultando la coordinación de las agendas para una reunión. El Jefe de Proyecto debe tener en cuenta estas cuestiones al gestionar equipos virtuales y para facilitar esa gestión, Moro (2008) propone crear un entorno amigable y de confianza, mediante el cual se pueda resolver los problemas del día a día de forma rápida.

En proyectos internacionales, la comunicación es aún más compleja debido al número de partes involucradas, y su acervo de ideas, percepciones y puntos de vista. En ocasiones, las diferencias entre sus participantes pueden comportarse como barreras que obstaculizan la comunicación. Altman y Eidelman (2009) consideran que muchos de esos problemas pueden atenuarse a través de ciertas medidas tales como intentar que los miembros se conozcan cara a cara, brindar información sobre la cultura de los integrantes de otras regiones y asegurarse de que todos tengan clara la visión del proyecto.

Cualquiera sea el caso, se debe proporcionar una comunicación honesta y oportuna acerca del proyecto, incluyendo toda la información y personas necesarias. Según

Malladi (2008), es muy importante tener un enfoque hacia la gente y el proceso para hacer efectiva la comunicación.

Moro (2011) expresa que las nuevas formas de comunicación están cambiando la manera de gestionar proyectos, un jefe de proyecto dedica aproximadamente el 90 por ciento del tiempo a la comunicación, y su eficacia está directamente relacionada con el éxito de un proyecto.

Según la guía PMBOK (2009), entre los factores de tecnología de las comunicaciones que pueden afectar al proyecto se incluyen:

- La urgencia de la necesidad de información. ¿Es vital tener información actualizada al momento, o alcanza con emitir regularmente informes escritos?
- La disponibilidad de la tecnología. ¿Son apropiados los sistemas con los que ya se cuenta?
- El personal previsto para el proyecto. ¿Los participantes del proyecto poseen la experiencia y especialización necesaria para los sistemas de comunicaciones propuestos, o se requerirá una extensa formación y aprendizaje?
- La duración del proyecto. ¿Es probable que la tecnología disponible cambie antes de que termine el proyecto?
- El entorno del proyecto. ¿El equipo se reúne y trabaja cara a cara o en un entorno virtual?

El estudio de Johansen y Gillard (2004) analiza y revisa los principales aspectos relacionados con la comunicación verbal y no verbal que tienen un impacto en los directores de proyectos de recursos de la información. En un estudio posterior, Johansen y Gillard (2005), analizan con mucho más detalle todas esas barreras en la comunicación, y proponen actuaciones del Director de Proyectos para mejorar su comunicación con las partes interesadas del proyecto, enfatizando la necesidad de que desarrollen sus capacidades y competencias comunicativas para facilitar su interacción y gestión.

En este contexto, es oportuno considerar lo planteado por Fundora y Rodríguez (2009) cuando expresan: "*No es suficiente proporcionar a las personas cantidades mínimas de bienes y servicios, además de esto es fundamental propiciar en ellos el desarrollo de esas competencias para que puedan usarlas en función de metas y aspiraciones tanto individuales como de la organización*."

Las Tecnologías de la Información y la Comunicación (TIC) se convierten así en una pieza clave e imprescindible. La correcta y óptima adopción de estas tecnologías durante el proyecto es básica para su efectividad.

3.2.5. Las herramientas Web 2.0 en la gestión de proyectos

El principal promotor de la noción de Web 2.0, O'Reilly (2005), enumera siete principios constitutivos de las aplicaciones Web 2.0:

1) *la Web como plataforma*: las herramientas y sus contenidos existen en la propia Web y no en la computadora del usuario. Surge así el concepto de *webtop* opuesto al de *desktop*, que ofrece la ventaja de no depender del almacenamiento en una computadora en particular, por el contrario, los documentos generados estarán accesibles desde cualquier computadora del mundo conectada a Internet.
2) *el aprovechamiento de la inteligencia colectiva*: las contribuciones del usuario son clave para mejorar servicios y desarrollos.
3) *la gestión de la base de datos como competencia básica*: El objetivo del servicio se centra en atraer y gestionar la información generada por un volumen de usuarios considerable, de forma que el valor de estos datos represente un medio para atraer futuros usuarios.
4) *el fin del ciclo de las actualizaciones de versiones del software*: En este principio, O'Really (2005) resalta la importancia de que el software se ofrezca como un servicio (en constante mejora), y no como un producto acabado. Se puede pensar en *versiones beta* en línea, siempre dispuestas a ser modificadas, utilizando el método de ensayo y error para aprender del consumo de los usuarios y mejorar la herramienta en forma constante, sin costes adicionales para el consumidor. De esta forma, el usuario siempre está utilizando la "última versión" y el software mejora constantemente.
5) *los modelos de programación ligera junto a la búsqueda de la simplicidad*: Se tiende a crear aplicaciones potenciando la simplicidad con el fin de facilitar el crecimiento de las mismas y que el usuario pueda ver rápidamente los contenidos en la plataforma. Esta programación ligera permite ensamblar productos con creatividad, aprovechando e integrando los servicios proporcionados en forma aislada y de esta manera, ofrecer mayor valor agregado y productividad.
6) *el software no limitado a un solo dispositivo*: se refiere a la posibilidad de que la aplicación desarrollada pueda utilizarse en diferentes tipos de dispositivos tales como ordenador personal y dispositivos móviles. Por otro lado, mediante el etiquetado de los contenidos de las aplicaciones Web (sindicación), se permite la distribución automática a través de diferentes plataformas, evitando navegar por los sitios originales y facilitando la lectura de contenidos.
7) *las experiencias enriquecedoras de los usuarios*: se destaca la importancia de aplicaciones Web que ofrecen interfaces de usuario ricas y con alta interactividad.

Hay muchas herramientas para emplear en proyectos que cubren diferentes aspectos de la gestión:

- Comunicación y trabajo en grupos.
- Agenda y calendarios de reuniones.

- Organización del trabajo, elaboración de cronogramas, distribución de tareas.
- Planificación y programación.
- Gestión y asignación de recursos.
- Simulación de alternativas en procesos críticos.
- Seguimiento de las distintas etapas de un proyecto, tales como cumplimiento de plazos previstos, funcionamiento del equipo de trabajo, gastos y presupuesto.

Algunas herramientas controlan sólo algunos aspectos y son muy simples de utilizar, como la gestión de Grupos (Google o Yahoo), o Calendario para gestionar la agenda.

Otras son más completas y algo más complejas tal como OpenProj (url: http://openproj.org/) que es un programa de gestión de proyectos muy completo que controla todos los aspectos referentes a la gestión de proyectos, como la planificación y programación, la gestión y asignación de recursos, el presupuesto, la simulación de alternativas en procesos críticos, el seguimiento de las distintas etapas del proyecto, etc.

Google (http://www.google.com.ar/) ofrece una serie de servicios Web 2.0 que cumplen con los principios anteriormente mencionados y que permiten a los usuarios de Internet realizar múltiples tareas colaborativas a través del navegador sin necesidad de instalar programas especiales para ello.

Estos servicios, en su mayoría gratuitos, sin ser específicos del "Project Management", pueden ser utilizados en distintos momentos de la Gestión de Proyectos.

A continuación se dan algunas referencias sobre cómo utilizar herramientas de Google para gestionar proyectos:

3.2.5.1. Gmail

Es un servicio de correo gratuito, totalmente necesario para habilitar el uso de las otras aplicaciones de Google. Entre las características que lo distinguen de otros servicios de correo se puede mencionar:

- Los mensajes se agrupan automáticamente por asunto. Este conjunto de mensajes se organiza en forma de "conversación", muy similar a un Foro, donde cada mensaje aparece dispuesto encima de otro al cual está relacionado.
- Se utilizan etiquetas en lugar de carpetas. Con esta función, una misma conversación (o serie de e-mails) puede contener varias etiquetas.
- Un sistema de búsquedas integrado. Gmail incorpora el sistema de búsqueda de Google, con lo cual es posible encontrar correos buscando por palabras claves o mediante una expresión.
- Tiene un poderoso filtro de spam que permite ahorrar mucho tiempo.

- Cuenta con "Tareas" que permite hacer el seguimiento de las tareas pendientes.

3.2.5.2. *Talk*

Un equipo de proyecto necesita estar en frecuente comunicación; Talk permite conversar y ver si están on-line los integrantes de equipo y puede integrarse con Gmail. Ofrece:

- *Chat de texto*, con mensajes instantáneos que permiten compartir ideas en tiempo real, trasferencia de archivos para enviar y recibir de forma instantánea documentos o imágenes.
- *Chat de voz*, con llamadas gratuitas desde un equipo a cualquier equipo del mundo, así como conferencia de audio para hablar con varias personas a la vez.
- Complemento de chat de vídeo y voz, que se descarga adicionalmente para utilizar las funciones de voz y vídeo en las propiedades del chat de Google.

3.2.5.3. *Calendar*

Todas las etapas y actividades de un proyecto, tienen una fecha de comienzo y una fecha de fin, que debe ser conocida y estar in mente de todos los integrantes de un Proyecto.

Google Calendar permite crear calendarios y compartirlos con el equipo, de esta manera se establece una agenda virtual a la que se puede acceder desde cualquier lugar, y que es compartida por el grupo. Permite además un sistema complementario de comunicación y de alertas en tiempo real vía SMS y correo electrónico, si fuera necesario.

Una de las partes más importantes de un proyecto es la planificación. Mediante esta herramienta, se puede indicar las fechas límites relacionadas con hitos o metas del trabajo para la correcta realización del proyecto. A medida que se acerca a las fechas establecidas, la aplicación envía correos electrónicos avisando de los hitos indicados a todos los miembros suscriptos a ese evento.

3.2.5.4. *Grupos*

Permite generar una comunidad de intercambio de forma rápida y sencilla, poniendo en contacto a un grupo de personas, a fin de compartir información y comunicarse de forma efectiva.

Se puede crear listas de distribución y grupos de debate, online o por correo electrónico. Ofrece grandes límites de almacenamiento, páginas personalizadas y opciones de administración únicas.

Los miembros de un proyecto pueden utilizar esta herramienta para comunicarse y establecer debates sobre temas relativos al proyecto.

3.2.5.5. Docs.

Google Docs es una herramienta gratuita y potente de ofimática diseñada para trabajar en línea con documentos, presentaciones, hojas de cálculo, dibujos y formularios, los cuales se almacenan en línea y se puede tener acceso a ellos desde cualquier ordenador. Estos documentos pueden ser compartidos con otros usuarios tanto para la lectura como para la edición, pudiéndose realizar un seguimiento de quién y cuándo modifica un documento, así como restaurar cualquier versión. Soporta diferentes formatos y es compatible con MS Office y OpenOffice.

El equipo del proyecto puede utilizar estas herramientas en diferentes momentos para generar documentos online con colaboración en tiempo real, confeccionar Diagramas de Gantt y hojas de cálculo o crear formularios para recopilar información para su posterior análisis.

3.2.5.6. Sites

Posibilita crear un sitio Web para el proyecto, en que se puede compartir información relevante y de modo seguro y al que se puede tener acceso en cualquier momento y en cualquier lugar.

Se puede utilizar Google Sites para centralizar y organizar los documentos, hojas de cálculo, presentaciones, vídeos y otros elementos.

Es compatible con todos los sistemas operativos y funciona en el navegador de equipos PC, Mac y Linux.

Posee controles de seguridad para el sitio y el sistema, los administradores pueden gestionar los permisos para el uso compartido de archivos en toda la empresa y los autores pueden compartir y suspender en cualquier momento el acceso a los archivos.

3.2.5.7. Reader

Es un lector de RSS (Really Simple Syndication) que permite la suscripción a fuentes relevantes para el Proyecto y de esta forma lograr estar informados en todo momento.

3.2.5.8. Blogs

Un blog (diario o bitácora) es un sitio Web periódicamente actualizado que recopila cronológicamente textos o artículos (post) de uno o varios autores. Estos artículos pueden ser comentados por otras personas, apareciendo primero el más reciente. El autor conserva siempre la libertad de dejar publicado lo que crea pertinente.

El servicio de Google para crear blogs es Blogger. Además de brindar alojamiento en su propio servidor (Blogspot), permite al usuario publicar de forma sencilla artículos por categorías o etiquetas, administrar su acceso (público o restringido), utilizar plantillas de diseño basadas en CSS, admitir comentarios y publicación por correo electrónico, entre otras funciones.

Happ, Wünsche, Röhrborn y Henkel (2006) analizaron el uso de algunas herramientas como apoyo a los diferentes métodos de comunicación en la gestión de proyectos y encontraron que el blog fue una de las tecnologías más seleccionada para mejorar la comunicación y distribución de información entre los diferentes equipos del proyecto.

En el blog se puede registrar las actividades y documentos del proyecto durante su ejecución, categorizando las entradas y apoyados con el uso de subscripciones RSS, los miembros del equipo estarán informados de los nuevos posts y comentarios publicados. También el blog puede servir de repositorio en el que se documentan buenas prácticas y casos exitosos.

3.3. EXPERIENCIA DE CAPACITACIÓN EN GESTIÓN DE PROYECTOS A TRAVÉS DE LA WEB 2.0

En el marco del proyecto CGCWeb2.0, "Capacitación y Gestión del Conocimiento con Herramientas Web 2.0 para Docencia Universitaria, Gestión Administrativa y Educativa y Desarrollo Profesional Continuo en Argentina, Chile y Ecuador" (código A/024521/09) se planificaron varios cursos en línea, con el propósito de capacitar en algunas herramientas de la Web 2.0 a interesados de los colectivos: docencia universitaria, desarrollo profesional continuo y gestión administrativa y educativa de comunidades rurales.

El objetivo de esta formación es contribuir a que los participantes desarrollen las competencias necesarias para incorporar en sus actividades académicas y laborales el uso de las herramientas Web 2.0, como mecanismo para lograr un desempeño más efectivo y acorde al desarrollo tecnológico actual.

En particular, referente a la temática de Gestión de Proyectos se diseñó el curso a distancia, "Gestión de Proyectos a través de la Web 2.0", en el que se aborda la utilización de las herramientas Grupos y Calendarios de Google para la Gestión de Proyectos colaborativos a través de Internet, con el propósito de que los participantes puedan aplicar esas herramientas en su entorno personal, social, laboral y/o académico (Rosanigo, Álvarez, Dans, Paur y Gallego, 2010).

El curso, de nivel introductorio, brinda a los participantes la perspectiva de ser partícipes de manera virtual y colaborativa en la gestión de un proyecto, a la vez que los guía en el uso de herramientas Web 2.0 seleccionadas para esta instancia de formación.

La planificación y dictado estuvo a cargo de miembros del proyecto CGCWeb2.0 pertenecientes a la Universidad Nacional de la Patagonia San Juan Bosco (UNPSJB). Además, algunos otros docentes de la Facultad de Ingeniería de la UNPSJB sumaron sus aportes y actuaron como tutores.

3.3.1. Planificación

El objetivo específico del curso es que los participantes adquieran:

- Una visión general de las herramientas de Google aplicables a la gestión de proyectos.
- Un conocimiento específico de la herramienta Google Grupos y su aplicación a un proyecto concreto.
- Un conocimiento específico de la herramienta Google Calendario y su aplicación a un proyecto concreto.
- Competencias para el trabajo colaborativo en la red.

3.3.1.1 Destinatarios

Está dirigido a personas interesadas en las tecnologías de información como una alternativa para hacer más eficiente sus actividades, cualquiera sea el ámbito en que se desempeñan.

3.3.1.2 Requisitos

Para realizarlo, los estudiantes deben contar con conocimientos previos de:

- Computación básica.
- Acceso a Internet.
- Manejo de correo electrónico.

3.3.1.3. Convocatoria

La convocatoria es realizada a través de los portales de las Universidades participantes (UNPJB de Argentina, Escuela Superior del Ejército de Ecuador, Universidad de Concepción de Chile y Universidad Nacional de Educación a Distancia de España) y mediante listas de e-mail.

3.3.1.4. Carga horaria

La carga horaria total es de 40 hs, distribuidas en 5 semanas, previendo un mínimo de 8 horas semanales de dedicación.

3.3.1.5. Material didáctico

El material didáctico, elaborado modularmente como Objetos de Aprendizaje, se presenta en formato "pdf" para impresión y en formato "html" para navegar.

3.3.1.6. Evaluación

La evaluación del curso tiene en cuenta la participación en foros 20% (20 puntos) y realización de tareas 80 % (80 puntos). Para aprobar el curso los participantes requieren una calificación superior o igual al 70% (70 puntos).

Los participantes que cumplen con los parámetros requeridos para su aprobación reciben un certificado emitido por el proyecto A/024521/09 - Capacitación y Gestión del Conocimiento con Herramientas Web 2.0 para Docencia Universitaria, Gestión Administrativa y Educativa y Desarrollo Profesional Continuo en Argentina, Chile y Ecuador .

3.3.2. Desarrollo de contenidos y actividades

El curso está estructurado en los cuatro módulos que se describen a continuación:

- MÓDULO 0: Inducción al Curso

Módulo introductorio en el que se establecen lazos formales e informales de comunicación y se dan a conocer de manera detallada el temario del curso, la modalidad de trabajo, las actividades a desarrollar, las evaluaciones, los plazos, etc. Las tareas de este módulo no tienen calificación, pero son necesarias para inducirlos a conocerse más y estimular la participación a lo largo del curso.

Duración: una semana.

- MODULO 1: ¿Qué es un proyecto?

Este módulo busca que los participantes adquieran una visión general de los componentes de un proyecto y puedan plantear una propuesta de proyecto relacionado a su entorno.

Temas*:* Noción de proyecto. Componentes. Herramientas para la Gestión de proyectos.

Duración: una semana.

- MODULO 2: Google Grupos

El objetivo de este módulo es que los participantes adquieran una visión general de las herramientas de Google aplicables a la gestión de proyectos y un conocimiento específico y habilidades para utilizar la herramienta Google Grupos y su aplicación a un proyecto concreto.

Temas: Concepto y uso de Google Grupos. Funciones básicas. Aplicaciones.

Duración: una semana y media.

- MODULO 3: Google Calendario

El objetivo de este módulo es que los participantes adquieran conocimiento y habilidades para utilizar la herramienta Google Calendario y su aplicación a un proyecto concreto.

Temas: Concepto y uso de Google Calendario. Funciones básicas. Aplicaciones.

Duración: una semana y media.

Los conceptos presentados a lo largo del curso se conjugan con actividades prácticas a desarrollar en grupo y se utilizan todas las herramientas de comunicación que el alumno tiene a su alcance (foros, chat, mensajería instantánea).

Cada grupo debe elegir un director de proyecto y el resto de los integrantes pasan a ser miembros del equipo del proyecto.

Como actividades se tienen contempladas las siguientes: Bajo la organización antes mencionada, en el módulo 1 se debe proponer un tema de proyecto y plantear objetivos, fechas de comienzo y fin del proyecto, actividades a llevar a cabo estableciendo la secuencia de las mismas e indicando el comienzo y fin, asignación de uno o más responsables para cada actividad, debiendo estar cada integrante del grupo como responsable de alguna actividad.

En el módulo 2, se debe crear con Google Grupos un grupo para el proyecto definido en el módulo previo, invitar a los miembros y añadir en forma directa a los profesores del curso. Toda la práctica sobre las diferentes funcionalidades de Google Grupos gira en torno al proyecto elegido, así se inician debates, se suben archivos, se publican páginas, se modifica el perfil, se personaliza el grupo.

En el módulo 3, se continúa con el proyecto que el grupo viene desarrollando, creando un calendario compartido por todos los miembros en el que se registran los eventos correspondientes a las actividades del proyecto, y un calendario propio en que cada participante incluye eventos importantes de su vida fuera del proyecto y compatibiliza con las actividades comunes.

Es decir, en todos los módulos se procura que las actividades giren en torno a la gestión del proyecto para que pueda vivenciarse mejor la aplicación de estas herramientas de la Web 2.0.

3.3.3. Impartición

El curso se dictó en agosto-setiembre de 2010, en un entorno virtual de aprendizaje (Moodle), permitiendo un aprendizaje flexible y la participación en cualquier horario del día, de acuerdo a la disponibilidad de cada uno.

La cantidad de alumnos inscriptos fue 154, de los cuales 119 realmente comenzaron la capacitación. Para facilitar la atención, los alumnos se distribuyeron en dos aulas virtuales.

El curso fue asistido por un equipo de 6 tutores, 3 en cada aula, los cuales acompañaron y guiaron el proceso de enseñanza aprendizaje, y estimularon la participación de todos los participantes.

Los grupos de trabajo fueron organizados por los docentes del curso, teniendo en cuenta intereses, formación previa y otros aspectos de los participantes que podían tener relevancia al momento de la concreción de las actividades grupales previstas.

Se inscribieron en el curso participantes originarios de varios países, resultando un 58,50% de Chile, 21,5% de Ecuador, 8,4% de Argentina, 8,4% de España y 3,2% de otros países latinoamericanos (Bolivia, Costa Rica, Guatemala, Venezuela México).

Aunque las profesiones fueron muy variadas, un 46,1 % se dedicaba a docencia en diferentes niveles y 27,3% a alguna de las ramas de la Ingeniería.

Respecto a las edades, un 27,3% era menor de 30 años, el 35,7% entre 30 y 39 años, 24,0% entre 40 y 49 años y 13,0% entre 50 y 62 años, lo que muestra bastante interés por capacitarse en todas las edades. En la figura 2 se muestra la distribución de los alumnos por procedencia, profesión y rango de edades.

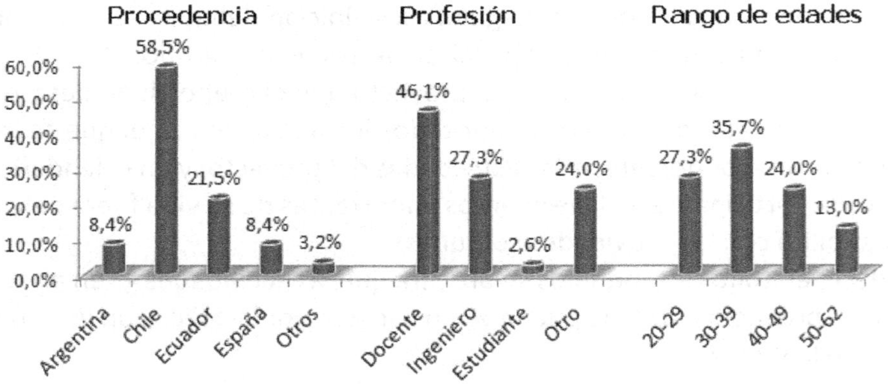

Figura 2: Distribución según procedencia, profesión y edades de los participantes.

En cuanto a la formación académica de los participantes, el 3,8 % de los inscriptos contaba con posgrado, el 86% con formación universitaria y el 8,3% formación terciaria.

Hubo una importante deserción y abandono al comienzo: un 23% de los inscriptos no ingresó al aula y de los que realmente comenzaron, sólo el 60% completó las actividades del módulo 1. Finalmente el 36% aprobó el curso,

La relación entre los integrantes de cada grupo fue muy fructífera y los resultados finales así lo evidenciaron. Para muchos participantes esta fue su primera experiencia en una plataforma a distancia.

La mayoría quedó muy conforme con la dinámica de grupo y valoraron muy positivamente la interacción con personas de diferentes países y culturas.

3.3.4. Evaluación de la experiencia

La alfabetización científico tecnológica es la herramienta necesaria para generar saberes y competencias, permitiendo a cada sociedad vincularse con el resto del mundo y hacer un uso apropiado y critico de las nuevas tecnologías. En este contexto, la experiencia realizada es un aporte concreto a todos los participantes de la misma.

La cantidad de interesados ha sido muy superior a las expectativas trazadas, hecho que significó el desdoblamiento del curso y el incremento de aulas para impartición simultánea, a fin de satisfacer mejor forma la demanda.

La participación de personas de distintos países iberoamericanos ha permitido lograr una interacción intercultural y de riqueza de puntos de vista, a la vez que añade valor a los objetivos específicos planteados (Álvarez et al, 2010).

La inclusión de actividades para inducir la participación y el conocimiento entre los participantes al comienzo del curso han ayudado a disminuir la sensación de aislamiento y soledad a la que se enfrentan los estudiantes en cursos a distancia, y en algunos casos, generaron importantes relaciones entre colegas de diferentes regiones o países. Así mismo, la inclusión de actividades colaborativas para trabajar en grupo ha permitido obtener resultados más importantes que la contribución individual realizada por cada uno.

Se considera entonces, que la experiencia realizada ha sido muy satisfactoria y ha cumplido con los objetivos trazados en el proyecto CGCWeb2.0.

3.4. CONSIDERACIONES FINALES

En esta sociedad altamente competitiva y en proceso de cambio constante, es imprescindible estar actualizado y desarrollar todas las competencias necesarias para enfrentar y adaptarse a los cambios. La importancia de la formación continua radica en la apertura de nuevas posibilidades para los trabajadores y las empresas, permitiendo la integración y la adaptación a una realidad cada vez más globalizada y dinámica. Indudablemente, se pueden lograr mejores resultados si se invierte en formación.

El contexto colaborativo de la Web 2.0 ofrece óptimas condiciones para trabajar en equipo, desarrollar proyectos y constituir comunidades en línea, ya que brinda diferentes herramientas y tecnologías para apoyar los procesos colaborativos, así como la gestión de la comunicación entre todos los participantes.

Las herramientas Web 2.0 se caracterizan por la sencillez y facilidad de uso, su acceso a través de un navegador (no requieren la instalación de tecnologías en los equipo de los participantes) y las funcionalidades que aportan. En la medida que se haga una buena utilización de las mismas, mejorará la productividad y eficiencia de los equipos. En este sentido, cabe destacar lo expresado por Pablo Bongiovanni:

> *"Debemos comenzar a experimentar herramientas, de manera tal que esta experiencia sirva para futuros aprendizajes. Entendemos este tipo de aprendizajes como una habilitación de oportunidades para continuar aprendiendo, y manejarnos con herramientas sencillas y poderosas que pueden potenciar nuestra capacidad creativa a la hora de innovar.*
>
> *La posibilidad de tener diversas oportunidades de aprendizaje, se tornará muy importante a la hora de poner en práctica (de aplicar en procesos de enseñanza y aprendizaje) aquello que forma parte de nuestro capital cultural referido a las Nuevas Tecnologías. Y contar con un caudal importante de habilidades (competencias) para trabajar con otros y colaborar en experiencias de aprendizaje, será un valor agregado cada vez más necesario en la Sociedad del Conocimiento."* (Bongiovanni, 2010, pp12),

A modo de cierre, se destaca lo planteado por Altman y Eidelman (2009) en cuanto que las herramientas son un factor necesario pero no suficiente para el éxito de un proyecto y que cualquier inversión en estas tecnologías resultará inefectiva si no se abordaran adecuadamente los elementos de management y organización de proyecto mencionados al principio. *"Por más sofisticadas que sean las salas de videoconferencias que instalemos en Buenos Aires y Mumbai, el equipo no podrá aprovecharlas si nunca consigue organizar una conferencia"*.

3.5. REFERENCIAS

Altman R. y Eidelman A. (2009). *Herramientas tecnológicas para comunicarse en el trabajo a distancia*. Recuperado de: http://www.webnova.com.ar/articulo.php?recurso=724

Álvarez M., Gallego D., Dans M., Rosanigo Z.B., Cela K., Valdivia Guzmán J., Gatica Zapata N. y López Álvarez A. (2010). *Training in Web 2.0 Tools: Bringing Spatial Data Infras-*

tructures to People. Recuperado de: Sitio Web de la "GSDI 12 World Conference": http://www.gsdi.org/gsdiconf/gsdi12/prog_details.html

Bongiovanni, P. (2010). *Herramientas para la gestión de proyectos en línea*. Educar. Ministerio de Educación de la Presidencia de la Nación, Argentina. Recuperado de: http://aprenderencasa.educ.ar/aprender-en-casa/Herramientas%20para%20la%20gestion%20de%20proyectos%20en%20l%EDnea.pdf

Cleland, D.I. y King, W.R. (1975). *System, analysis and project management*. New York, McGraw-Hill.

Edgar, J. (2001). Don't cut spending on communications, The Chronicle of Philanthropy, 19-04-2001, vol. 13, issue 13, pp. 43-44.

Fumero, A. y Roca, G. (2007). *Web 2.0*. Madrid: Fundacion Orange.

Fundora Piñeyro, R. y Rodríguez Coppola, H. (2009). *Manual del ciclo de proyectos de cooperación internacional*. Cuba.

Happ, S., Wünsche, A. Henkel. F y Röhrborn, D. (2006). *Blogs, Wikis, Webcasts: utilization of state-of-the-art Communication Instruments for Project Management*. Recuperado de: http://www.centrestage.de/pdfs/060303_PMI_Paper_Blogs_Wikis.pdf

Horine, G. (2009). *Absolute Beginners Guide to Project Management*. Editorial Kindle Edition.

Johansen, J. y Gillard, S. (2004). Project management communication: a system approach. *Journal of Information Science*, 30(1) 2004,pp. 23-29.

Johansen, J. y Gillard, S. (2005). Project management communication: personal and environmental barriers. *Journal of Information Science*, 31(2) 2005, pp. 91-98.

Malladi, S. (2007). Why Are My Projects Struggling? Six Basics You Must Never Forget. in the October 2007 issue of ESI Horizons.

Malladi, S. (2008). *Fomentando la Comunicación del Proyecto - Es planeación, proceso y gente*! Documento electrónico. Recuperado de: http://www.liderdeproyecto.com/articulos/fomentando_la_comunicacion_del_proyecto.html.

McKinsey (2007). *How businesses are using Web 2.0*: A McKinsey Global Survey, mckinseyquarterly.com, Recuperado de: http://www.mckinseyquarterly.com/article_page.aspx?ar=1913.

McKinsey (2008). *Building the Web 2.0 Enterprise*: McKinsey Global Survey Results, mckinseyquarterly.com, Recuperado de: http://www.mckinseyquarterly.com/article_page.aspx?ar=2174.

McKinsey (2009). *How companies are benefiting from Web 2.0*: McKinsey Global Survey Results, mckinseyquarterly.com, Recuperado de: http://www.mckinseyquarterly.com/article_page.aspx?ar=2432.

McKinsey (2010). *The rise of the networked enterprise: Web 2.0 finds its payday*. McKinsey & Company. Recuperado de: http://www.mckinseyquarterly.com/The_rise_of_the_networked_enterprise_Web_20_finds_its_payday_2716.

Moro Melón, J. (2008). *Gestionando equipos de proyectos virtuales*. Recuperado de: http://gedpro.com/Comunidad/Blogs/tabid/69/EntryId /44/Gestionando-equipos-de-proyecto-virtuales.aspx.

Moro Melón, J. (2011). *Communication in the XXI Century: How web 2.0 affectspoject management*. Conferencia inaugural en el I Iberian Young Crew Workshop. Madrid.

Navarro López, A.M. y Hernández Rodríguez, A. M. (2007). *Utilización de las técnicas de Dirección Integrada de proyectos en la Gestión de Proyectos*, Revista de la arquitectura y la ingeniería. Artículo 3 - Vol 1 No. 1 / 2007.

O'Reilly, T. (2005). *What Is Web 2.0. Design Patterns and Business Models for the Next Generation of Software*. Recuperado de http://www.oreillynet.com/pub/a/oreilly/tim/news/2005/09/30/what-is-web-20.html.

Pereña Brand, J. y Gélinier, O. (1996). *Dirección y gestión de proyectos*. Madrid, Díaz de Santos.

PMBOK (2009). *Guía de los Fundamentos de la Dirección de Proyectos* (Guía del PMBOK) ISBN: 9781933890722, 4ta Edición, Project Management Institute.

Rosanigo, Z. B., Alvarez, M., Dans, M., Paur, A. y Gallego, D. (2011). *Capacitación y Gestión del Conocimiento con Herramientas Web 2.0*. Innovación Tecnológica y Gestión del Talento. Madrid, Ed. Anaya.

Torkzadeh, G., y Dhillon, G. (2002). *Measuring factors that influence the success of Internet commerce. Information Systems Research*. Vol 13 (2), pp187- 204.

CAPÍTULO 4. GESTIÓN DE IMÁGENES CON WEB 2.0. UNA EXPERIENCIA E-LEARNING

ALICIA BEATRIZ PAUR
Universidad Nacional de la Patagonia San Juan Bosco, Argentina
abpaur@gmail.com

Resumen La imagen y su gestión, han pasado a ser un elemento clave en la existencia de la Web 2.0, se encuentran toda clase de imágenes reunidas en multitud de servicios en donde gran cantidad de comunidades de usuarios participan en su elaboración, consumo y disfrute.

En este capítulo se describen dos experiencias de dictado de un curso a distancia, e–learning, sobre una herramienta Web 2.0 para gestión de imágenes como es Picasa (http://picasa.google.com/).

El marco teórico referido a Gestión de Imágenes y su relación con la Web 2.0 da sustento a la elección del tema elegido para desarrollar el mencionado curso.

El siguiente apartado se refiere a la experiencia de dictado del curso, se detalla la planificación, diagramación, roles realizados desde el desarrollo al dictado mismo de los cursos, los contenidos y actividades que se desarrollaron, modalidad y calificación del curso, y evaluación realizada por los participantes, entre otros temas.

Se finaliza con algunas ideas sobre la valoración que se considera tuvo el curso y con las conclusiones finales atinentes a la experiencia lograda con el dictado de los dos cursos.

Palabras Clave: Gestión de Imágenes, Imagen Digital, Herramientas Web 2.0, Cursos on Line.

4.1. INTRODUCCIÓN

Internet, en conjunto con la Web 2.0 y la expansión de redes informáticas, se caracteriza por la multiplicidad de información que reciben los individuos desde diferentes medios, en especial, fotografías, gráficos, obras artísticas, ilustraciones y más, las que se agrupan en multitud de servicios, repositorios y redes sociales.

Estas imágenes, desde la óptica de la Web 2.0, se ofrecen a cualquier comunidad de usuarios, que a su vez, elaboran, consumen y contribuyen con otra cantidad de ellas.

Además ha surgido una amplia cantidad de herramientas, en especial para la gestión de imágenes, de uso libre, con filosofía Web 2.0 que ofrecen un gran potencial para ser utilizadas por todos los grupos o redes sociales que existen, como puede ser por las redes educativas para la formación y aprendizajes significativos en cualquier contexto que se los aplique.

Esto ha permitido que se pueda instruir en la gestión de imágenes a los colectivos seleccionados en los proyectos de investigación que se han descrito en este libro.

Muchos de estos colectivos, en especial las Comunidades Rurales, residen en espacios geográficos muy distantes entre sí y el objetivo era que pudieran utilizar un medio de comunicación de bajo costo y aprendiesen a trabajar en forma colaborativa con herramientas sencillas ofrecidas por la Web 2.0.

4.2. MARCO TEÓRICO DE GESTIÓN DE IMÁGENES

4.2.1. Conceptos de Imagen

Las siguientes acepciones y origen de la palabra imagen han sido obtenidas de Abreu Sojo (2000):

La acepción *"etimológica de la palabra imagen nos indica que está relacionada con el sustantivo latino "imago", que significa figura, sombra e imitación, y con el griego "eikon", vale decir, icono o retrato"* (Font, 1981, pp. 8).

También se entiende por imagen *"la reproducción parcial de algo, de una realidad que se asemeja a otra, y cuando se habla de realidad, se refiere a aquello que termina en sí mismo"* (Alonso y Matilla, 1990, pp. 15).

Otro significado que se le asigna a imagen, es el siguiente *"es una visión recreada o reproducida. Es una apariencia que ha sido separada del lugar y el instante en que apareció por primera vez y preservada por unos momentos o siglos"* (Berger, 1975, pp. 15-16).

Según Casasús (1973, pp. 25) la imagen es *"una figura o representación mental de alguna cosa percibida por los sentidos"*.

4.2.1.1. Imagen Digital

Según Wikipedia (http://es.wikipedia.org/wiki/Imagen_digital), una imagen digital *"es una representación bidimensional de una imagen a partir de una matriz numérica, frecuentemente en binario (unos y ceros)"*.

La imagen digital permite una relación de visualización más directa con el usuario. El receptor ya no es un sujeto pasivo, contemplativo, sino que se compromete con la imagen como co-creador ante la posibilidad de manipulación constante, pasa de ser un reproductor a ser un productor, o como dice Piscitelli (2002, pp. 125) *"la imagen deja de ser lo visto para convertirse en lo construido"*.

4.2.1.2 Aspectos a tener en cuenta en la calidad de la imagen

En primer lugar se debe tener en cuenta la diferencia entre los valores subjetivos de la calidad de la imagen, en los cuales la calidad de imagen es evaluada mediante la observación visual y sobre estos valores no se tratará en este marco teórico, y los valores objetivos que son medidas físicas posibles de ser mensuradas por un ordenador (Reilly y Frey, 1999, pp.10).

Según Iglesias Franch (2004), *"los valores objetivos de calidad de la imagen digital se analizan a partir de los atributos de definición, tonalidad, reproducción del color y ruido"*.

La *definición* o *resolución propia de una imagen*, es la cantidad de detalle que incorpora una imagen. Esto depende de las dimensiones de la imagen en pixels, a lo largo y a lo ancho, expresándose corrientemente en MegaPixels (MP). Así, una imagen de 1600×1200 pixels tendría una resolución de 1.920.000 pixels o 1.92 MP.

A mayor resolución, significa archivos de mayor tamaño, mayor detalle de imagen y, por tanto, mayor calidad.

La *tonalidad* estará determinada principalmente por la resolución y la luminosidad. La luminosidad hace referencia a la información, en número de bits, que representa cada píxel. 1 bit representa 2 tonos, 8 bits 256 tonos, 24 bits 16 millones de tonos y 32 bits 4.000 millones de tonos. Como es lógico, una mayor luminosidad implica un archivo de mayor tamaño.

La *reproducción del color* está muy vinculada a la finalidad que se le va a dar a la imagen. La luminosidad y el modo de color serán los elementos claves a controlar. 8 bits por color pueden ser suficientes para una representación visual en los dispositivos de salida actuales, pero si se desea reproducir el color con la máxima fidelidad será necesaria una mayor luminosidad.

Finalmente, el *ruido* consiste en las pequeñas alteraciones aleatorias a la luminosidad del color y sería el equivalente al grano de la imagen convencional.

4.2.1.3 Formato de almacenamiento de la imagen

Es importante considerar en la gestión de imágenes, el formato.

Cada formato de almacenamiento de imágenes presenta características que lo diferencia de los demás y utiliza parámetros propios para la codificación o gestión de la información.

Describimos, en orden alfabético, los principales formatos que pueden encontrarse al trabajar con imágenes. (Monedero, 1999)

BMP (Bit Map). Son mapas de bits sin ningún tipo de proceso, con escasa información adicional. Se emplea principalmente para transferencia de información entre programas o para capturas de pantalla. Utiliza un formato independiente del sistema de color usado por cualquier dispositivo lo que facilita los intercambios.

GIF (Graphics Interchange Format). Formato de baja resolución para minimizar los tiempos de transferencia por las líneas telefónicas. Graba mapas de bits en modo paleta, con 8 bpp (256 colores). Este fue un formato muy popular antes de la aparición de JPG porque generaba imágenes de poco tamaño aptas para ser enviadas por red. Se sigue utilizando en forma habitual en páginas web y en hipertextos.

JPEG (Join Photographic Experts Group). Es el formato más popular para almacenar e intercambiar información debido a que reduce considerablemente el volumen del original. Esto se consigue a costa de una alta compresión que, en algunos casos, no tiene resultado visibles, pero en otros como la impresión a alta resolución, puede deteriorar apreciablemente algunas zonas de la imagen.

PDF (Portable Document File). Es el formato utilizado por Adobe Acrobat que sirve tanto para texto, para vectores como para mapas de bits.

PNG (Portable Network Graphics). Alternativa para incorporar imágenes a páginas web que preserva toda la información de color y comprime sin pérdidas.

TGA (Targa). Es uno de los formatos más antiguos y más fiables. Fue introducido por la empresa TrueVision Inc. Puede grabar mapas de bits en 16, 24 y 32 bpp y es compatible con la gran mayoría de programas.

TIFF (Tagged Image File Format). Es el formato más utilizado para imprimir e intercambiar información. Puede grabar en formato normal o comprimido sin pérdidas.

El tamaño definitivo de la imagen tiene que ver con el uso final que se le desee dar.

4.2.1.4. Compresión de imágenes

En muchos casos los archivos de imágenes alcanzan enormes tamaños, debido a ello es necesario aplicar algún método de compresión de la información.

La comprensión es una operación que elimina la redundancia, se basa fundamentalmente en detectar las repeticiones o las tendencias que aparezcan en la codificación de la imagen y en sustituirlas por codificaciones más compactas que indiquen, por ejemplo, el número de veces que aparece un determinado valor en una fila en lugar de guardar todas y cada una de sus posiciones (Monedero, 1999).

4.2.2. Web 2.0 en la gestión de imágenes

La imagen es un elemento importante en la comunicación, tanto por su expresión como por su conformación de representaciones, que se ha convertido en un elemento esencial en la construcción de la Web 2.0.

El deseo del usuario de ser parte, creador activo, calificador, juzgador de todo lo que ocurre en la Web 2.0, en especial en las redes sociales de imágenes, supone según lo expresan Henckmann & Lotter (1998, pp. 19), un ejercicio de "*democracia y autodeterminación de las propias condiciones vitales y, emocionalmente, implica recogimiento y sentimiento de lo propio*".

Lo importante de la incorporación de las imágenes digitalizadas y su actual dimensión en la Web 2.0, radica en la condición de generación de significados que aportan el ordenador y la Web, como "*operador de virtualización de información*" (Lèvy, 2007, pp. 41).

Villafañe (1992, pp. 47), expresó que en las últimas décadas "*el hombre crea y consume imágenes con una avidez y función sin límites*".

Realizando algo de historia de la imagen en la Web, en los últimos años se ha pasado de las iniciativas privadas y públicas en la Web 1.0 (bancos de imágenes comerciales de empresas o gratuitos de entidades administrativas, digitalización de fondos y archivos históricos, etc.) al modelo de construcción libre, simple, con actitudes cooperativas y de trabajo colaborativo de la Web 2.0, del que han emergido numerosos proyectos y servicios cuya característica principal es la publicación y gestión de cualquier tipo de imagen.

Según Manovich (2006, pp. 173), las tres razones principales por las cuales en la Web 1.0 existía una distancia apreciable entre quien producía y quien consumía las imágenes eran "*la tecnología, la capacidad técnica y la capacidad estética*".

Estas razones se solucionaron, y produjeron la actual revolución de la gestión de la imagen en la Web 2.0, sustentándose esencialmente en cuatro grandes pilares (García García y Gértrudix Barrio, 2008):

1) *El perfeccionamiento tecnológico*: facilidad de uso, microformatos, capas de presentación sobre servicios de imágenes, etc.
2) *Los sistemas de gestión de información colaborativa*: creación de redes sociales activas, desarrollo de una conversación multimodal en Red en la que lo "visual" tiene un peso extraordinario, votación y recomendación de imágenes, de álbumes, de presentaciones...
3) *Las fórmulas de etiquetado social llamadas folksonomías*: sumadas a los sistemas documentales y/o facetados, y las tecnologías de registro documental automatizado, tanto de las *cámaras digitales*, que agregan propiedades y características técnicas, del *software*, que logran geoposicionamiento y localización, como de los *servicios web*, con el reconocimiento y análisis de imagen: reconocimiento facial, etc.

4) *Los modelos de licenciamiento bajo CopyLeft*, que permiten el acceso a gran cantidad de imágenes acreditadas con determinados derechos de propiedad intelectual liberados y que posibilitan, por ejemplo, en algunos sistemas la navegación por etiquetas de licenciamiento Creative Commons.

4.2.3. Herramientas para la gestión de imágenes

Las aplicaciones y servicios para gestionar imágenes son actualmente muy numerosos, la mayoría de ellos son aplicaciones gratuitas que ofrecen un paquete básico de alojamiento, este servicio se conoce como Photo sharing, y además ofrecen distintas opciones para el tratamiento y gestión del banco personalizado de imágenes del usuario con la intención de compartir imágenes con otras personas.

Estas aplicaciones se pueden clasificar, aunque no de forma rigurosa debido a que la característica de la Web 2.0 hace que se vayan incorporando capacidades en forma continua, en las siguientes categorías (García García y Gértrudix, 2008):

Para publicar y compartir imágenes: podemos mencionar a Picasa, Flick, Photobucket, Fotolog, Pireo, Panoramio, Favshare, Zooomr, Flogstar, Ringo, Pix8.net, Fotki, Webshots, o Dropshosts.

Cada aplicación permite un diverso catálogo de opciones, aunque la mayor parte ofrecen, además de la carga y visualización de las imágenes, creación de presentaciones con esquemas y diseños preestablecidos, sistemas de reconocimiento facial, incorporar bandas sonoras, sistemas de clasificación (por categorías, álbumes, etiquetas, etc.) o completas herramientas online para la edición, elaboración de salvapantallas para el ordenador (screensaver), etc.

Para el desarrollo de presentaciones (slideshow): podemos citar a Slide, Slideroll, ImageLoop, PictureTrail o Smilebox, estas aplicaciones permiten embellecer las presentaciones con la creación de libros de visitas, personalizar su apariencia o incluir por ejemplo una banda sonora a la presentación.

Para generar redes sociales de imágenes: estos aplicativos en línea están pensados para abrir un espacio de configuración de redes sociales cuyo objetivo principal es la construcción de repertorios de imágenes. Algunos de los ejemplos más vitales son OVI (Nokia), Snapfish (HP) 11870.com, y Arte y Fotografía.

Todos ellos permiten crear agendas visuales personalizadas, tarjeteros virtuales, o recorridos por espacios públicos individualizados basados en imágenes que pueden ser compartidos con grandes o pequeñas comunidades.

Como parte de estas comunidades, los usuarios registrados pueden optimizar el esfuerzo y la gestión de otros usuarios utilizando las propuestas que estos han realizado en el sistema, o sindicándose al sistema de alertas que ofrecen, con el fin de estar al tanto de cualquier novedad que se produzca en la red de referencia.

4.3. CONSIDERACIONES PREVIAS A LA CAPACITACIÓN

El marco contextual del curso corresponde a los dos proyectos de investigación financiados por la Agencia Española de Cooperación Internacional para el Desarrollo (AECID, 2009) que han sido descritos en este libro.

El primero de ellos fue el Proyecto AECID (A/8108/07, 2008) titulado "Aplicación de TIC para el desarrollo de capacidades institucionales de gestión de Comunidades Rurales de la Patagonia Argentina" (*TicCorPat*) ejecutado durante los años 2008 y parte del 2009.

El segundo fue el Proyecto AECID (A/024521/09, 2009) titulado "Capacitación y Gestión del Conocimiento con herramientas Web 2.0 para Docencia Universitaria, Gestión Administrativa y Educativa y Desarrollo Profesional Continuo en Argentina, Chile y Ecuador" (*CGC Web2.0*) ejecutado durante los años 2010 y parte del 2011.

4.3.1. Necesidades relevadas en los colectivos seleccionados

Durante el Proyecto *TicCorPat,* una significativa parte de las tareas iniciales, fue pensada en relación a procesos de gestión entre la Dirección General de Asuntos Municipales y su interacción con las Comunidades Rurales bajo su órbita, con el objetivo del fortalecimiento de la comunicación digital entre distintos puestos de trabajo.

Se realizó primeramente un relevamiento de necesidades, del que resultó que una de las problemáticas era el poco conocimiento que manifestaban las personas de las Comunidades Rurales sobre gestión de imágenes digitales (fotos más precisamente) que se tomaban en estos lugares y que debían ser enviadas a la Administración Central como documento de relevamiento de problemas, Fiestas Populares o seguimiento de obras, entre otros.

Durante el proyecto *CGC Web 2.0,* cada nodo de la red de investigadores de los países que lo conforman efectuó el relevamiento de necesidades de los diferentes colectivos, donde se detectó la problemática relacionada con la administración de un gran volumen de imágenes digitales utilizadas en los distintos ámbitos: docencia, administración pública, comunas rurales, profesionales.

Además se tomaron en cuenta los principales objetivos de este proyecto:

- Fomentar la cooperación universitaria entre España, Argentina, Chile y Ecuador y su aplicación a escenarios concretos.
- Potenciar el uso de las herramientas de la Web 2.0 y otras tecnologías dentro de los colectivos considerados.
- Extender los resultados del Proyecto AECID TicCorPat a Chile y Ecuador.
- Explorar las herramientas de la Web 2.0 aplicables a las situaciones de los destinatarios, identificando sus fortalezas para la construcción colectiva de conocimiento y generar una Red de Tutores, que tendrán la función de acom-

pañar y orientar a los participantes de los cursos e-learning que se generen en este proyecto.

En este marco contextual se pensó en desarrollar un curso de una herramienta Web 2.0 que se adaptara a todos los colectivos relevados, satisfaciendo las necesidades de manejo de imagen que es común a todos.

A continuación se detallan las características que se consideraron debía cumplir la herramienta a enseñar.

4.3.2. Eligiendo la herramienta para el curso

La herramienta a elegir debía ser flexible y adaptarse a las diversas necesidades observadas, como pueden ser: educativas, personales, profesionales, administrativas institucionales, usada en pequeñas comunidades para promocionar actividades comunes.

Debía cumplir con la característica Web 2.0 de ser de fácil manejo, permitir compartir y socializar los resultados obtenidos, administrar ágilmente sus recursos y que también pudiera utilizarse sin necesidad de conexión constante, debido a su utilización en zonas de accesibilidad limitada de Internet.

Todos estos requisitos los cumplía Picasa, que fue seleccionada como la herramienta a enseñar.

El curso se tituló "*Gestión de Imágenes usando Picasa*" en su primera edición y "*Editando fotografías digitales con la herramienta Picasa*" en su segundo dictado.

4.3.3. Software Picasa

Picasa es un software de descarga gratuita de Google que se puede instalar en cualquier ordenador.

Permite la administración de imágenes en general (fotos en particular) buscando, editando y compartiendo imágenes fácilmente.

Todos los colectivos elegidos en los proyectos de investigación, tienen la necesidad de mantener organizados sus recursos de imágenes en diferentes directorios.

Utilizando Picasa, se logra poder buscar y acceder a las imágenes rápidamente, para compartirlas generando álbumes, grabando CD o para enviarlas por correo electrónico.

Estas actividades son necesarias dominarlas cualquiera sea el colectivo, en todos los niveles de enseñanza, o en el caso de divulgación de sus funciones por parte de un profesional o de un integrante de una Comunidad Rural.

4.3.3.1. *Características generales de Picasa*

Localización y organización de las imágenes que se encuentran en el ordenador.

Picasa administra todas las imágenes y videos que se encuentran en el equipo, permitiendo su posterior búsqueda; algunos de los tipos de archivos que reconoce son: JPG, GIF, TIF, PSD, PNG, BMP, RAW (incluidos NEF y CRW), MPG, AVI, ASF, WMV, MOV.

Esta administración se realiza por medio de colecciones:

Colección carpetas

Se organizan por fecha y mantienen el nombre de la carpeta original tal como aparece en el ordenador y son visualizadas en la pantalla principal. Sus principales funciones son:

- Especificar las imágenes y carpetas que deben aparecer
- Mover imágenes de una carpeta a otra.
- Modificar la descripción de una carpeta.
- Suprimir una fotografía de una carpeta.

Colección etiquetas

Se pueden crear etiquetas personales, como "cumpleaños de papá" para almacenar las fotos de la fiesta. A diferencia de la colección "Carpetas del Disco", que coincide exactamente con la ubicación del directorio original en el equipo, las etiquetas no se corresponden con dicha ubicación en el disco. Si se eliminan o mueven las imágenes de una colección de etiquetas determinada, los archivos originales del disco duro se mantienen en su ubicación inicial. Sus principales funcionalidades son:

- Crear una etiqueta nueva.
- Añadir una etiqueta existente a una imagen.
- Modificar la descripción de una etiqueta.
- Eliminar una imagen de una etiqueta.
- Reorganizar imágenes en una etiqueta o entre varias etiquetas.

Herramientas de la biblioteca

- Importar imágenes desde la cámara digital.
- Presentación de diapositivas pudiendo girarlas, cambiar el tiempo de presentación...
- Orden cronológico para ver las imágenes clasificadas por su fecha.
- Grabar CD de regalo.
- Grabar un CD de copia de seguridad.
- Buscar por palabra clave, etiquetas o cualquier otra propiedad de la imagen.

Editar y añadir efectos a las fotos

Se puede cambiar la apariencia y agregar efectos a las fotos con alguna de las siguientes funciones:

- Recorte de la foto
- Eliminación de ojos rojos
- Ajustes de contraste y color
- Ajustes de mejora en forma rápida

Compartir fotos

Para compartir fotos, se puede elegir alguna de las siguientes opciones:

- Enviar fotos a través del correo electrónico, adaptando su tamaño para que el destinatario pueda abrirlas sin problemas.
- Colocar fotos en un sitio propio (blog).
- Crear presentaciones de diapositivas y compartirlas por medio de un álbum o un CD.

4.4. EXPERIENCIA DE CAPACITACIÓN – DICTADO DEL CURSO

El curso tuvo un primer dictado durante el Proyecto TicCorPat, en el cual se lograron implementar y utilizar distintas aplicaciones usando TIC para abordar la solución a problemas concretos ya comentados.

El segundo dictado se realizó durante el Proyecto CGC Web 2.0 con el mismo objetivo de dar solución a necesidades detectadas previamente.

4.4.1. Planificación

En la primera edición, Proyecto TicCorPat, el curso se planificó para adaptarse al ritmo de los participantes, considerando que:

- Los colectivos principales fueron Comunidades Rurales de la Patagonia Argentina, Educación, Municipios y la Administración Pública.
- Muchos de ellos además de carecer de experiencia sobre la modalidad de Enseñanza a Distancia, el manejo de la herramienta e–learning Moodle.
- Un gran parte de los cursantes estuvieron afectados a otros trabajos urgentes propios de sus actividades diarias.

Por lo expuesto, el primer curso se planificó para 4 semanas, pero realmente tuvo una duración de 9 semanas, se dictó desde el 23 de febrero hasta el 30 de abril de 2009.

En la segunda edición, Proyecto CGC Web 2.0, el curso cumplió con su planificación de 5 semanas, se dictó desde el 22 de octubre al 26 de noviembre de 2010 con 40 horas de duración.

4.4.1.1. Pre requisitos de los participantes

Por ser conceptos introductorios no considerados en el curso, los estudiantes, debían tener conocimientos previos de:

- Computación básica, en lo referido a gestión de archivos, directorios o carpetas, tipos de archivos imagen, video.
- Acceso a Internet.
- Manejo de correo electrónico.

4.4.1.2. Requerimientos técnicos mínimos

- Acceso a Internet.
- Navegador Web: Microsoft Internet Explorer 7 o superior, Mozilla Firefox 3.0 o superior, Google Chrome 5.0 o superior.
- Video y Sonido:
    - Tarjeta de sonido debidamente configurada.
    - Plug in Flash Player.

4.4.1.3. Destinatarios

Personas interesadas en las tecnologías de información como una alternativa para hacer más eficiente sus actividades, cualquiera sea el ámbito en que se desempeñen.

4.4.1.4. Cupo de cada dictado del curso

En su primer dictado, se previó un cupo de 20 alumnos, entre personal de la Administración Pública y personas de las Comunidades Rurales, pero el mismo debió ampliarse a 30 debido al interés despertado en los cursantes, quienes entusiasmaron a sus compañeros de trabajo.

En el segundo dictado, se comenzó con una previsión de 30 participantes por país latinoamericano y 15 de España, pero debido a la cantidad de interesados, se amplió a un total de 118 inscriptos.

4.4.1.5. Modalidad y evaluación del curso

Al ser un curso online, la participación fue en cualquier horario del día, de acuerdo a la disponibilidad de cada uno. Se previó un mínimo de 8 horas de dedicación semanales, para satisfacer la necesidad de apoyo de los participantes, se mantuvieron guardias para que hubiera al menos un tutor durante gran parte del día.

La evaluación del curso en los dos cursados respetó la normativa general aplicada a todos los cursos que fue la siguiente:

- Participación en foros 20% (20 puntos)
- Cumplimiento de las tareas 80 % (80 puntos)

Los participantes aprobaban el curso si obtenían una calificación superior o igual al 70% (70/100).

4.4.1.6. Certificación

En el segundo dictado los participantes que cumplieron los requisitos de aprobación recibieron las certificaciones correspondientes ya detalladas en la parte I de este libro.

4.4.1.7. Actores

En ambas ediciones el curso fue diseñado, implementado e impartido por *integrantes de la Universidad Nacional de la Patagonia San Juan Bosco*.

En la primera edición los integrantes del proyecto tuvieron la siguiente distribución de roles (Dans, Rosanigo, Paur, Alvarez, 2010):

- Diseño y desarrollo de contenidos y actividades acordes a los colectivos participantes.
- Atención de los alumnos como tutora a distancia y en una instancia presencial.
- Construcción de objetos de aprendizaje.
- Administración del sitio, atención de los problemas técnicos relacionados con el aula virtual durante el dictado del curso.
- Convocatoria de los participantes por medio de la interacción directa entre estamentos de la Administración Pública, Comunas Rurales y pequeños municipios.

En la segunda edición los integrantes docentes y sus roles dentro del curso fueron:

- Diseño, desarrollo y adecuación de contenidos y actividades para la segunda edición pluricultural.
- Atención de los alumnos como tutora a distancia.
- Construcción de objetos de aprendizaje.
- Administración del sitio, atención de los problemas técnicos relacionados con el aula virtual durante el dictado del curso.

4.4.1.8. Diagramación

El curso se diagramó de nivel introductorio y se desarrolló totalmente bajo la modalidad online, utilizando la plataforma e–learning Moodle como base.

Los conceptos presentados a lo largo del curso se conjugaron con actividades prácticas; se utilizaron todas las herramientas de comunicación provistas por la plataforma Moodle, lo que permitió una interacción y dinámica en el dictado que colaboró en el proceso de enseñanza-aprendizaje.

Para la primera edición, se diseñaron cuatro módulos o unidades teóricas-prácticas donde se explicaron en forma creciente las capacidades que brinda el software libre Picasa.

En cada unidad, se organizaron distintas secciones:

- Material de lectura obligatorio.
- Material de lectura complementario.
- Zona de comunicación.
- Zona de actividades.

En la *zona de comunicación* se creó un foro para la interacción entre los docentes y los alumnos y también los alumnos entre sí, posibilitando de esta manera dejar comentarios, plantear dudas, expresar opiniones.

En la *zona de actividades*, se creó un área de entrega de trabajos donde los alumnos depositaban sus trabajos consistentes en retoques de imágenes, collage, etc. La selección de las actividades fue realizada tomando en cuenta aspectos tecnológicos y de interés para los destinatarios.

En todo momento los participantes estuvieron acompañados por los profesores tutores para adquirir la competencia que en cada módulo se pretendía. El uso de los foros fue fundamental durante todo el curso.

En la segunda edición, se diseñó un módulo 0, de inducción, que tuvo el mismo formato para todos los cursos que se dictaron. En este módulo, se acompañó al alumno en la familiarización con el entorno virtual, se los motivó a participar de los foros de presentación de todos los participantes, se les solicitó que ingresaran una foto en su perfil, se realizó una encuesta sobre estilos de aprendizaje y se compartieron los resultados obtenidos con el resto.

Los cuatro módulos restantes fueron actualizados y mejorados para adaptarse a los colectivos destinatarios.

Todos los módulos contaron con el diseño de una página web que permitía navegar por toda la unidad, también se contaba con la misma versión en PDF para aquellos participantes que tenían limitada conectividad.

4.4.2. Contenidos y Actividades de cada Módulo

MÓDULO 0: Inducción al Curso, este módulo fue agregado para la segunda edición del curso.

Objetivo: Establecer lazos formales e informales de comunicación y dar a conocer de manera detallada: el temario del curso, la modalidad de trabajo, las actividades a desarrollar, las evaluaciones, los plazos, etc. Las tareas de este módulo no tuvieron valoración.

Duración: 1 semana.

MÓDULO 1: Instalación y familiarización con Picasa

Objetivo: Poder instalar en el ordenador de cada participante, la herramienta a usar en el resto del curso y familiarizarse con su interfase.

Temas: Instalación de Picasa: etapas y pantallas para instalación. Familiarización con la interfase de Picasa: diferentes zonas de la pantalla principal, manejo de herramienta zoom

ACTIVIDADES PARA EL MÓDULO I

Se realizó una práctica correspondiente a las diferentes opciones de la herramienta zoom.

Para poder dejar la tarea en la zona de trabajo de la plataforma Moodle, se instruyó a los participantes cómo capturar una pantalla, pegarla en un procesador de texto y luego depositar el documento en la plataforma, esta modalidad se repitió en los demás módulos para poder evaluar el trabajo realizado. Todas estas actividades tuvieron nota y en todo momento los tutores les realizaron devoluciones a los participantes para ayudarlos a corregir posibles errores.

MÓDULO 2: Administrando fotos

Objetivo: Adquirir habilidades en la administración de algunas opciones que brinda Picasa para administrar imágenes.

Temas: Administración de fotos: creación de carpetas a administrar, configuración de las carpetas, uso de Exif para caracterizar fotos, creación de respaldos en CD o DVD, envio de fotos por correo electrónico con Picasa.

Duración: 1 semana.

ACTIVIDADES PARA EL MÓDULO II

Se realizaron dos actividades en relación a lo impartido es este módulo:

- Administración de fotos: Incorporación de una carpeta a la administración que realiza Picasa.
- Enviar fotos por correo electrónico en Picasa: Selección de fotos y envío a un correo electrónico.

MÓDULO 3: Corrigiendo fotos

Objetivo: Adquirir conocimiento y habilidades para utilizar las opciones de corrección automática que brinda Picasa.

Temas: Corrección automática: recortar, enderezar, corrección de ojos rojos, voy a tener suerte, contraste automático, aumentar brillo.

ACTIVIDADES PARA EL MÓDULO III

Se practicó el retoque de imágenes, para ello cada participante descargó un álbum, creado con Picasa, con fotos seleccionadas a las que había que enderezar, corregir ojos rojos...

MÓDULO 4: Otras opciones

Objetivo: que los participantes adquieran conocimiento y habilidades para utilizar opciones avanzadas que brinda Picasa.

Temas: Creación de collage de fotos. Creación de presentaciones de películas. Creación de un CD de regalo.

ACTIVIDADES PARA EL MODULO IV

La práctica tuvo que ver con opciones avanzadas como realizar presentaciones de película y collage, para ello cada participante descargó un álbum con fotos para poder realizar la práctica.

4.4.2.1. Objetos de Aprendizaje desarrollados para el curso

Para fomentar la reutilización en diferentes contextos, el material del curso fue preparado como Objetos de Aprendizaje de pequeña granularidad y ensamblados en objetos de mayor granularidad.

Con este propósito, todo el material del curso fue desarrollado utilizando la herramienta Course Genie (http://www.wimba.com/products/wimba_create).

4.4.3. Distribución de los participantes

En el primer dictado del curso se matricularon 30 personas, provenientes de tres grandes grupos: Dirección General de Asuntos Municipales, Comunas Rurales y pequeños municipios (Gallego y Alvarez, 2009).

Del total de alumnos participantes del curso, 13 fueron de las comunas rurales y los 16 restantes fueron integrantes de la administración pública, como puede observarse con más detalle en la siguiente tabla:

Tabla 1. Distribución de la procedencia de inscriptos en la primer edición del curso.

Procedencia	Participantes
Telsen	0,07%
Administración Pública	0,57%
Carrenleufú	0,10%
Las Plumas	0,07%
Cushamen	0,03%
Aldea Beleiro	0,03%
Epuyén	0,07%
Lago Blanco	0,03%
Doctor Atilio Viglione	0,03%

En el segundo dictado, de un total de 118 inscriptos, la distribución por país en porcentajes fue:

Tabla 2. Distribución por procedencia de inscriptos.

Argentina	Chile	Ecuador	España	Otros
37,1%	47,0%	13,7%	1,6%	0,6%

La distribución por formación académica de los alumnos fue la siguiente:

Tabla 3. Distribución por formación académica de alumnos.

Postgrado	Universitario	Terciario	Secundario	Primario
2,4%	74,2%	12,1%	7,3%	0,8%

De un total de 60 aprobados, se visualiza la siguiente distribución por país:

Tabla 4. Distribución por país de participantes aprobados.

Argentina	Chile	Ecuador	España
31%	48%	20%	1%

La última tabla interesante de evaluar es el porcentaje de aprobados, desaprobados y la deserción ocurrida durante el curso:

Tabla 5. Distribución de aprobación, desaprobación y deserción.

Aprobación	Desaprobación	Deserción
50,84%	11,88%	37,28%

4.4.4. Valoración del curso

De las tablas mostradas referidas a la segunda edición del curso, respecto a la distribución de los participantes según sus países, se puede observar que se cumplió con el objetivo de capacitar en un gran porcentaje a personas de Latinoamérica, especialmente de Argentina, Ecuador, Chile.

También puede verse que la gran mayoría de los participantes provinieron del colectivo de profesionales y educación, esto en parte se debe al acceso a las tecnologías, en especial a Internet, correo electrónico, páginas Web, que los mismos tienen normalmente y que permitió se informaran del dictado de los cursos.

El porcentaje de deserción es aceptable en entornos e–learning, sobre todo si se relacionan diferentes colectivos de muy variados orígenes como fueron los que interactuaron en el curso.

Se logró un manifiesto interés de los participantes. Una buena parte del colectivo de integrantes de Comunidades Rurales, consiguió hacer interesantes trabajos, adquirieron un relativamente buen entrenamiento para participar sin dificultades en nuevos cursos de capacitación a distancia como pudo observarse en los trabajos finales realizados. En este colectivo especialmente, debe considerarse la dificultad inicial basada en la poca capacitación recibida anteriormente en temas propios de la Web como navegación, uso de correo electrónico y otros.

Estos cursos tuvieron el valor agregado de propiciar un aprendizaje tanto para los alumnos como para los tutores: los participantes lograron desempeñarse satisfactoriamente en un curso a distancia a través de una plataforma virtual y aprendieron a su vez a utilizar un software para la gestión de imágenes y adoptarlo en su quehacer diario; y para los docentes/tutores fue una experiencia enriquecedora debido a que se encontraron con una realidad muy diferente a la que acostumbran tener en el aula con alumnos presenciales en la Universidad. (Gallego y Álvarez, 2009).

Los resultados obtenidos, aconsejan la continuidad de capacitaciones a través de Moodle, y la generación de nuevas actividades que propicien la ejecución de trabajos colaborativos a través de Internet.

Algunos comentarios volcados en la encuesta de satisfacción se transcriben a continuación:

"Ha sido una actividad muy enriquecedora y altamente satisfactoria".

"Me pareció muy bueno el contenido del curso y ya lo incorporé a mi trabajo".

"Me gustó mucho este Curso, me encantó la herramienta, agradezco a las Tutoras su buena disposición y apoyo entregado....".

"Es posible que el fallo mayor fue la poca o casi nula interacción con mis compañeros".

"Excelente curso, tanto en contenidos como en la calidad de los tutores. Me encantaría realizar otros. Muchas gracias".

"Muy buen curso en línea, de verdad un gran aporte, primera vez que tomo un curso de esta naturaleza y quedé maravillado."

4.4.4.1. Evaluación realizada por los participantes

Es de hacer notar que para muchos participantes estos cursos fueron su primera experiencia en una plataforma a distancia.

La mayoría quedó muy conforme con la dinámica de grupo y estimaron en forma positiva la interacción con personas de diferentes países, con objetivos profesionales posiblemente distintos, pero todos reunidos en el interés común de los conceptos impartidos en el curso.

Esta dinámica de grupo que se formó fue muy fructífera y los resultados finales así lo evidenciaron en los interesantes trabajos logrados y los participantes quedaron motivados para más capacitaciones utilizando e-learning.

De las encuestas de satisfacción realizadas a los participantes del segundo dictado de curso, surgen estas últimas valoraciones:

No todos los participantes participan con su opinión en los foros, pero si más del 90% de los encuestados manifiesta que leen la intervención de los demás.

El tutor anima a participar, estimula a reflexionar, ejemplifica las buenas disertaciones, se interpretan bien sus devoluciones, fue evaluado como excelente o muy bueno por más del 90% de los encuestados.

La interacción, la animación, la empatía, el buen trato y forma de relacionarse entre los alumnos fue evaluado como excelente o muy bueno por más del 80% de los encuestados.

4.4.4.2. Dificultades encontradas y soluciones adoptadas

En Dans, Rosanigo, Paur, Álvarez (2010) se mencionan las siguientes dificultades y las soluciones aplicadas:

- *Medidas de seguridad:* Las medidas de seguridad en el primer dictado, adoptadas por la Administración Pública respecto de los dominios y lugares a visitar en la Web, así como la instalación de software en los ordenadores de su dependencia, demoró el comienzo de algunos participantes. *Solución*: se realizaron gestiones ante la Dirección de Informática, para que habilitara la URL del curso y posibilitara la descarga del software Picasa en las Comunidades Rurales.
- *Reducido ancho de banda de Internet en algunas Comunidades*: Produjo dificultades en la matriculación, en la descarga de actividades y envío de los trabajos. *Solución*: Se otorgaron claves de acceso, por medios alternativos,

en caso de dificultad y se adoptaron otras formas de envío y recepción del material.

- *Primera experiencia de un curso en una plataforma virtual*: Para la mayoría de los alumnos, especialmente en el primer dictado de este curso, era su primera participación en una plataforma virtual. Algunos, principalmente aquellos que por razones técnicas se encontraron con dificultades para la matriculación, estaban dubitativos de continuar el curso. *Solución*: Al respecto se realizó mucha asistencia de parte de los tutores, especialmente a los participantes de las Comunidades, a través de Chat y de correo electrónico, tanto para motivación como para seguimiento y atención de dudas. En el caso de los participantes de la Administración Pública, debido a la cercanía, hubo además mucho apoyo presencial a lo largo del curso. También se concretó una instancia presencial del curso en sede de la Administración Pública en marzo de 2009, con el objeto de satisfacer dudas e instar a todos a realizar las actividades sin temor, mostrando ejemplos y soluciones, recorriendo cada sección del curso y del software.
- *Dificultades en el cumplimiento del cronograma establecido*: Dada la naturaleza y actividades de los destinatarios, hubo imponderables ajenos a la voluntad de los mismos, que les requirieron prioridad sobre el curso. *Solución*: fue necesario ampliar los plazos y permitir que cada participante fuera cumpliendo con las tareas solicitadas en cada unidad, en la medida de sus posibilidades, no existiendo límite de tiempo para la finalización.
- *Dificultad en la generación de claves de acceso*: La primer conformación de claves fue con el documento de identidad que el alumno había ingresado, pero luego hubo muchos olvidos, *Solución*: se optó por generar la clave con una combinación de números fáciles de recordar (1234) y la primer letra del nombre del participante en mayúscula, minúscula y una raya final.

Cabe aclarar que en todas estas dificultades y otras menores, la red de tutores estuvieron abocados a la contención de los participantes, a solucionar lo antes posible los problemas individuales, debido a que la desmotivación es un punto muy importante y que se da más fácilmente en los cursos on–line, esto implicó un trabajo arduo de muchas horas de atención y de relación con los otros tutores para coordinar las soluciones, lo que facilitó transcurrir con éxito cada problema que se suscitó.

4.5. CONCLUSIONES

A través de los cursos realizados sobre el software Picasa, se contribuyó al cumplimiento de los objetivos de los dos proyectos en los que se los impartió y a la agregación de valor a las tecnologías que se han instalado, en algunos casos, con el propósito de acercar la Web 2.0 a colectivos algo desprotegidos.

Esto se pudo apreciar en el primer dictado del curso, con el caso de las Comunidades Rurales de la Patagonia Argentina, donde se sumaron esfuerzos del Estado en instalar conectividad Internet y ordenadores para fortalecer capacidades institucionales y proyectos como TicCorPat que ofreció el citado curso para promover el trabajo y aprendizaje en ambientes colaborativos virtuales.

En el segundo dictado del curso, los participantes de los diferentes colectivos relevados encontraron actividades contextualizadas a su ambiente laboral y de desarrollo de actividades que les posibilitará aplicar lo aprendido con creatividad y proyección a nuevos usos.

La modalidad a distancia se ajusta a las características de los participantes, que se encuentran geográficamente dispersos en un amplio territorio de Latinoamérica, enfocados principalmente en los países que han participado en el segundo proyecto en especial: Argentina, Chile, Ecuador y España.

De las dos experiencias, podemos concluir que la modalidad utilizada produjo que todos los colectivos se integraran armoniosamente, primando el respeto, el buen trato y manifestándose siempre el trabajo colaborativo y cooperativo. Los participantes adquirieron buen entrenamiento de herramientas Web 2.0 que los habilita para participar sin dificultades en nuevos cursos de capacitación a distancia.

4.6. REFERENCIAS

A/8-108/07. (2008). Proyecto AECID "Aplicación de TIC para el desarrollo de capacidades institucionales de gestión de Comunidades Rurales de la Patagonia Argentina". Sitio web: www.ticunp.com/corpat

A/024521/09. (2009). Proyecto AECID "Capacitación y Gestión del Conocimiento con herramientas Web 2.0 para Docencia Universitaria, Gestión Administrativa y Educativa y Desarrollo Profesional Continuo en Argentina, Chile y Ecuador" Recuperado el 20/9/2011 www.idetic.net/cgcweb20/

Abreu Sojo, C. (2000). La imagen periodística no fotográfica (1). La imagen en el periodismo. Revista Latina de Comunicación Social, 28. Recuperado el 13/9/2011 de: http://www.ull.es/publicaciones/latina/aa2000sab/114abreu.html

AECID (2009). Plan Director de la Cooperación Española 2009-2012 Recuperado el 20/9/2011 http://194.140.3.20/export/sites/default/web/galerias/publicaciones/descargas/Plan_Director_2009-2012.pdf

Alonso, M. y Matilla, L. (1990). Imágenes en acción. Análisis y práctica de la expresión audiovisual en la escuela activa. Madrid: AKAL.

Berger, J. (1975). Modos de ver. Barcelona: Gustavo Gili. Colección Comunicación Visual.

Casasús, J. M. (1973). Teoría de la imagen. Barcelona: Salvat.

Dans, M., Rosanigo, Z., Paur, A., Alvarez, M. (2010). Compartiendo experiencias: Capacitación a distancia a distintos agentes de las comunas rurales de Chubut, Patagonia Argentina. XIV Congreso de Educación a Distancia CREAD, Trelew: 13 al 15/10/2010.

Font, D. (1981). El poder de la imagen. Aula Abierta Salvat. Barcelona: Salvat. Colección Temas Clave.

Gallego, D. y Alvarez, M. (2009). Informe Final del Proyecto A/8-108/07. (2008). Aplicación de TIC para el desarrollo de capacidades institucionales de gestión de Comunidades Rurales de la Patagonia Argentina.

García García, F., Gértrudix Barrio, M. (2008). Multimedia en la web 2.0: Image.XIII Congreso Internacional de Tecnologías para la Educación y el Conocimiento, Madrid: UNED.

Henckmann, W., & Lotter, K. (1998). Diccionario de estética. Barcelona: Grijalbo Mondadori.

Iglésias Franch, D. (2004). La gestión de la imagen digital. Recuperado el día 12/9/2011. "Hipertext.net", núm. 2. http://www.hipertext.net

Lèvy, P. (2007). Cibercultura. La cultura en la sociedad digital. Barcelona: Anthropos.

Manovich, L. (2006). El lenguaje de los nuevos medios de comunicación. La imagen en la era digital, Buenos Aires: Paidos.

Monedero, J. (1999). Aplicaciones Informáticas en Arquitectura, Barcelona: UPC.

Piscitelli, A. (2002). Ciberculturas 2.0: En la era de las máquinas inteligentes. Buenos Aires: Paidós.

Reilly, J. y Frey, F. (1999). Digital Imaging for Photographic Collections: Foundations for Technical Standards, publicado por el IPI (Image Permanence Institut).

Villafañe J. (1992). Introducción a la teoría de la Imagen. 2ª Ed. Madrid:Pirámide.

CAPÍTULO 5. LA WEB 2.0 IMPULSA LAS INTERACCIONES SOCIALES

Cecilia Hinojosa Raza[1]
Karina Cela Rosero[2]
[1,2]*Escuela Politécnica del Ejército, Ecuador*
[1]*cmhinojosa@espe.edu.ec*
[2]*klcela@espe.edu.ec*

Resumen. La presencia generalizada de las Tecnologías de la Información y la Comunicación (TIC) son la característica principal de la sociedad de la información. Sus herramientas han tenido gran acogida porque potencian la adquisición y generación del conocimiento, aceleran los procesos, facilitan el acceso a la información y son consideradas sinónimos de desarrollo y bienestar.

Los computadores, los dispositivos móviles, los videojuegos, las cámaras digitales y la Internet son, actualmente, parte de la cotidianidad. No obstante, el auge de la tecnología no ha podido borrar la brecha digital. Es una realidad que las generaciones más jóvenes manejan con más solvencia las herramientas tecnológicas, mientras que las personas adultas luchan por adaptarse a los cambios que la tecnología les impone. En este contexto, toma especial importancia la alfabetización digital que ayuda a los ciudadanos a adquirir las competencias para el manejo de la tecnología y les ayuda a su inclusión y desenvolvimiento de manera adecuada en los entornos: laboral, educativo y doméstico.

En este capítulo se proporciona información básica de las redes sociales basadas en tecnología. El propósito es que quienes estén interesados en este tema identifiquen sus potencialidades y riesgos y que con argumentos emprendan un uso racional de esta herramienta.

A continuación se abordan los fundamentos conceptuales de las redes sociales, los aspectos positivos y negativos, y se describen algunas herramientas que permiten participar y hacer uso de una red social. Finalmente, se expone una experiencia relacionada con la capacitación en redes sociales en el marco del proyecto "Capacitación y Gestión del Conocimiento con Herramientas Web 2.0 para Docencia Universitaria, Gestión Administrativa y Educativa y Desarrollo Profesional Continuo en Argentina, Chile y Ecuador" (A/024521/09, 2009), financiado por la Agencia Española de Cooperación Internacional para el Desarrollo.

Palabras Clave: Redes sociales, Herramientas Web 2.0, Alfabetización Digital.

5.1. INTRODUCCIÓN

Como parte de la evolución de la Internet ahora se cuenta con las herramientas de la Web 2.0 que dieron paso a un rol participativo de las personas. Hoy en día ya no sólo se puede consumir información, sino que es posible producirla, a través de la amplia gama de las herramientas que aglutina esta Web, como: blogs, wikis y las redes sociales (Facebook, Linkedin, Hi 5...). En este capítulo se aborda estas últimas.

Las redes sociales basadas en tecnología son el estandarte de la Web 2.0 porque experimentaron gran difusión y un crecimiento acelerado. Se encuentran inmersas en casi en todos los ámbitos de la sociedad y son utilizadas para los fines más variados. Los políticos las usan en sus campañas electorales y los gobernantes miden su popularidad en el ejercicio del poder. Los artistas se promocionan a través del Twitter y casi no hay medio de comunicación que no aproveche el Facebook como una fuente de interacción con sus lectores, radioescuchas y televidentes. Las empresas de publicidad no se quedan atrás, utilizan todas las herramientas que están al alcance de la gente para alcanzar ventajas competitivas. "Las redes sociales vía soportes digitales han resultado muy relevantes en campañas de ayuda a la comunidad, como en estrategias comerciales" (Quijada, 2010). En resumen, la Web 2.0 se ha convertido en un fenómeno de masas.

En el ámbito educativo la inclusión de las herramientas Web 2.0 en el aula aún no es muy visible. Hay experiencias aisladas en las que maestros abren sus blogs, interactúan con los estudiantes mediante redes sociales, crean wikis como ejemplo del trabajo participativo, pero no se puede asegurar que en la práctica se haya involucrado el uso de este tipo de herramientas, acompañadas de una metodología pedagógica que determine su uso adecuado. Esto ya sucedió en su momento con la introducción de video proyectores o el uso de aplicaciones para la creación de presentaciones, como el PowerPoint, que, si no se usan adecuadamente, no aportan a mejorar la calidad del proceso de enseñanza-aprendizaje.

De manera particular, las instituciones educativas pueden hallar en la conformación de redes sociales de conocimiento una alternativa que permitirá a los docentes apropiarse de la tecnología y crear comunidades virtuales especializadas (Hinojosa, Cela, & Gallego, 2011).

La facilidad de comunicación en tiempo real y desde cualquier punto del planeta, la capacidad de almacenar información compartida, la posibilidad de publicar textos, audio-video son características propias de la red social.

Por lo expuesto se puede afirmar que al incluir las herramientas Web 2.0 –especialmente en el ámbito académico– los profesores juegan un papel protagónico. Son ellos quienes deben iniciarse en el uso de las herramientas para beneficiar al proceso de enseñanza-aprendizaje. (Bartolomé, 2008).

Otro aspecto a considerar es la innegable brecha entre los "nativos digitales", personas que han crecido con la Red, y los "migrantes digitales", personas que han tomado contacto con la tecnología en su edad adulta (Prensky, 2010). La disminución de esta brecha no es asunto de buena voluntad, pues el proceso de apropiación de la tecnología requiere cumplir varias fases: capacitación, adopción, adaptación, apropiación y, posteriormente, innovación. Consecuentemente, todo esfuerzo que se realice en pos de la alfabetización digital está bien justificado.

De allí la pertinencia del proyecto "Capacitación y Gestión del Conocimiento con Herramientas Web 2.0 para Docencia Universitaria, Gestión Administrativa y Educativa y Desarrollo Profesional Continuo en Argentina, Chile y Ecuador" (A/024521/09, 2009), financiado por la –Agencia Española de Cooperación Internacional para el Desarrollo– en el cual se desarrolló el curso "Potencializando las relaciones sociales a través de la Web 2.0".

5.2. MARCO TEÓRICO

5.2.1. Redes Sociales

No cabe duda que el proceso de globalización ha llevado a que la Internet sea la herramienta tecnológica con mayor uso y difusión (Eldred, 2008). Fue diseñada, originalmente, como un mundo interactivo de intercambio de información, en el cual las personas pueden comunicarse unas con otras. Se puede añadir que gracias a la Internet el proceso de globalización se aceleró. En sus inicios hubo quienes profetizaron que aislaría a las personas, pero lejos de que eso se cumpla, ha provisto de herramientas que permiten una comunicación más fluida y mayor conectividad entre la gente. Existen profesionales que han encontrado grupos para compartir intereses, parejas que han establecido relaciones afectivas gracias a la Red, ciudadanos comunes que hacen el papel de reporteros para medios de comunicación grandes y chicos.

El concepto de red social es complejo y puede ser abordado desde diferentes perspectivas. En las tres últimas décadas se han planteado diversas definiciones. A continuación se citan algunas.

"*Las Redes son formas de interacción social, definida como un intercambio dinámico entre personas, grupos e instituciones en contextos de complejidad. Un sistema abierto y en construcción permanente que involucra a conjuntos que se identifican en las mismas necesidades y problemáticas y que se organizan para potenciar sus recursos*" (Aruguete, 2001).

El concepto de red social implica "*... un sistema abierto y en construcción permanente que involucra a individuos y a grupos que se identifican en cuanto a las mismas necesidades y problemáticas y que se organizan para potenciar sus recursos por medio del intercambio y el reciclaje de experiencias en múltiples direcciones. El propósito u objetivo específico común a los miembros de una red es la razón de ser de la misma; es lo que articula y convoca a los diversos actores que la componen*" (Madariaga, 2003).

Con acierto Madariaga propone su definición de red social desde una perspectiva sistémica, precisando que se trata de un sistema abierto, ya que tiene una fuerte interacción con su entorno, mediante el intercambio de flujos de información. Precisamente es esta característica la que mantiene vivo y en crecimiento al sistema.

5.2.2. Comunidades Virtuales

Si bien se utilizan con mucha frecuencia los términos "red social" y "comunidad virtual" como sinónimos, es preciso definir qué es una comunidad virtual:

> *"...un grupo de personas que tienen un interés común y que desean relacionarse a través de la Red para compartir sus experiencias y opiniones sobre esa materia. Al igual que en el mundo analógico, una comunidad virtual suele tener una estructura, unas personas que las gestionan, una organización interna, un lazo que las une, etc., mientras que en una red los temas publicados y los vínculos entre los usuarios son infinitos"* (Celaya, 2008).

En la comunidad virtual los miembros tienen objetivos claramente definidos, acuden para obtener información actualizada, con una frecuencia alta de visitas. Para que una comunidad se desarrolle es importante garantizar la calidad de los contenidos, la participación activa, un alto nivel de contribución de sus miembros y debe existir confianza; constituyéndose este último ítem en el eje fundamental que posibilita el desarrollo de cualquier comunidad, física o virtual.

Un miembro de una comunidad no es alguien que eventualmente visita un sitio web, sino que es un usuario frecuente que está interesado en compartir sus conocimientos, reflexiones y experiencias con otras personas que están conectadas al mismo espacio virtual. Quienes cumplen este papel son conocidos como "*prosumidores*". Al participar activamente, los miembros garantizan su desarrollo, por tanto, la vida de la comunidad. Se puede decir que este es el escenario ideal.

Las comunidades virtuales son conglomerados de personas cuyas relaciones se fundamentan en el conocimiento, ya que se recurre a ellos cuando se necesita información o el punto de vista de un experto, por lo que la comunidad virtual es como una "enciclopedia viviente" (Rheingold, 2000).

5.2.3 Características de las redes sociales basadas en tecnología

- Cuentan con una plataforma tecnológica que posibilitan el acceso universal, simultáneo, independientemente del tiempo y la distancia.
- Utilizan múltiples medios que permiten la presentación de información del usuario: fotografías, videos, textos, audio-video etc.

- Cuentan con miembros que tienen una actitud que propicia la participación, la colaboración, la aceptación de la diversidad de información y la voluntad de compartir. La red toma vida con la intervención de sus miembros, y se enriquece con la información que deciden almacenar, mostrar, compartir e intercambiar.
- Parten de un perfil de usuario, que puede ser configurado a través de una membrecía a un servidor particular.
- Las personas que acceden deben seguir las reglas propias de la red social. Por ejemplo, si se requiere de una invitación para ser miembro, si se tiene la edad o si se comparte ciertos intereses, preferencias de género, etc.
- Las redes sociales son sistemas en constante transformación, alimentan los repositorios de datos y ofrecen servicios para: intercambio, búsqueda y clasificación de la interacción de acuerdo a intereses personales; esto da lugar a la transformación interna de las redes.

5.2.4. Historia de las redes sociales

Se puede decir que las redes sociales han existido desde que los seres humanos viven en comunidad. Sin embargo, el interés en su funcionamiento se recobró en el momento en que la tecnología informática puso a disposición una nueva alternativa para facilitar la comunicación. Desde fines del siglo XX se habló de redes sociales basadas en tecnología.

Una de las primeras redes sociales conocidas es "classmates.com", creada por Randy Conrad en 1995, quien fundó Classmates Online, Inc. Se creó con el objetivo de mantener el contacto entre los compañeros de la vida estudiantil (escuela, colegio, universidad). Aún tiene usuarios de Estados Unidos y Canadá.

En 1997 fue creada SixDegrees.com por Andrew Weinreich CEO de la empresa Macro View, basada en la teoría de los "Seis grados de separación" de la que habló en 1929 el escritor Karinthy en la historia llamada "Chains". Esta teoría, que posteriormente fue estudiada por el sociólogo Duncan Watts, dice que una persona puede tomar contacto con otra persona a través de máximo cinco intermediarios.

De 1997 al 2001 se crean paralelamente varias redes sociales, tales como: AsianAve.com, Blackplanet, MiGente, Ryze.com que permiten a los usuarios crear relaciones personales y profesionales. Su objetivo se orientaba a potenciar las comunidades virtuales.

En el año 2002 varios sitios web promocionaron las redes de "círculos de amigos en línea", términos utilizados para describir las relaciones en las comunidades virtuales.

Con la misma finalidad, en el 2003 tres norteamericanos crean empresas destinadas a propiciar las relaciones entre las personas: Tribe.net, Linkedin y Friendster, siendo esta última la que llevó a la práctica la idea de "círculo de amigos en línea".

La popularidad de estos sitios creció rápidamente y las grandes compañías también incursionaron en las redes sociales en Internet; ese es el caso de Google que en 2004 lanzó Orkut. Posteriormente, en 2005, KaZaZZ! y Yahoo también crearon sus redes sociales.

Aprovechando la agonía de Friendster, Tom Anderson echó a andar en 2003 un proyecto que tituló MySpace. Meses más tarde, en 2004, Mark Zuckerber lanzaría el proyecto Facebook.

Actualmente, se cuenta con numerosas redes sociales orientadas a diversos nichos de la población y diversos fines: ocio, recreación, relaciones profesionales, etc. Los niños no están exentos de este fenómeno, cuentan con una red exclusiva llamada *"Scuttle Pad"*.

5.2.5. Clasificación

Las redes sociales pueden ser clasificadas con base en diversos criterios y de acuerdo al objetivo. En la tabla 1 se presenta un ejemplo de clasificación:

Tabla 1. Clasificación de las Redes Sociales.

REDES SOCIALES	
Redes sociales de amigos:	
Facebook MySpace Zorpia Orkut Friendster Hi5 MyYahoo Tickl Everyones Connected: Backwash	http://www.facebook.com http://www.myspace.com http://zorpia.com http://www.orkut.com/ http://www.friendster.com http://hi5.com http://my.yahoo.com http://web.tickle.com http://www.everyonesconnected.com http://social.backwash.com

Redes sociales para el aprendizaje de idiomas:	
Bussu Babel you Friendsabroad Italki Livemocha Palabea Talkconmigo Soziety	http://www.busuu.com/es/home http://www.babelyou.com/es http://es.babbel.com/go/friendsabroad http://www.italki.com/ http://www.livemocha.com/ http://www.palabea.net/ http://talkconmigo.com/ http://www.soziety.com/
Redes sociales profesionales:	
Linkedin Xing Viadeo Plaxo	http://www.linkedin.com/ http://www.xing.com/ http://www.viadeo.com/es/connexion/ http://www.plaxo.com/

5.2.6. Aspectos positivos y negativos de las redes sociales

Las redes sociales son una herramienta tecnológica que brinda numerosos servicios y beneficios a los usuarios, de ahí la gran acogida que han tenido, pero al igual que cualquier tecnología su uso inapropiado puede resultar nocivo.

A continuación se enumeran algunos aspectos positivos de las redes sociales:

- Potencian las interacciones sociales.
- Son un medio de comunicación.
- Minimizan las inhibiciones, por lo que pueden resultar una ayuda para las personas que tienen dificultades de comunicación.
- Ayudan al desarrollo de varias actividades relacionadas con el márquetin y la publicidad.
- Ayudan al desarrollo de las competencias de lecto-escritura.
- Incrementan la cultura digital.

Por ser las redes sociales una herramienta que se encuentra al alcance de cualquier persona que tenga acceso a Internet, es importante advertir las consecuencias negativas que puede tener el uso descontrolado, de manera especial en niños o adolescentes. A continuación se han identificado algunos aspectos negativos:

- Puede provocar adicción, trastornos de personalidad, déficit de atención; por uso indiscriminado.
- Disminuyen el tiempodeinteracciónentrelosmiembrosdelafamilia.

- Contribuyen a aislar a las personas a una realidad extremadamente virtual, dificultando distinguir lo real de lo imaginario.
- Permite enmascarar a cualquier persona, incluso a delincuentes; por anonimato.
- Disminuyen la productividad en los entornos laborales.
- Agudizan el sedentarismo.

5.2.7. Algunas redes sociales de interés

5.2.7.1. Facebook

Facebook nació en 2004 como un hobby de Mark Zuckerberg y Dustin Moskovits, estudiantes de Harvard, fue una versión en línea de los facebooks o publicaciones de inicio de año de las universidades estadounidenses. Estos libros contienen los datos de los estudiantes para que puedan conocerse y comunicarse entre ellos.

Inicialmente fue un servicio exclusivo para los estudiantes de Harvard (Cuesta & Alonso, 2010), de hecho, para ser miembro era necesario tener un correo electrónico con domino *harvard.edu*, luego se amplió a estudiantes de las universidades estadounidenses y actualmente está abierto para cualquier persona que tenga una cuenta de correo electrónico.

Esta red social tuvo un rápido crecimiento. En su primer mes de funcionamiento estuvieron inscritos el cincuenta por ciento de los estudiantes de Harvard, al año siguiente ya contaba con un millón de usuarios y su crecimiento ha sido continuo y muy significativo, hasta constituirse en la red con el mayor número de usuarios –800 millones, a septiembre de 2011–. El 30% de estos usuarios se registraron entre las edades de 18-24 años, el siguiente grupo más grande es el de los 25-34 años, con cerca de 20 millones de registros. El tercer grupo se encuentra entre los 35-44 años, con cerca de 11 millones de usuarios. En Agosto de 2010, Facebook fue reconocida como la primera red social más popular y el segundo sitio web más popular.

La amplia popularidad de esta red social ha servido para atraer grandes capitales. Entre sus socios se pueden citar a MicroSoft y Greylock Venture Capital.

Se han tejido varias historias en torno a los motivos que empujaron a Zuckerberg a crear Facebook. En Octubre de 2010 se estrenó la película "The Social Network" que relata la creación y evolución de esta red social que en corto tiempo pasó de ser un aplicativo de uso restringido, a un fenómeno mundial, que tiene su reconocimiento en los ámbitos: tecnológico, social, económico, entre otros.

A continuación se citan algunos datos interesantes de Facebook, compilados por la empresa Website – Monitoring (Monitoring, 2010).

- El usuario promedio de Facebook tiene 130 amigos.
- Cada mes se comparten más de 25 mil millones de piezas de contenido (enlaces a las webs, noticias, blogs, notas, fotos, etc).
- Más de 300.000 usuarios ayudan a traducir el sitio, a través de la aplicación de traducciones.
- Los mejores 100 sitios web comScore y la mitad de Global Top 100 sitios web se han integrado con Facebook.
- Más de 100 millones de usuarios activos ingresan al Facebook a través de sus dispositivos móviles (teléfonos celulares).
- Las personas que acceden a Facebook a través del teléfono celular son dos veces más activas que otros usuarios.
- El usuario medio de Facebook está conectado a 60 páginas, grupos y eventos.
- La gente gasta más de 500 mil millones de minutos al mes en Facebook.
- Hay más de 1 millón de empresarios y desarrolladores de 180 países en Facebook.

5.2.7.2. LinkedIn

Reid Hoffman fundó LinkedIn a finales de 2002. Desde su creación, el grupo objetivo del LinkedIn han sido los profesionales que hacen negocios en su red, ofrece la posibilidad de contactar con antiguos compañeros de trabajo y establecer nuevas relaciones profesionales. Si bien el número de miembros ha crecido significativamente, su fundador sigue buscando nuevas alternativas para mejorar.

Para Enrique Dans (Dans, 2009), LinkedIn ha logrado mantener un crecimiento fuerte y cuida una alta calidad en los contactos, con un cierto halo de exclusividad. A continuación se citan algunos datos interesantes de LinkedIn, compilados por Amodiovalerio Verde (Verde, 2011):

- Cuenta con más de 119 millones de miembros registrados.
- 41% de sus miembros son mujeres y el 59% son hombres.
- Los grupos de edad que tienen el mayor número de miembros son de 23-34 años con el 35.2% y de 35-54 años con el 35%.
- América del Norte y Europa representan el 68% de los usuarios.
- Más del 40% de sus miembros tienen cargos de dirección.
- Los 10 países con más usuarios: Estados Unidos (50,1 millones), India (10,6 millones), Reino Unido (6,9 millones), Brasil (5 millones), Canadá (4,2 millones), Holanda (2,8 millones), Francia (2,6 millones), Australia (2,3 millones), Italia (2,1 millones) y España (2 millones).
- Recibe casi 12 millones de visitantes por día.

- Los reclutadores de personal toman en cuenta a 1 de 20 perfiles de esta red.

5.3. EXPERIENCIA DE CAPACITACIÓN EN REDES SOCIALES

En el marco del proyecto A/024521/09 "Capacitación y Gestión del Conocimiento con Herramientas Web 2.0 para Docencia Universitaria, Gestión Administrativa y Educativa y Desarrollo Profesional Continuo en Argentina, Chile y Ecuador" –financiado por la Agencia Española de Cooperación Internacional para el Desarrollo– se realizaron varios cursos on-line, uno de ellos fue titulado "Potencializando las relaciones sociales con herramientas Web 2.0", del cual se desarrollaron dos ediciones. La primera se efectuó entre agosto y septiembre de 2010 y la segunda entre octubre y noviembre del mismo año.

Este curso fue diseñado y dictado por el equipo de la Escuela Politécnica del Ejército, de Ecuador.

El curso fue de nivel introductorio y se procuró dotar a los participantes de los fundamentos que les permitan seguir aprendiendo en este mundo tan cambiante de las tecnologías de la información y la comunicación (TIC).

5.3.1. Planificación

El curso "Potenciando las interacciones sociales a través de la Web 2.0" se ejecutó en dos ediciones. La primera del 17 de agosto al 6 de septiembre y la segunda edición se ejecutó del 22 de octubre al 26 de noviembre de 2010.

Tuvo como objetivo que los participantes desarrollen las competencias necesarias para incorporar en sus actividades académicas y laborales el uso de las herramientas Web 2.0, como elementos que aporten al desempeño de un trabajo más efectivo y acorde al desarrollo tecnológico actual.

Para el desarrollo del curso se trazaron algunos lineamientos, que respondían a los siguientes objetivos específicos:

- Desarrollar en los estudiantes el dominio de la terminología relacionada con la Web.
- Analizar la evolución que ha experimentado esta tecnología.
- Presentar herramientas que aporten al desarrollo de las actividades, en el ámbito profesional y personal.
- Introducir la definición de redes sociales.
- Analizar el impacto de las redes sociales en las actividades cotidianas.
- Revisar los tipos de redes sociales y las pautas para su uso.

El curso tuvo una duración de 40 horas, distribuidas en cinco semanas, por lo que se estimó una dedicación de 8 horas semanales.

5.3.1.1. Destinatarios

El curso estuvo dirigido a personas que buscan en las TIC una alternativa para realizar de manera eficiente las actividades de los entornos laborales, académicas y personales.

5.3.1.2. Programa del curso

El programa del curso se estructuró en tres módulos, cada uno con su temática específica y actividades relacionadas que aportaron a mejorar el proceso de aprendizaje.

El módulo 0 fue general para todos los cursos, a continuación se detallan los contenidos de los módulos 1 y 2:

MÓDULO 1: Introducción a la evolución de la Web

Este módulo busca que los participantes adquieran una visión general de la evolución de la Web y puedan diseñar estrategias de uso de esta tecnología para hacer más eficiente su desempeño en diversas áreas.

Temas:

- Fundamentos conceptuales de Web 1.0 y 2.0
- Principios constitutivos de las aplicaciones Web 2.0
- Mapa de aplicaciones Web 2.0
- Introducción a la Web 3.0
- Duración: dos semanas

MÓDULO 2: Introducción a las redes sociales

El objetivo de este módulo es que los participantes adquieran un conocimiento básico de las redes sociales basadas en tecnología, identifiquen las potencialidades y riesgos que implican su uso y planteen alternativas en los ambientes: personal, laboral o académico.

Temas:

- Fundamentos conceptuales de las redes sociales
- Aspectos positivos y negativos de las redes sociales
- Herramientas para la creación de redes sociales
- Casos de aplicación
- Duración: dos semanas

5.3.1.3. Convocatoria

En Ecuador, a través del portal de la Escuela Politécnica del Ejército, se realizó el llamamiento a participar en todos los cursos programados. La convocatoria fue similar en las universidades de San Juan Bosco (Argentina) y De La Concepción (Chile).

5.3.2. Evaluación

Otro elemento considerado en la planificación fue la forma de evaluación, para lo cual se determinaron los siguientes instrumentos:

- Participación en foros
- Cumplimiento de tareas
- Examen

Es preciso indicar que los participantes debían obtener una calificación igual o superior al setenta por ciento para aprobar el curso.

5.3.3. Ejecución del curso

Los participantes tuvieron acceso a la plataforma, a través del sitio Web del proyecto, http://www.idetic.net/cgcweb20/. La administración del curso se realizó utilizando plataforma Moodle.

En cada edición se organizó a los estudiantes en dos aulas virtuales. Debido a que el curso se desarrolló bajo la modalidad on-line, un factor importante fue el acompañamiento que brindó el equipo de tutores, en especial en la primera fase del curso, de esta manera las dificultades presentadas se solventaron oportunamente.

El módulo 0, fue general para todos los cursos y tuvo por objetivo que los estudiantes se familiaricen con la plataforma Moodle, creen su perfil de usuario, se presenten e interactúen con los compañeros, creando un ambiente propicio para las actividades de aprendizaje.

Los inconvenientes más frecuentes en esta fase, estuvieron relacionados con el acceso a la plataforma o el olvido de la clave. Una vez superados los problemas, el desempeño y cumplimento de las actividades se normalizó.

En los módulos 1 y 2 se publicaron documentos con el marco teórico de referencia, las lecturas recomendadas, los vídeos y demás material de soporte. Se propusieron los temas para debatir en los foros y se realizó el seguimiento de la participación y cumplimento de tareas.

Específicamente para el módulo 2, se publicó un manual para la creación del perfil en la red social seleccionada y la conformación de grupos.

Al finalizar cada módulo, conforme a lo planificado, se aplicó el cuestionario respectivo.

5.3.3.1. Participantes

Se inscribieron en el curso participantes originarios de varios países de América del Sur: Argentina, Chile, Colombia, Ecuador, Perú, Venezuela, también se contó con la participación de estudiantes de España. En total hubo 247 inscritos, distribuidos como se muestra en la Figura 1.

Figura 1. Participantes por país de origen.

El involucramiento de estudiantes de diversas regiones aportó de manera significativa a la interacción, reflexión y enriqueció el debate con respecto a los temas abordados. En el curso se pudo evidenciar cómo con las vivencias de los participantes de regiones geográficas diversas se puede aportar a la inteligencia colectiva, a la que hace referencia el uso de las herramientas Web 2.0.

Figura 2. Participantes según ocupación.

En relación a la ocupación de los inscritos (Figura 2), el 50% indicó que ejercía la docencia universitaria y el 17% estaba constituido por profesores de primaria y secundaria. Consecuentemente, hubo una presencia mayoritaria de personas relacionadas con el área de la educación.

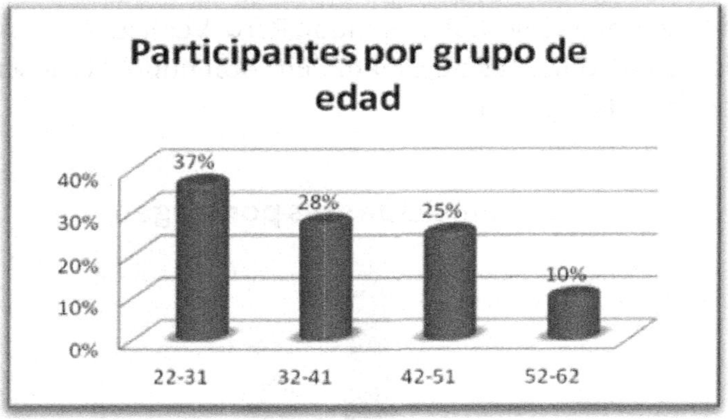

Figura 3. Participantes por grupo de edad.

Como muestra la Figura 3, el mayor número de participantes se ubica entre las edades de 22 a 41 años. Ellos representan al 65% de los inscritos; por lo que se puede apreciar que las personas más jóvenes son las que demuestran más interés en este tipo de eventos de capacitación.

5.3.3.2. Nivel de participación

Como resultado del monitoreo que se cumplió a la actividad del curso, realizada en la red social LinkedIn, se evidenció que el nivel de participación en promedio fue moderado, como se puede apreciar en la Figura 4. Tan solo un 27% tuvo alta participación, el 33% participó de manera moderada y el 40% tuvo una participación baja (dos o tres intervenciones).

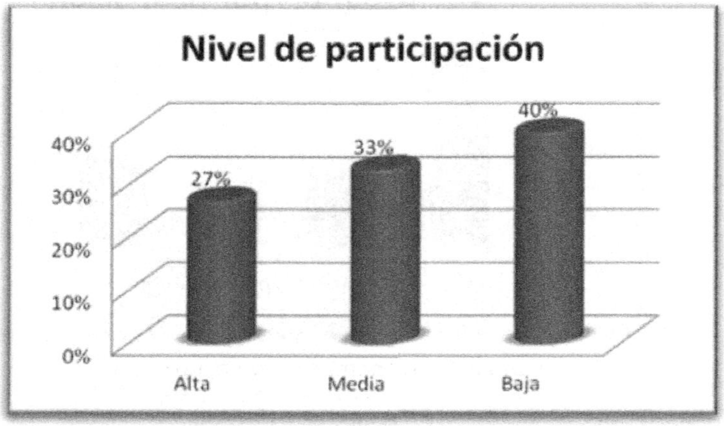

Figura 4. Nivel de participación.

No se encontró relación entre la edad de las personas y el nivel de participación. En unos casos, las personas de mayor edad demostraron liderazgo en sus grupos y motivaron la participación de los más jóvenes.

También hubo casos en los cuales fueron los jóvenes quienes demostraron liderazgo; confirmando que la Web 2.0 *"más que tecnología, es una actitud"* de participar y aportar con la inteligencia colectiva.

5.3.3.3. Trabajo colaborativo

Una de las actividades del curso consistió en crear el perfil en la red social LinkedIn, por ser orientada a profesionales. En el ejercicio se debía conformar un grupo, debatir sobre un tema de interés y desarrollar un ensayo sobre las conclusiones a las que llegaron.

Los temas analizados por los grupos se refirieron a tópicos relacionados con: alfabetización digital, peligros de las redes sociales, pros y contras de las redes sociales, *"Facebook como aporte en educación, mal uso de las redes sociales y sus consecuencias en la juventud", "¿Cómo influenciar positivamente el uso de las herramientas Web 2.0 en el aula de clases?", "El analfabetismo digital es una problemática en esta era del conocimiento".*

Esta actividad fue posiblemente la que permitió evidenciar, de mejor manera, la riqueza del trabajo colaborativo. Los participantes compartieron sus dudas, reflexiones, criterios e inclusive dieron a conocer investigaciones que realizaron en relación a la temática de las redes sociales.

Ángela Guzmán Michellod, Coordinadora del Programa Tecnologías para la Docencia Universitaria en la Pontificia Universidad Católica de Chile y estudiante del curso, afirma:

> ...realicé una encuesta a docentes universitarios y escolares en Chile, sobre si usan redes sociales y si son utilizadas en su ámbito profesional, el 98% respondió "No las usamos en educación". También he notado una cierta resistencia por parte de los jóvenes, en "llevar" la tecnología entretenida, a un ámbito académico que al parecer, lo hace "menos atractivo".

Cabe destacar una de las tantas opiniones vertidas por los participantes del curso, como la de Giovanni Herrera E., Director de la Carrera de Mercadotecnia de la Escuela Politécnica del Ejército, de Ecuador, quien dejó su reflexión como aporte para el ensayo que desarrolló su grupo y que decía lo siguiente:

> Estamos siendo testigos de la ruptura de paradigmas educativos que durante mucho tiempo redujeron el espacio docente al aula de clases y al contenido de textos y experiencias del maestro. En la actualidad, los estudiantes, especialmente

> los universitarios, fácilmente obtienen información en tiempo real desde cualquier parte del mundo, interactúan con decenas de personas al mismo tiempo y son parte de una comunidad global.
>
> Bajo estas circunstancias, los docentes no podemos quedarnos a la saga de la era de la información y debemos romper los esquemas que durante mucho tiempo han hecho del aula de clases nuestro mundo. Si queremos interactuar con nuestros estudiantes, participar en un verdadero proceso enseñanza-aprendizaje debemos ser parte de su comunidad global; por lo que es necesario una capacitación constante en las TIC y sus aplicaciones en la educación, que nos permita estar a la vanguardia de los temas de nuestra área de conocimiento y en las diversas vías de comunicación que Internet nos brinda y que tanto apasionan a nuestro jóvenes.
>
> Debemos tener el compromiso de abrir estos nuevos espacios para interactuar con nuestros estudiantes, comunicarnos a través de sus medios y a través de ellos ponerlos al tanto de lo más actualizado de nuestra asignatura.

Al igual que Ángela y Giovanni, la mayoría de participantes demostraron una apropiación de la tecnología informática vinculada a las redes sociales, y también propusieron, desde diferentes perspectivas, cómo puede ser utilizada esta herramienta en los ámbitos educativos y empresariales, sin descuidar los temas de seguridad.

5.3.4. Certificación

Los participantes que cumplieron con los parámetros requeridos para su aprobación recibieron un certificado emitido por el proyecto A/024521/09-Capacitación y Gestión del Conocimiento con Herramientas Web 2.0 para Docencia Universitaria, Gestión Administrativa y Educativa y Desarrollo Profesional Continuo en Argentina, Chile y Ecuador.

5.4. CONCLUSIONES

De las expresiones vertidas por los participantes al finalizar la capacitación, se confirmó la *pertinencia* del proyecto -Capacitación y Gestión del Conocimiento con Herramientas Web 2.0 para Docencia Universitaria, Gestión Administrativa y Educativa y Desarrollo Profesional Continuo en Argentina, Chile y Ecuador (A/024521/09,2009)–, financiado por la Agencia Española de Cooperación Internacional para el Desarrollo.

La alfabetización tecnológica es un proceso permanente para todos los ciudadanos, la dinámica propia de las TIC y el conocimiento, así lo exige, el único camino posible, en este escenario, es el del aprendizaje permanente.

Se cumplieron los objetivos planteados para la capacitación. El curso "Potencializando las interacciones sociales a través de la Web 2.0", contribuyó con la capacitación de ciento noventa personas, de diversos lugares de América Latina y España. Los participantes calificaron al curso de muy satisfactorio.

Por ser el grupo beneficiario, mayoritariamente vinculado al área de la educación, se espera que se constituyan en elementos multiplicadores del conocimiento, incluyan las herramientas estudiadas en la actividad del aula y orienten a los estudiantes sobre el uso más adecuado de las mismas.

Los participantes, con las competencias adquiridas, fruto de la capacitación, *abrirán nuevos horizontes* y se *trazarán nuevos caminos* para la inclusión de las TIC en los ámbitos: profesionales, educativos y domésticos en los que deban desempeñarse.

5.5. TRABAJOS FUTUROS

La capacitación en redes sociales tiene un fuerte impacto ya que esta herramienta tecnológica ha cambiado la forma de interrelación, la forma en que se realizan las actividades. Aquellas personas que no las usen corren el riesgo de quedar excluidas. Por lo expuesto es pertinente seguir trabajando en la capacitación de herramientas Web 2.0.

Se debe propiciar el desarrollo de proyectos en sectores rurales, creando sinergia con los esfuerzos de los gobiernos, pues se han instalado infocentros, pero falta trabajar en programas de capacitación en las comunidades. Los programas deben considerar los aspectos socio-culturales de estos colectivos.

Las redes sociales en el campo educativo pueden ser un valioso recurso pedagógico, acompañadas de la metodología adecuada, la cual provea de los lineamientos y pautas propias para su uso en el aula. En este campo se abre una nueva línea de investigación, es preciso estudiar nuevas metodologías, acordes al desarrollo tecnológico actual.

El potencial de las redes sociales puede contribuir a la construcción de la sociedad del conocimiento. Sería un aporte significativo investigar esta herramienta tecnológica y su contribución a la ingeniería del conocimiento.

Las redes sociales se han constituido en un fenómeno de masas, al alcance de todas las personas que tienen acceso a Internet. Es importante realizar investigaciones desde una perspectiva multidisciplinaria, esto es, desde la Antropología, la Sociología y otras disciplinas y con una visión holística, así se podrá orientar de mejor manera el uso de las mismas.

5.6. REFERENCIAS

Aruguete, G. (2001). Una propuesta organizacional alternativa. *Jornadas sobre gestión en organizaciones del tercer sector.* Buenos Aires.

Bartolomé, A. (2008). *El profesor cibernauta. ¿Nos ponemos pilas?* Barcelona: Graó.

Celaya, J. (2008). ¿Qué es una red social? En J. Celaya, *La empresa en la Web 2.0* (págs. 67-72). Barcelona: Gestión 2000.

Cuesta, F., & Alonso, M. (2010). A la búsqueda de nuevos formatos de marketing directo. En F. Cuesta, & A. Manuel, *Marketing Directo 2.0* (págs. 198-199). Barcelona: Gestión 2000.

Dans, E. (2009). Prólogo. En J. Roca, *Revolución Linkedin: la red profesional del management 2.0 del siglo XXI* (pág. 14). Barcelona: Paidós.

Eldred, G. (2008). Connecting Networks. En G. Eldred, *106 Mortgage secrets all borrowers must learn* (págs. 120-121). New Yersey: Wiley & Sons.

Hinojosa, C., Cela, K., & Gallego, D. (2011). De las redes sociales a las redes del conocimiento. *Memorias Congreso: XVI Congreso Internacional de Tecnologías para la Eduación y el Conocimiento.* Madrid: Anaya.

Madariaga, C. (2003). En búsqueda del concepto integrado y del contexto integrado. En C. Madariaga, *Redes sociales: infancia, familia y comunidad* (pág. 15). Bogotá: Uninorte.

Monitoring, W. (03 de 2010). *Impresionantes estadísticas de FACEBOOK (infografía en español).* Recuperado el 09 de 2011, de http://geeksroom.com/wp-content/uploads/2010/03/mega-infografia-b.jpg

Prenky, M. (2010). Living out the teachers roles. En M. Prenky, *Teaching digital natives* (págs. 64-65). California: Corwin.

Quijada, A. (2010). Comunicación inmediata de redes sociales ofrece activa y pronta información de terremoto chileno. *Infoweek* , 8.

Rheingold, H. (2000). Daily life in cyberspace. En H. Rheingold, *The virtual community* (pág. 46). MIT Press edition.

Verde, A. (07 de 2011). *LinkedIn hits (approximately) 119 million members*. Recuperado el 09 de 2011, de http://amover.wordpress.com/ 2011/07/13/linkedin-hits-approximately-119-million-members/

CAPÍTULO 6. HERRAMIENTAS WEB 2.0 PARA EL DESARROLLO PROFESIONAL

NIBALDO GATICA ZAPATA[1], JORGE VALDIVIA GUZMÁN[2]
[1,2] *Universidad de Concepción, Chile*
[1]*ngatica@udec.cl*, [2]*jvaldivi@udec.cl*

Resumen. Durante el año 2010, y con la financiación de AECID (Agencia Española de Cooperación Internacional para el Desarrollo) a través del Proyecto A/024521/09 se dio inicio a una Formación *e-learning* en Tecnologías de Información y Comunicación (TIC) en Iberoamérica, Fue una iniciativa inédita, con el objeto de aportar a la disminución de la brecha digital en la sociedad del conocimiento a través de la formación en herramientas Web 2.0, modalidad *e-learning* sustentada en un «sistema tutorial» que no sólo impartió los contenidos acordados o consensuados en esta oportunidad por los países participantes, sino que también consideró estrategias de acompañamiento con el objeto de orientar a los participantes en sus principales inquietudes formativas durante el lapso que duro la iniciativa.
"Una aproximación al uso de las herramientas Web 2.0 para el desarrollo profesional" fue el curso dictado por Chile a través del equipo de profesionales de la Universidad de Concepción, instancia que se destacó por la gran cantidad de inscritos (494), y de matriculados (416). Este curso, que se ofreció en dos períodos (agosto, y octubre), tuvo una duración de dos meses, y la aprobación (207), representó un 50%, y en donde la motivación e interacción de los participantes fue la clave durante esta formación *e-learning*.
Palabras Clave: Sociedad del Conocimiento, Formación a distancia, desarrollo profesional Web 2.0, Sistema Tutorial, Acompañamiento, AECID.

6.1. INTRODUCCIÓN

La incorporación de las Tecnologías de Información y Comunicación (TIC) en sus diversos ámbitos en la sociedad (social, económica, educativa, entre otros) está "produciendo una auténtica revolución en toda la vida del ser humano, una revolución que se enmarca en un conjunto más amplio de cambios de nuestra sociedad, y se concreta en una denominación: la sociedad de la información" (Tejedor, 2004).

Según lo citado por Marina (1999), la sociedad de la información "supone la necesidad de formación permanente y la priorización del objetivo de aprender a aprender. Reclama una educación que permita la formación a lo largo de la vida, la educación deberá asentar las bases en conocimientos y destrezas que permitan pasar de la sociedad de la información a la sociedad del conocimiento" (Marina, 1999).

De acuerdo con los razonamientos que se han venido realizando la sociedad del conocimiento "necesita nuevos trabajadores y ciudadanos. Éstos han de ser autónomos, emprendedores, trabajadores creativos, ciudadanos solidarios y socialmente activos. Se impone un cambio radical en el mundo de la educación y formación dado que se exige un mayor papel de los estudiantes individuales. El mercado laboral necesita cada vez más trabajadores flexibles y autónomos. Todo lo cual está promoviendo el concepto de "aprendizaje a lo largo de la vida" y la necesidad de integración entre los sistemas educativos y formativos" (Gómez, 2004).

En este contexto surgen las herramientas denominadas Web 2.0 que hacen sinergia con la sociedad del conocimiento a través de las herramientas digitales, la mayoría gratuitas, que colocan al alcance de los individuos la posibilidad cierta de compartir conocimiento y aprendizajes para que sea de utilidad para los demás, y de esta manera aportar a lo que se denomina al acceso plural y democrático de la información, transformándose estos individuos en lo que se denominarán los ciudadanos en el mundo de la Web.

6.2. MARCO CONCEPTUAL DE LA FORMACIÓN

6.2.1. Sociedad del conocimiento

Según Bueno (1997), la sociedad del conocimiento es "heredera de un conjunto de aportaciones que han construido esta expresión en el último devenir de la sociedad de la información y coincidente con las postrimerías del siglo pasado". Entre las aportaciones más relevantes cabe mencionar:

> "una sociedad que trabaja en red y procesa gran cantidad de información, gracias a las tecnologías de la información y las comunicaciones" (Bueno, 1997).
>
> "una sociedad que ha pasado a la creación y gestión del conocimiento, especialmente del tácito sobre el explicito" (Nonaka, 1991).
>
> "una sociedad que viene protagonizando un espiral creciente de nuevos conocimientos" (Nonaka y Takeuchi, 1995).

La Web 2.0 evoluciona con los cambios ocurridos en la sociedad del conocimiento más aún cuando a esta generación digital como es la Web 2.0 se le asocia con servicios que fomentan la colaboración y el intercambio de información entre los usuarios que forman parte de las distintas redes sociales que existen en la actualidad. La generación de nuevos conocimientos supeditados a una gestión eficiente del mismo por parte de los miembros que conforman estas redes sociales, entidades contemporáneas cuyas identidades están en función de los propósitos comunes que tienen, y en donde el conocimiento tácito de sus miembros puede transformarse en conocimiento explicito, beneficiando con ello a esta sociedad del conocimiento, entre cuyas características son ser muy dinámicas, activas y participativas.

6.2.2. La Web 2.0

Las nuevas aplicaciones asociadas a las Tecnologías de Información y Comunicación (TIC), es una constante en la actualidad. Un ejemplo de ello, es la Web 2.0, la cual marca una transición de las aplicaciones tradicionales hacia aquellas que funcionan a través de la Web, y que están enfocadas hacia el usuario final. Se puede decir que "la Web 2.0 es el resultado de una evolución que han tenido las Redes Sociales en los últimos años, y que ofrece la posibilidad de usar una gran cantidad de recursos de software gratuito, disponible en la Web, para publicar información en conjunto" (Cruz, 2007).

La posibilidad cierta de compartir conocimiento entre sus pares, o la factibilidad de ser partícipe de manera virtual y colaborativa en el diseño de un proyecto estratégico para una empresa, más aún almacenar y compartir contenido digital (fotografías, videos o podcast), o editar archivos de manera simultánea y en línea (hojas de cálculo, presentaciones, textos) son aspectos atractivos que tiene la Web 2.0. en la actualidad para profesionales diversos, estudiantes, docentes, dueñas de casa, empresarios.

Tomando en consideración lo expuesto, y lo relevante que es la Web 2.0 para el entorno del usuario (centro educativo, empresa, comunidad, etc.), se diseñó una formación a distancia en la herramienta *Google.docs* por los beneficios antes mencionados, cuya modalidad e-learning, se sustenta en el denominado aprendizaje flexible, que Moran y Myringer (1990), lo definen como aquel "centrado en el alumno, con grados de libertad en el tiempo, lugar y métodos de enseñanza y aprendizaje, y que utilizan las tecnologías apropiadas en un entorno en Red".

Dadas las condiciones que anteceden, se estima que este escenario (aprendizaje flexible), es el más adecuado para la formación a distancia implementada, por las características y diversidad de los usuarios participantes (España, Chile, Argentina, Ecuador de preferencia). De hecho, el aprendizaje recae en gran medida en el participante, y las TIC le ofrecen al usuario una "elección a los recursos de aprendizaje, tienen libertad de maniobra, y tienen control activo sobre la forma en que aprende" (Salinas, 2003).

6.2.3. La formación Web 2.0 y las coincidencias con los desafíos institucionales

El Curso "Una aproximación al uso de las herramientas Web 2.0 para el desarrollo profesional", es una instancia de formación abierta al espectro multicultural de Iberoamérica. De hecho, la participación está supeditada al interés de las temáticas plasmadas en la formación, y tiene el objetivo de garantizar a los participantes la apropiación de las herramientas Web 2.0 para su desarrollo personal, profesional, o social.

Lo anterior, es muy coincidente con los desafíos o postulados de entidades internacionales en donde la educación permanente es clave para el desarrollo o progreso individual y colectivo de los miembros de la sociedad contemporánea.

La Declaración de Lisboa (2009), establece entre otros propósitos "avanzar hacia políticas públicas en materia de innovación y conocimiento que propicien la equidad, la inclusión". Cabe citar además, que esta misma Declaración, establece entre uno de sus objetivos "impulsar estrategias encaminadas a universalizar el acceso a las TIC y el desarrollo de contenidos digitales, a través, entre otros, de programas de alfabetización digital y tecnológica para garantizar la apropiación social del conocimiento".

En este mismo sentido, la Comisión Internacional de Educación del siglo XXI hizo una llamada para un mayor uso de las TIC en la educación de adultos (UNESCO, 1996).

En relación con este último, y en el marco de las políticas de educación permanente para todos, la UNESCO sigue considerando prioritaria la educación de adultos a través del aprendizaje a distancia.

El gran potencial de las TIC que permite alcanzar a un gran número de nuevos alumnos adultos se considera una vía importante hacia la educación permanente (García & Marín, 1998).

6.3. OBJETIVOS

1) Valorar la aportación de la Web 2.0 como una aplicación que apoya no sólo el desarrollo profesional del participante, sino que también aporta a su ámbito personal y laboral.
2) Evaluar la estrategia de formación a distancia sustentada en un sistema tutorial que fomenta el aprendizaje flexible del participante.

6.4. SISTEMA TUTORIAL

El sistema tutorial estuvo conformado por un conjunto de procesos, relaciones y recursos a través de los cuales no sólo se apoyó a los Tutores Virtuales, sino que también a los participantes para que mejoraran su accionar en la formación a distancia. También se incluyó la figura de un Megatutor, el cual tenía relación directa con los Tutores Virtuales. Es evidente entonces, que el sistema tutorial tuvo por finalidad hacer un acompañamiento y seguimiento a cada uno de los participantes del Curso a distancia a través de las herramientas sincrónicas o asincrónicas disponibles en este caso.

En lo que se refiere a las funciones más relevantes de los componentes del equipo de formación *e-learning*, se tuvieron las siguientes:

Coordinadores del Curso

- Mantuvieron una visión actualizada de todo el proceso de modo que se pudieran tomar las decisiones de manera oportuna en caso de alguna dificultad formativa u operativa en la gestión del Curso (deserción de los participantes, acceso a la plataforma, entre otros).
- Monitorearon, sistematizaron y canalizaron a los Coordinadores del Proyecto AECID-Argentina la información relativa al Curso y su desarrollo respecto a:
  - Plataforma (reconocer falencias, solucionar accesos y requerimientos de apoyo).
  - Actividades del Curso (solicitud de orientaciones, modificación de plazos, materiales complementarios).
  - Contenidos del Curso (solicitud de aclaraciones, de materiales complementarios).

Megatutor

- Entregó a los Tutores Virtuales la información, las orientaciones y los materiales necesarios para el desempeño de su rol como Tutor del curso.
- Evaluó el desempeño de los Tutores Virtuales y entregó retroalimentación constante en las diferentes fases del proyecto.
- Coordinó encuentros quincenales de los Tutores Virtuales con la finalidad de apoyar en su formación, resolver dudas, y motivar al equipo, entre otras.

Tutores Virtuales.

- Apoyaron a los participantes a través de la plataforma del Curso en el proceso de aprendizaje de los participantes.
- Aclararon dudas que tengan los participantes respecto del uso de la plataforma, las actividades a desarrollar y los contenidos del Curso, por medio de las herramientas sincrónicas o asincrónicas disponibles en la plataforma.
- Orientaron a los participantes para la realización de las tareas propuestas, actividades y evaluaciones contempladas.

- Moderaron los Foros de Discusión del Curso.
- Llevaron un registro de participación y trabajo de los Tutores Virtuales.

Para ilustrar, se muestra a continuación el diseño del sistema tutorial implementado en esta ocasión:

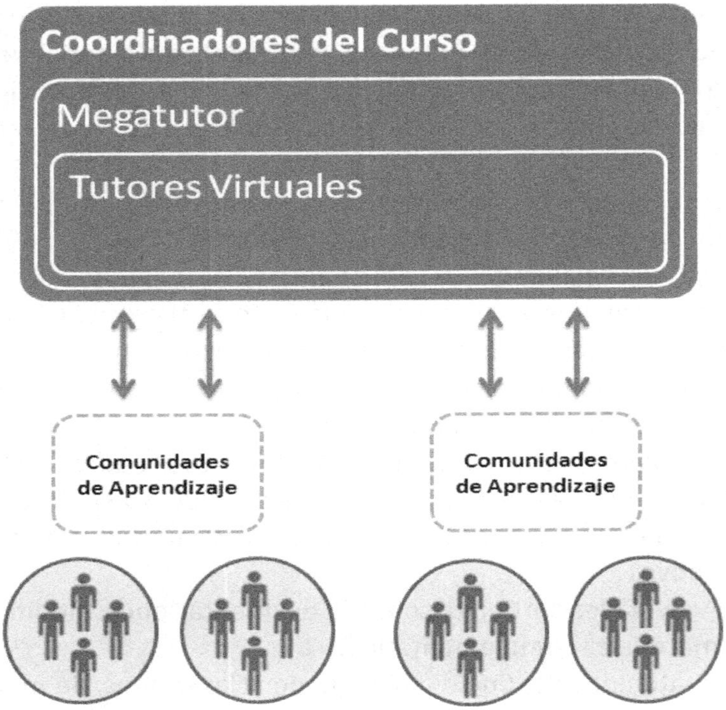

Figura 5. Sistema Tutorial diseñado en la formación del Curso.

Resulta oportuno mencionar que el sistema tutorial permitió que cada uno de los actores analizara frecuentemente la formación a distancia en sus aspectos administrativos, de gestión, logísticos, técnico, entre otros.

Las Comunidades de Aprendizaje conformadas fueron nueve en total, las cuales estaban constituidas en promedio por 35 participantes. Por tanto, cada Tutor Virtual interactuó con 35 participantes mientras duró la formación a distancia.

6.5. ENTORNO VIRTUAL DE APRENDIZAJE

El entorno virtual de aprendizaje se estructuró en función del diseño de las secuencias formativas de las unidades didácticas contempladas como se muestra en el siguiente esquema:

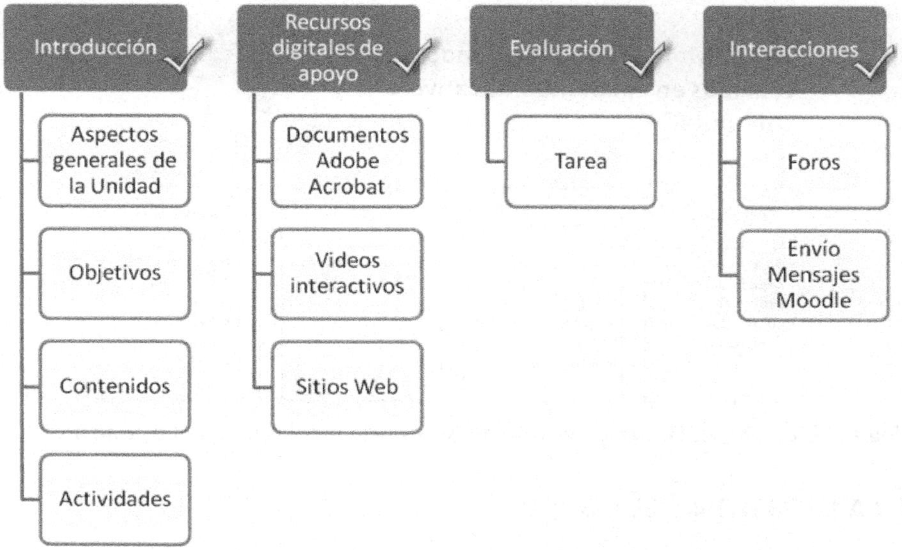

Figura 6. Componentes del Entorno Virtual de Aprendizaje.

Como puede observarse, el diseño expuesto para cada Unidad del Curso permitió al estudiante acceder a una secuencia didáctica coherente y continua, disponiendo el estudiante entonces de todos los requerimientos necesarios para responder al objetivo planificado. Esta secuencia estuvo formada por cuatro elementos esenciales:

- Introducción, espacio digital en donde se invitó al estudiante a ser parte de los desafíos de la Unidad a través de una descripción de ella, la cual está asociada a un objetivo determinado el cual se llevará a cabo a través del desarrollo de actividades acotadas en el tiempo.
- Recursos digitales de apoyo, representaron "los apoyos de carácter técnico que facilitan de forma directa la comunicación y la transmisión del saber, encaminados a la consecución de los objetivos de aprendizaje" (García, 2006). Cabe citar aquí, aquellos con soporte técnico, y disponibles en la Web.
- Evaluación, representa la Tarea a desempeñar el estudiante en donde se consignan las instrucciones para dar cumplimiento al objetivo planificado.
- Interactividad, la cual asincrónica y sincrónica se hace a través de las TIC con la incorporación de recursos que permiten responder al objetivo definido. Cabe destacar la mensajería interna de Moodle, y los Foros.

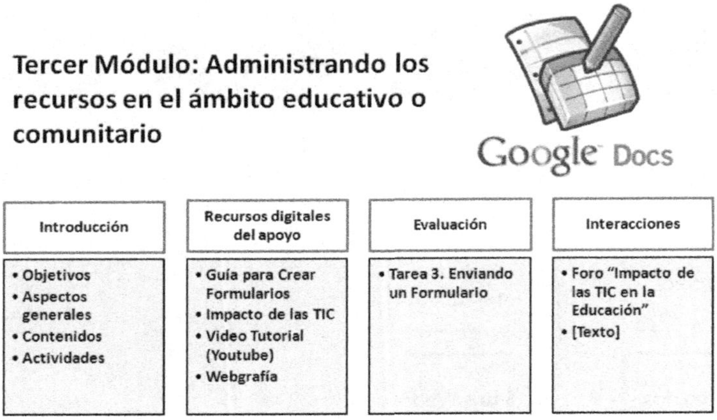

Figura 7. Diseño del Entorno Virtual de Aprendizaje del Curso de Formación.

6.6. DE LA DIFUSIÓN DEL CURSO

Con respecto a este tema, cabe citar que la Universidad de Concepción contempló en su difusión diversos sitios Web de carácter nacional e internacional en donde se describía las características del Curso, el objetivo, y los plazos para inscribirse. Por ejemplo:

- Educarchile. Portal de la educación. Disponible en su oportunidad en http://www.educarchile.cl/Portal.Base/Web/ VerContenido.aspx?ID=204443
- EduSIG. Disponible en su oportunidad en http://www.edusig.com.ar/noticias-y-eventos/cursosonlinesincosto yconcertificacionotorgadaporuniversidad

Educarchile - Chile Click Here

La iniciativa surge bajo el alero del proyecto A/024521/09 "*Capacitación y gestión del conocimiento con herramientas web 2.0 para docencia universitaria, Gestión administrativa y educativa y desarrollo profesional continuo en Argentina, Chile y Ecuador*", en el cual participan docentes investigadores del Centro Zonal Sur de la Universidad de Concepción de Chile, de la Universidad Nacional de la Patagonia San Juan Bosco de Argentina, de la Universidad Nacional de Educación a Distancia (UNED) de España, y de la Escuela Politécnica del Ejército de Ecuador.

EduSIG - Argentina Click Here

En el marco del Proyecto: "Capacitación y Gestión del C
Herramientas Web 2.0 para Docencia Universitaria, Gestión
Educativa y Desarrollo Profesional Continuo en Argentina, C
A/024521/09, se impartirán cursos online y e-Seminarios.
El período de inscripción para la primera edición de cursos onli
abierta hasta el 12 de agosto de 2010.

Figura 8. Sitio Web de Chile y Argentina en donde se difundió el Curso de Formación.

6.7. ENCUESTA DE SATISFACCIÓN

Uno los aspectos relevantes, fue que después de terminada la formación e-learning, se aplicó una Encuesta de Satisfacción al Curso (171) realizada en *Google. docs* al 82% de los participantes que aprobaron el Curso.

Esta Encuesta se estructuró en función de las variables más significativas a considerar en la formación.

- Datos personales.
- Sobre la implementación del Curso en Moodle. Por ejemplo:
  - Facilidad de uso.
  - Claridad de la información.
  - Cantidad de información.
  - Valoración del Diseño Didáctico.
  - Pertinencia profesional del Curso en función de los aprendizajes obtenidos.
- Evaluación del Tutor Virtual del Curso. Por ejemplo:
  - Demostrar dominio de los contenidos.
  - Comunicar mensaje en forma clara y fácil de entender.
- Evaluación de los Módulos del Curso.
- Nivel de Satisfacción del Curso.
- Aspectos positivos y debilidades del Curso.
- Consideraciones para la mejora del Curso desde el punto de vista del diseño e implementación.

A continuación se muestra un aspecto del diseño de la Encuesta de Satisfacción:

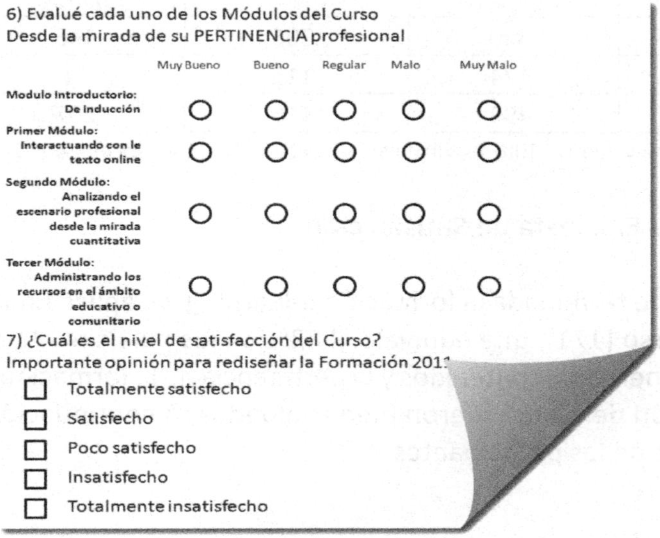
6) Evalué cada uno de los Módulos del Curso
Desde la mirada de su PERTINENCIA profesional

	Muy Bueno	Bueno	Regular	Malo	Muy Malo
Modulo Introductorio: De Inducción	○	○	○	○	○
Primer Módulo: Interactuando con le texto online	○	○	○	○	○
Segundo Módulo: Analizando el escenario profesional desde la mirada cuantitativa	○	○	○	○	○
Tercer Módulo: Administrando los recursos en el ámbito educativo o comunitario	○	○	○	○	○

7) ¿Cuál es el nivel de satisfacción del Curso?
Importante opinión para rediseñar la Formación 2011

- ☐ Totalmente satisfecho
- ☐ Satisfecho
- ☐ Poco satisfecho
- ☐ Insatisfecho
- ☐ Totalmente insatisfecho

Figura 9. Encuesta de Satisfacción del Curso soportada en Google.docs.

6.8. CERTIFICACIÓN DEL CURSO

Una vez aprobada cada una de las etapas del Curso "Una aproximación al uso de las herramientas Web 2.0 para el desarrollo profesional", los participantes recibieron dos tipos de certificación:

- Del Proyecto AECID, que fue enviada vía correo electrónico a todos los participantes que formaron parte de la capacitación.
- De la Universidad de Concepción y acreditada por el Centro de Perfeccionamiento, Experimentación e Investigaciones Pedagógicas (CPEIP) del Ministerio de Educación. Numero Registro Público Nacional de Perfeccionamiento (RPNP), 10-1043. Esta certificación sólo la recibieron los profesores pertenecientes al Ministerio de Educación de Chile.

6.9. RESULTADOS

6.9.1. De la formación propiamente tal

El interés de participar reflejado en la matrícula en el Curso diseñado e implementado en Moodle por la Universidad de Concepción fue notorio. De hecho el 85% de los alumnos inscritos accedieron a los contenidos de la formación. Sin embargo, sólo el 51% en promedio, aprobó la formación implementada en esta ocasión.

Tabla 1. Resultados evaluativos en las dos versiones del Curso.

Nº Versión	Inscritos	Matriculados	Número Aprobados	Porcentaje Aprobados
Primera	320	306	146	48%
Segunda	174	111	61	55%
Total	494	416	207	51%

Fuente: Resumen evaluativo Tutores Virtuales. Universidad de Concepción. Año 2010.

6.9.2. De la Encuesta de Satisfacción

Después de terminada la formación e-learning, se aplicó una Encuesta de Satisfacción al Curso (171), que equivale al 82% de los participantes que aprobaron el mismo. En general, los contenidos y la pertinencia de la formación, asociado al grado de Satisfacción del Curso fueron bien evaluados. A continuación se citan algunas apreciaciones de los participantes.

6.9.3. Evaluación de los Módulos del Curso

En lo que se refiere a los Módulos contemplados en el Curso, cabe citar los siguientes:

Módulo 1. Interactuando con el texto *online*
Módulo 2. Analizando el escenario profesional desde la mirada cuantitativa
Módulo 3. Administrando los recursos en el ámbito educativo o comunitario

Módulo 1.

- Introducción a *Google.docs*
- Aspectos funcionales de la Pantalla de Inicio
- Tipos de formatos asociados a *Google.docs*
- Insertar imágenes y/o tablas
- Compartir documentos entre participantes

Tabla 2. Evaluación Módulo 1. Interactuando con el texto online.

Categorías	Frecuencia	Porcentaje
Muy Bueno	85	49,7%
Bueno	69	40,4%
Regular	10	5,8%
Malo	4	2,3%
Total	168	98,2%

Fuente: Encuesta de Satisfacción. Universidad de Concepción. Analizado por SPSS, versión 17. Año 2010.

Módulo 2.

- Introducción a la Hoja de Cálculo
- Sobre las celdas y formato de ellas
- Trabajando con las funciones (matemática, estadísticas...)
- Gráficos

Tabla 3. Evaluación Módulo 2. Analizando el escenario profesional desde la mirada cuantitativa.

Categorías	Frecuencia	Porcentaje
Muy Bueno	94	55,5%
Bueno	61	35,7%
Regular	9	5,3%
Malo	2	1,2%
Total	166	97,7%

Fuente: Encuesta de Satisfacción. Universidad de Concepción. Analizado por SPSS, versión 17. Año 2010.

Módulo 3.

- Qué es un Formulario
- Creación de un Formulario acorde a su realidad profesional o laboral
- Agregar un diseño al Formulario

Tabla 4. Evaluación Módulo 3. Administrando los recursos en el ámbito educativo o comunitario.

Categorías	Frecuencia	Porcentaje
Muy Bueno	85	49,7%
Bueno	69	40,4%
Regular	10	5,8%
Malo	4	2,3%
Total	168	98,2%

Fuente: Encuesta de Satisfacción. Universidad de Concepción. Analizado por SPSS, versión 17. Año 2010.

6.9.3.1. Evaluación de la Satisfacción del Curso

Se destaca la satisfacción de los participantes por haber participado del Curso (91,2%), lo que podría interpretarse que la formación a distancia cumplió con las expectativas acorde a los contenidos diseñados en esta oportunidad.

Tabla 5. Resultados de la evaluación del Curso de Formación de parte de los participantes.

Categorías	Frecuencia	Porcentaje
Totalmente satisfecho	72	42,1%
Satisfecho	84	49,1%
Poco satisfecho	12	7,0%
Insatisfecho	1	0,6%
Total	169	98,8%

Fuente: Encuesta de Satisfacción. Universidad de Concepción. Analizado por SPSS, versión 17. Año 2010.

6.9.3.2. Pertinencia profesional en función de los aprendizajes obtenidos en la formación

Un aspecto no menor, y estratégico del Curso tiene relación sobre los aprendizajes obtenidos y la pertinencia profesional. Se observa en este caso, que los participantes encontraron el Curso adecuado para responder a las necesidades propias de su ámbito profesional.

Tabla 6. Evaluación de la pertinencia profesional en relación a los aprendizajes obtenidos en el Curso.

Categorías	Frecuencia	Porcentaje
Muy Adecuado	105	61,4%
Adecuado	59	34,5%
Regular	5	2,9%
Poco Adecuado	1	0,6%
Total	170	99,4%

Fuente: Encuesta de Satisfacción. Universidad de Concepción. Analizado por SPSS, versión 17. Año 2010.

6.10. CONCLUSIONES

6.10.1. Del punto de vista de la formación

Google.docs es una herramienta que responde a las necesidades de los participantes, y que contribuyó al intercambio de conocimientos y aprendizajes asociados a entornos colaborativos y participativos, supeditados a una temática en particular.

Las TIC han incrementado la demanda de formación continua. Esto se observó por el gran interés en la formación a distancia implementada en esta oportunidad. Sólo en Chile, el Curso de Formación Web 2.0 convocó a 494 personas inscritas (41%).

El diseño del entorno virtual de aprendizaje del Curso de Formación, fue muy bien recibido de parte de los participantes. De hecho en los tres módulos de formación, más del 90% quedó satisfecho por la manera cómo se concatenaron los objetivos con las actividades propiamente tal.

El sistema tutorial establecido en esta ocasión, y cuya finalidad fue ir evaluando a cada uno de los actores de la formación, en especial a los Tutores Virtuales fue bien considerado de parte de los participantes. De hecho, más del 95% de ellos evalúa muy bien el desempeño de los Tutores Virtuales (respetuoso en la comunicación, dominio de contenidos, promoción de la participación).

Un aspecto relevante y que le dio sentido al Curso asociado a las herramientas Web 2.0, fue la sinergia entre los aprendizajes y la pertinencia profesional. Más del 90% de los participantes consideró que lo aprendido, de manera individual y colectiva fue en beneficio de su profesión u oficio.

A manera de colofón, se está siendo consecuente con la UNESCO, en el sentido de "hacer un mayor uso del aprendizaje a distancia, para aumentar el acceso a la educación y mejorar su efectividad (...), utilizando las más modernas tecnologías de información y comunicación".

6.11. REFERENCIAS

Buendía, L. et al. (1998). Métodos de investigación en psicopedagogía. McGraw-Hill/ Interamericana: Madrid.

Bueno, E. (1997). La sociedad del conocimiento reclama capital intangible. Tendencia Siglo XXI.

Cruz, M. (2007). Web 2.0 ¿Reconfiguración social o tecnológica?. Recuperado de http://www.maestrosdelweb.com/editorial/web-20-%c2%bfreconfiguracion-social-o-tecnologica/.

Dwyer, J. (1983). Statiscal models for the social and behavioral sciences. New York: Oxford University Press.

García, L. (2006). La educación a distancia. De la teoría a la práctica. Editorial Ariel, S.A: Barcelona.

García, L. y Marin, R. (1998). Aprendizaje abierto y a distancia. Universidad Nacional de Educación a Distancia. Impreso en España.

Gómez, J. (1990). Metodología de encuesta por muestreo. En J. Arnau, M. T. Anguera y J. Gómez. Metodología de la Investigación en Ciencias del Comportamiento. Murcia: Universidad de Murcia.

Gómez, J. (2004). Las TIC en la educación. Recuperado de http://boj.pntic.mec.es/jgomez46/ticedu.htm.

Marina, J. (1999) El timo de la sociedad de la información, en Marina, J. et. al. *Educación e Internet. Documentos del Primer Congreso Educación e Internet.* Educnet. Madrid, Santillana.

Moran, I. y Myringer, B. (1999). Flexible learning and university change. In Harry, K. (ed): Higher Education Through Open and Distance Learning, London: Routledge Race, P. (1994): The Open Learning Handbook. Kogan Page, London.

Nonaka, I. (1991). The knowledge-creating company. *Harvard Business Review,* noviembre-diciembre, pp. 96-104.

Nonaka, I. y Takeuchi, H. (1995). *The knowledge-creating company: how japanese companies create the dynamic of innovation*. Oxford University Press, Oxford.

Salinas, J. (2003). Entornos Virtuales y Formación Flexible. Recuperado de http://tecnologiaedu.us.es/bibliovir/pdf/ES141.pdf.

Tejedor, F. (2006). Las Nuevas Tecnologías de la Información y la Comunicación y la Investigación Educativa. ISSN 1577-9831. Nº 6. Universidad de Huelva. España. Recuperado de http://www.uhu.es/agora/version01/digital/numeros/06/06-articulos/monografico/pdf_6/tejedor.pdf.

Unesco (1996). Learning: the Treasure Within. Report to Unesco of the International Commission on Education for the Twenty-first Century, Paris: UNESCO.

CAPÍTULO 7. INTRODUCCIÓN AL DISEÑO Y ADMINISTRACIÓN DE AULAS VIRTUALES EN MOODLE

MARTA ISABEL DANS
Universidad Nacional de la Patagonia San Juan Bosco, Argentina
mdans@economicasunp.edu.ar

Resumen. En este capítulo se presentan las características de las plataformas virtuales orientadas a la enseñanza. En particular se describen las facilidades que brinda la plataforma Moodle.
Se atiende principalmente al carácter metodológico y técnico del curso que se impartió para el proyecto CGC Web 2.0.
Finalmente se discuten los resultados en la citada experiencia.
Palabras Clave: plataforma virtual de aprendizaje, Moodle.

7.1. INTRODUCCIÓN

Las nuevas tecnologías de la información y la comunicación están cambiando la sociedad e influyen fuertemente en la educación, creando escenarios nuevos y valiosos tanto para la enseñanza como para el aprendizaje.

Estos entornos virtuales de enseñanza y aprendizaje (EVEA) son plataformas informáticas, según Adell, Castellet y Pascual (2004) "... *pensadas para facilitar la comunicación pedagógica entre los participantes de un proceso educativo*". Podríamos decir que permiten crear espacios o comunidades organizadas en torno al aprendizaje, aportando soluciones globales para resolver aspectos que tienen que ver con lo pedagógico.

Para ello cuentan con distintos tipos de herramientas según García Aretio, Ruiz Corbella y Domínguez Figaredo (2007):

- Herramientas para la comunicación: tanto sincrónicas (en tiempo real como el chat, las audioconferencias, las videoconferencias) como asincrónicas (sin coincidencia de tiempo ni espacio, como los foros, el correo electrónico, las carteleras).
- Herramientas para administrar los materiales: Los EVEA suelen ofrecer una forma de subir y gestionar los contenidos y materiales de los cursos. Desde

allí se puede acceder a archivos de cualquier tipo, enlaces, bibliotecas, bases de datos. Tanto para publicar como para administrar los contenidos, no se requieren grandes conocimientos informáticos, ya que el entorno es muy amigable.

- Herramientas para gestionar personas: Permiten el seguimiento y evaluación de los alumnos, muestran las calificaciones, las intervenciones de los mismos y sus accesos a cada sección del entorno.

Hablaremos concretamente de la plataforma Moodle, ya que la misma fue utilizada por el proyecto para desarrollar los cursos que se impartieron a los países de Argentina, Chile y Ecuador.

7.2. PEDAGOGÍA CONSTRUCTIVISTA SOCIAL

Moodle es un paquete de software para la creación de cursos basados en Internet. Es un proyecto en desarrollo diseñado para dar soporte a un marco de educación social constructivista. La filosofía del aprendizaje que subyace en este entorno corresponde a una forma de pensar que suele denominarse "pedagogía construccionista social" (Rodríguez Villamil, 2008).

El enfoque construccionista sostiene que las personas construyen activamente nuevos conocimientos a medida que interactúan con su entorno. Se trata más de un proceso de interpretación que de una transferencia de información de una persona a otra. El construccionismo explica que el aprendizaje es particularmente efectivo cuando se construye algo que debe llegar a otros. Esto puede ir desde una frase hablada o enviar un mensaje en Internet, a artefactos más complejos como discutir en un foro, armar una definición en una Wiki o estructurar la información referida a una entidad para completar los campos de una base de datos (Rodríguez Villamil, 2008).

Cuando hablamos del constructivismo social estamos extendiendo las ideas anteriores a la construcción de cosas de un grupo social para otro, creando colaborativamente una pequeña cultura de artefactos compartidos con significados compartidos. Cuando alguien está inmerso en una cultura como ésta, está aprendiendo continuamente acerca de cómo formar parte de esa cultura en muchos niveles.

El constructivismo social, como describe Kenneth Gergen (1985), sostiene que el conocimiento, de cualquier tipo, no se obtiene a través de significados objetivos, sino que es construido por medio del discurso social.

En un curso en línea las herramientas de software disponibles poseen un funcionamiento inherente, lo importante es que las actividades y textos producidos dentro del grupo como un todo ayudarán a definir a cada persona su forma de participar en el grupo. El construccionismo plantea una construcción social del conocimiento a través de la interacción social. La plataforma Moodle, permite la construcción social del conocimiento, mediante la participación y los aportes de cada uno de los participantes a los diversos temas de estudio, se incluye la colaboración, el aprendizaje basado en actividades y la reflexión crítica. Las herramientas que ofrece Moodle no fuerzan este estilo de comportamiento, pero es para lo que mejor sirve.

Existen varias formas de concebir la educación a b-learning *"si damos un vistazo a los distintos modelos que hay en el mundo, una primera reflexión sería para comprobar que no hay un modelo único y que cada país o institución construye su propio modelo"* (Moreno, 1999). Se están desarrollando estándares que la tecnología aplicada al aprendizaje establece para su operación (SCORM, objetos de aprendizajes, repositorios) y sobre todo las especificaciones que éstos le implican a los modelos de educación a distancia y sus componentes y agentes, lo cual provoca la aparición de nuevos conceptos a incorporar por los distintos actores en la utilización de las aulas virtuales en sus prácticas docentes.

La percepción de necesidad de apropiación tecnológica puede no darse de manera simultánea entre todos los miembros de una organización, y que las diferencias sociales (de género, posibilidades económicas, saberes profesionales, generacionales, hábitos y condiciones de acceso a medios, etcétera) determinan esta capacidad de percepción de la mayor o menor necesidad de integración de las tecnologías como parte de las interacciones humanas (Chan, 1999).

La metodología Moodle debe ser orientada hacia una educación constructivista conducida primordialmente a través de la tutoría y asincrónica, con la asistencia de un profesor experto que guía a los estudiantes en la consecución de sus objetivos. La plataforma Moodle ayuda al profesor a estructurar sus actividades de forma organizada mediante la utilización de las herramientas informáticas disponibles para el diseño de actividades.

La utilización de las aulas virtuales implica para el docente tradicional incursionar en nuevos desafíos. Dentro de esta experiencia, el docente se puede desempeñar en distintos roles como planificador, experto en contenido, redactor de contenidos, responsable de guiar el aprendizaje-tutor. Ya identificados y definidos los roles, la unidad ejecutora ha detectado la necesidad de definir una estructura didáctica de los cursos y analizar el uso didáctico de cada recurso. Es decir determinar todos los elementos que debe contener cada unidad como un todo e identificar en el momento de uso de cada recurso y actividad ¿Qué?, ¿Por qué?, ¿Cómo? y ¿Cuándo? utilizarlo.

En este sentido el investigar sobre la percepción de los diferentes actores de determinada acción de incorporar las TIC a cualquier actividad de la sociedad es necesario para integrar de forma óptima dichas herramientas a la diversidad del quehacer humano.

7.3. MOODLE

La plataforma Moodle, que usamos (versión 1.9) ofrece los roles de: administrador, creador de cursos, profesor, profesor no editor, alumno, invitado, persona registrada. Estos roles son posibles de asignar a usuarios en distintos niveles de la plataforma. Moodle ofrece también la posibilidad de definir nuevos roles y configurar sus permisos. En este apartado nos referiremos a los roles que permite la plataforma a nivel de curso.

Algunas de las características que se destacan de Moodle son las siguientes:

- Es apropiado para las propuestas enteramente en línea y para complementar la modalidad presencial.
- Tiene una interfaz de navegación sencilla, ligera y eficiente.
- La mayoría de las áreas de introducción de texto (recursos, mensajes de los foros, entradas de los diarios, etc.) pueden ser editadas usando un editor HTML tan sencillo como cualquier editor de texto de Windows.
- Un profesor tiene control total sobre todas las opciones de un curso.
- Permite elegir entre varios formatos de curso: semanal, por temas y social.
- Ofrece una serie de actividades para los cursos: consulta, tarea, diario, chat, foro, glosario, wiki, cuestionario y taller entre otros.
- Las calificaciones, que reciben los alumnos en sus actividades pueden verse y descargarse como un archivo con formato de hoja de cálculo.
- Crea un registro completo de los accesos del usuario. Se dispone de informes de la actividad de cada estudiante, con gráficos y detalles sobre su paso por cada módulo (último acceso, número de veces que lo ha leído) así como también de una detallada "historia" de la participación de cada estudiante, incluyendo mensajes enviados, entradas en el diario, etc.
- Integración del correo: Pueden enviarse por correo electrónico copias de los mensajes enviados a un foro, los comentarios de los profesores, etc. en formato HTML o de texto.
- Los profesores pueden definir sus propias escalas para calificar.
- Los cursos se pueden empaquetar en un único archivo comprimido utilizando la función de "Copia de seguridad", la cual puede ser restaurada en cualquier servidor.
- Concebido desde una pedagogía constructivista social (colaboración, actividades, reflexión crítica, etc.).

7.3.1. Los roles en Moodle

En el entorno Moodle, hay distintos roles según el mismo, el usuario tendrá diversos accesos y permisos. Podríamos destacar tres roles fundamentales. El Rol

'Profesor' es uno de ellos, los otros dos son 'Administrador' y 'Estudiante'. Dichos roles controlan quién puede acceder a determinadas áreas específicas de Moodle. Por lo tanto:

- Un Administrador: puede hacer casi todo e ir a cualquier parte dentro de Moodle.
- Un Profesor: tiene control sobre un curso específico dentro de Moodle y la actividad de los Alumnos que están inscriptos en él.
- Los Alumnos: son los participantes de un curso.

El rol 'Profesor' (y 'Alumno') está unido a un Curso específico en Moodle. Ser 'Profesor' en un curso no da privilegios extra en otro; debe ser explícitamente añadido al curso como 'Profesor', añadido como 'Alumno', o no se tendrá acceso de ninguna otra forma.

La plataforma nos brinda para actuar dentro de un curso los roles de profesor y profesor no editor. Los administradores dentro de un curso pueden agregar personas con rol menor o igual a 'Profesor'. Los roles superiores a ´Profesor´, que son 'Administrador' y 'Creador de curso', dentro de un curso no tienen diferentes permisos que el de ´Profesor´, salvo los que ya hemos destacado, por lo cual no cabe hacer el análisis para todos ellos pues se repetiría lo que corresponde a ´Profesor´.

Los alumnos son quienes realizan las actividades que están propuestas en los cursos.

7.4. CARACTERÍSTICAS DEL CURSO MOODLE IMPARTIDO EN EL PROYECTO CGC WEB 2.0

Durante la planeación de los cursos a dictarse, en el marco del proyecto CGCWeb2.0, "Capacitación y Gestión del Conocimiento con Herramientas Web 2.0 para Docencia Universitaria, Gestión Administrativa y Educativa y Desarrollo Profesional Continuo en Argentina, Chile y Ecuador" (código A/024521/09), se incluyó "Introducción al diseño y administración de aulas virtuales en Moodle" por considerarse importante ya que toda la oferta se realizaría sobre dicha plataforma.

Es un curso de nivel introductorio en el que los cursantes aprenden a crear y gestionar un curso Moodle en un contexto crítico y reflexivo acerca del uso de la tecnología en educación.

Este curso ya se estaba dictando en otro Proyecto de Investigación dirigido por uno de los miembros del equipo de proyecto mencionado en el párrafo anterior. Al curso original se realizaron adaptaciones para ser impartido en este contexto.

7.4.1. Planificación

Los objetivos propuestos en este curso fueron:

- Brindar a los participantes conocimientos y desarrollar habilidades específicas para crear y administrar cursos desarrollados en la plataforma Moodle.
- Adaptar las funcionalidades de Moodle en función a la estrategia didáctica elegida para sus cursos.
- Crear aulas y gestionar cursos virtuales en la plataforma Moodle.

7.4.2. Destinatarios

El curso está especialmente orientado a tutores y profesores de formación virtual, pedagogos, diseñadores instruccionales y de contenidos, líderes de proyectos de e-learning y coordinadores de formación, como así también a todas las personas interesadas en las tecnologías de información como una alternativa para hacer más eficiente sus actividades, cualquiera sea el ámbito en que se desempeñan.

7.4.2.1. Pre-requisitos

Los estudiantes deben tener conocimientos previos de:

- Computación básica.
- Acceso a Internet.
- Manejo de correo electrónico

7.4.2.2. Duración

Duración: 8 semanas, 80 horas.

7.4.2.3. Convocatoria

La convocatoria es realizada a través de los portales de las Universidades participantes (UNPJB de Argentina, Escuela Superior del Ejército de Ecuador, Universidad de Concepción de Chile y Universidad Nacional de Educación a Distancia de España) y mediante listas de e-mail.

Requerimientos técnicos mínimos

- Acceso a Internet
- Navegador Web: Microsoft Internet Explorer 7 o superior, Mozilla Firefox 3.0 o superior, no se recomienda el uso de Google Chrome ya que en el mismo no se visualiza el menú del editor de texto.
- Video y Sonido:
  - Tarjeta de sonido debidamente configurada.
  - Plug-in Flash Player.

7.4.2.4. Modalidad

El curso es online y es impartido mediante la herramienta de e-learning Moodle.

La participación puede ser en cualquier horario del día, de acuerdo a la disponibilidad de cada uno. Se ha previsto un mínimo de 8 horas semanales de dedicación.

Esta modalidad a distancia es básicamente asincrónica, el autoestudio es complementado con actividades y foros proactivos coordinados por el profesor-tutor.

Los foros, además de servir de espacio para conocerse y socializarse, cumplen importantes funciones pedagógico-didácticas:

- Constituyen un lugar para la presentación de las dudas, consultas y opiniones críticas de los alumnos.
- Brindan un espacio para la discusión, coordinada por el tutor, de los temas tratados en los módulos.
- Son el principal punto de generación de retroalimentación (feed back) entre profesores-tutores y alumnos y alumnos entre sí.
- Son el lugar para el aprendizaje entre pares.

7.4.2.5. Evaluación

La evaluación toma en cuenta la participación activa en todas las propuestas de trabajo: la intervención y aportación en foros 20% (20 puntos) y la ejecución de actividades explicitadas como tareas 80 % (80 puntos).

Los participantes aprobarán el curso con una calificación superior o igual al 70% (70/100).

7.4.2.6. Certificación

Al finalizar el curso los participantes que hayan cumplido los requisitos de aprobación reciben un Certificado emitido por el proyecto A/024521/09 "Capacitación y Gestión del Conocimiento con Herramientas Web 2.0 para Docencia Universitaria, Gestión Administrativa y Educativa y Desarrollo Profesional Continuo en Argentina, Chile y Ecuador". Además, los participantes de Argentina, Chile y Ecuador reciben un Certificado avalado por la Universidad de su respectivo país que integra el Proyecto A/024521/09.

7.4.3. Programa del curso

El curso está estructurado en los módulos que se describen a continuación
MÓDULO 0: Inducción al Curso

Módulo introductorio en el que se establecen lazos formales e informales de comunicación y se dan a conocer de manera detallada: el temario del curso, la modalidad de trabajo, las actividades a desarrollar, las evaluaciones, los plazos, etc.

Las tareas de este módulo no tienen valoración.

Duración: 1 semana

MÓDULO 1: Introducción

El objetivo de este módulo es que comiencen a familiarizarse con el entorno.

Temario: Qué es Moodle. Bloques. Configurar el curso. Recursos y Actividades. Qué es el perfil. Cómo llenar el perfil. Opciones.

MÓDULO 2: Foros

En este módulo se inicia la experiencia en el rol de Profesor y se aprende a usar el foro como herramienta de comunicación con los alumnos y entre pares.

Temario: Herramientas de comunicación. Foros virtuales como estrategia de aprendizaje. Configuración de los distintos tipos de foro.

MÓDULO 3: Contenidos

En este módulo se aprende a generar recursos en la plataforma, desde el rol de profesores para lo cual se trabaja en forma grupal en un proyecto de creación de recursos para un tema.

Temario: Creación de carpetas. Etiquetas. Archivos de texto. Páginas Web. Editor HTML. Enlazar archivos o páginas Web.

MÓDULO 4: Calendario

Se presenta a la herramienta Calendario como ayuda a la temporalización de los sucesos del curso y se aprende a configurar los distintos tipos de eventos.

Temario: El calendario. Definir eventos de distintos tipos. Uso didáctico del calendario

MÓDULO 5: Roles

Se identifican los roles básicos que ofrece la plataforma Moodle y se asignan diferentes roles.

Temario: Roles en Moodle 1.9. Definición y permisos. Funciones dentro del aula.

MÓDULO 6: El glosario

Se aprende a generar un glosario, es decir, un diccionario de términos.

Temario: Concepto. Definición. Opciones de configuración. Usos.

MÓDULO 7: Tareas
Esta actividad de Moodle es la más utilizada ya que permite que los alumnos suban a la plataforma sus producciones. El objetivo es que dar a conocer los distintos aspectos de configuración y desarrollar habilidades para definir tareas.
Temario: Concepto. Definición Opciones de configuración. Definir escala de evaluación. Creación de nueva escala.

MÓDULO 8: Resguardo
En este módulo se resalta la importancia del resguardo de la información (Backup), se aprende a realizar una copia de seguridad y a restaurar un curso a partir de la misma.
Temario: Generación de copias de seguridad del curso. Restaurar un curso a partir de la copia de seguridad. Reiniciar un curso.

7.4.4. Características de la experiencia

En el año 2010, en los meses de agosto a octubre, se dictó una versión del curso introductorio de Moodle.

Se tuvo una inscripción de 139 postulantes de distintos países de Latinoamérica y España, 10,1% proveniente de Argentina, 60,4% de Chile, 24,8% de Ecuador, 4,0% de España y 0,7% de otros países latinoamericanos.

Se abrieron tres aulas virtuales, denominadas A, B y C, con un total de 9 tutores y un coordinador general que permitieron atender adecuadamente a dicha cantidad de alumnos. El acompañamiento brindado por el equipo de tutores, de manera especial en la primera fase del curso, permitió resolver rápida y oportunamente las dificultades presentadas.

Teniendo en cuenta a los alumnos que ingresaron alguna vez al curso se tuvo un 59% de aprobados, es decir a los fines estadísticos no se tuvo en cuenta aquellos alumnos que nunca entraron al curso.

Al finalizar el curso se realizó una encuesta relacionada a los distintos aspectos: relevancia del curso, pensamiento reflexivo, interactividad, apoyo del tutor, apoyo de compañeros e interpretación. A continuación se muestran los gráficos obtenidos en cada una de las aulas con las respuestas a la encuesta realizada.

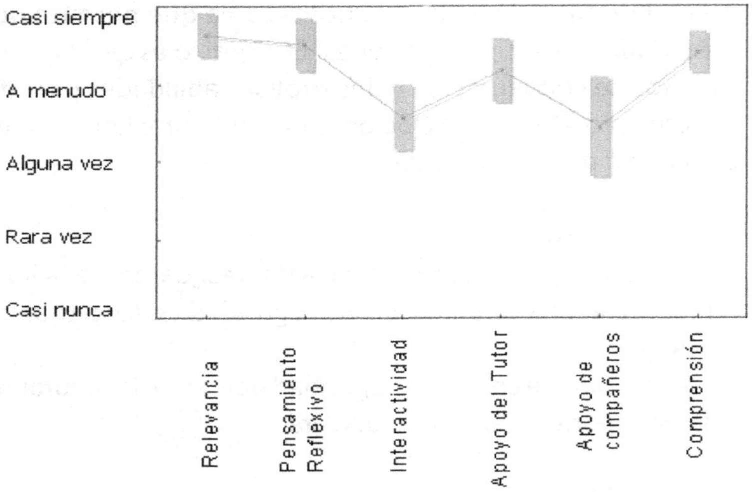

Figura 9. Resumen de la encuesta tomada en el aula A.

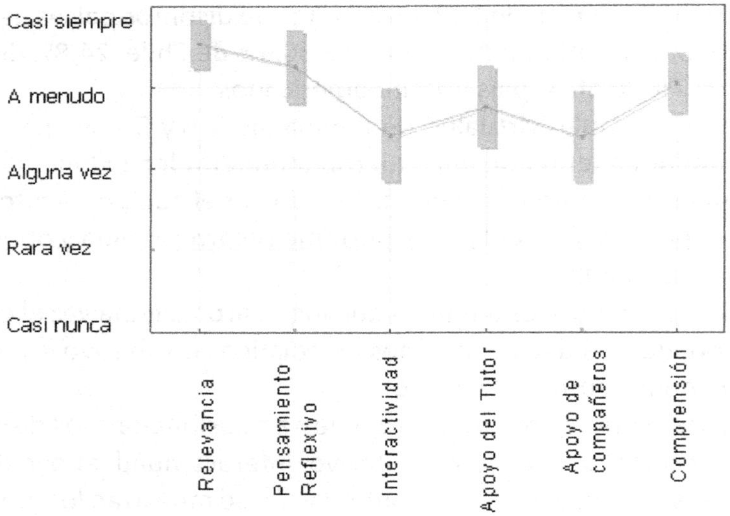

Figura 10. Resumen de la encuesta tomada en el aula B.

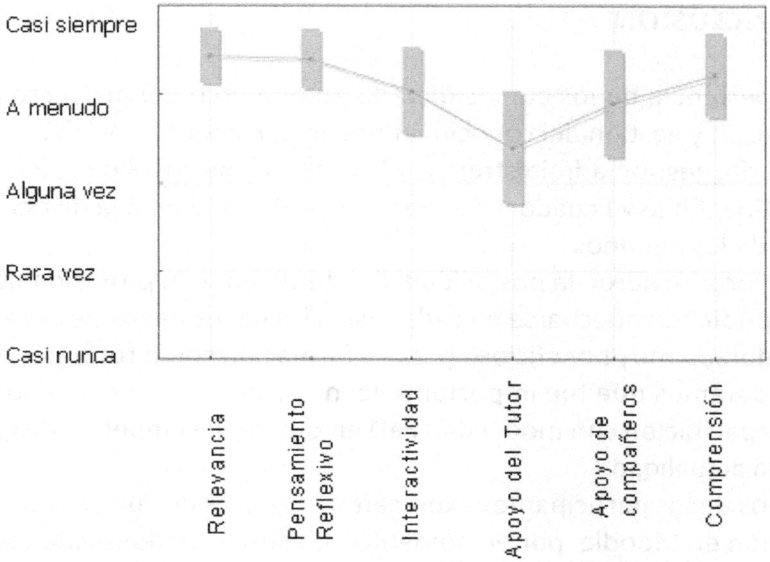

Figura 11. Resumen de la encuesta tomada en el aula C.

En las figuras 9, 10 y 11 se muestran los gráficos de las encuestas. Se aprecia que las opiniones respecto a las características evaluadas fueron muy parejas.

Las expresiones verbales que agregaron alguno de los alumnos fueron:

"Felicitaciones a los tutores, aunque las respuestas en los foros se demoran, pero están dispuestos a contestar cualquier duda"

"Muchas gracias. Muy buen curso. He aprendido mucho"

"Muchísimas gracias por la oportunidad"

"Excelentes tutores, sigan adelante muy interesante el curso"

"Muy interesante y práctico el curso"

"Gracias y felicitaciones por el curso"

"Muchas gracias por todo"

"Interactividad: la mayor interacción con otros estudiantes creo que se da en el grupo"

"Un aspecto que como estudiante se percibe con intensidad, es la respuesta oportuna de los tutores en los foros, que en este curso estuvo muy bien cubierta"

"Particularmente estoy muy conforme con lo aprendido en el curso!!"

"El curso excelente, los tutores muy bien, el material muy pertinente"

"Me gustaría seguir participando si se da en un segundo nivel"

"Quedo muy agradecida, del apoyo, la calidad profesional y personal, tanto de tutores como compañeros"

"Muchas Gracias!! Saludos

"Muy interesante el curso, y el aprendizaje a través de la plataforma"

7.5. CONCLUSIÓN

La experiencia de los cursos dictada en el marco del proyecto A/024521/09 "Capacitación y gestión del conocimiento con herramientas Web 2.0 para docencia universitaria, gestión administrativa y Educativa y desarrollo profesional continuo en Argentina, Chile y Ecuador" fue muy particular debido a la diversidad de la procedencia de los alumnos.

Los tutores tuvieron la posibilidad de interactuar con profesionales de distintos orígenes pudiendo adecuarse en cada caso a las necesidades de cada grupo, lo cual fue considerado muy beneficioso para su formación como tutores.

Consideramos que fue importante la inclusión de este curso por la tendencia hacia la capacitación con modalidad EaD en que se desempeñan distintos profesionales en la actualidad.

Muchos de los participantes expresaron el interés de cursar el segundo nivel de capacitación en Moodle, por el momento no estuvo contemplada esta posibilidad. En un futuro proyecto, es posible ofrecer dicha capacitación.

7.6. REFERENCIAS

Adell, J; Castellet, J. M.; Pascual, J. (2004). Selección de un entorno virtual de enseñanza/aprendizaje de código fuente abierto para la Univerditat Jaume I. Centro de Educación y Nuevas Tecnologías UJI.

Badía, A. y Barberá, E. (2002). Hacia el aula virtual: actividades de enseñanza y aprendizaje en la red. Web DIM.

Chan, M. E. (1999), "Educación a distancia y competencias comunicativas", en Revista La Tarea; núm: 11, junio, disponible en línea: http://www.latarea.com.mx/articu/articu11/mechan11.htm Fecha consulta 15-05-11.

García Aretio, L. (Coord.); Ruíz Corbella, M.; Domínguez Figaredo, D. (2007). De la educación a distancia a la educación virtual. Barcelona: Ariel.

Gergen, K. (1985) The Social Constructivist Movement in Modern Psychology. American Psychologist.

Martínez, E y Zea, E (2004): "Estrategias de enseñanza basadas en un enfoque constructivista", *Revista Ciencias de la Educación*, Año 4-Vol. 2, Nº 24 Valencia, Julio-Diciembre 2004.

Moreno C. (1999), "Recomendaciones para el desarrollo de programas en educación a distancia" *Revista La Tarea*; num. 11-Junio, disponible en línea en: http://www.latarea.com.mx/articu/articu11/moreno1_11.htm Fecha consulta 15-05-11.

Tagua M. (2008). "Plataformas virtuales en la Universidad: una experiencia con Moodle", Jornadas de Ciencias Económicas.

Rodríguez Villamil, H.(2008) "Del constructivismo al construccionismo: implicaciones educativas" en *Revista Educación y Desarrollo Social*, Bogotá, Colombia - Volumen II - No. 1 - Enero - Junio de 2008.

CAPÍTULO 8. WEB 2.0 Y EDUCACIÓN

KARINA LORENA CELA ROSERO[1], CECILIA MILENA HINOJOSA RAZA[2]
[1,2]*Escuela Politécnica del Ejército, Ecuador*
[1]*klcela@espe.edu.ec*, [2]*cmhinojosa@espe.edu.ec*

Resumen. Este capítulo trata sobre la Web 2.0, sus características y aplicaciones en el ámbito educativo. Se enfoca en los blogs y wikis como herramientas representativas de la Web 2.0, se identifican sus aportes, limitaciones, posibles escenarios en los que pueden contribuir de manera directa en entornos educativos.
Se expresan las características sobre las tecnologías de la información y la comunicación en el Ecuador, como se han implementado en la actualidad y su previsión a futuro. Por otra parte, se comparte una experiencia de inclusión tecnológica ejecutada en el marco del proyecto financiado por la Agencia Española de Cooperación Internacional para el desarrollo AECID, A/024521/09 - Capacitación y gestión del conocimiento con herramientas Web 2.0 para docencia universitaria, gestión administrativa y educativa y desarrollo profesional continuo en Argentina, Chile y Ecuador. Esta acción realizada en el Cantón Rumiñahui de la provincia de Pichincha, representa un aporte a la inclusión tecnológica en el Ecuador. Finalmente se expresan detalles sobre los objetivos, metodología y resultados del taller.
Palabras Clave: Web 2.0, proyectos educativos, Ecuador, inclusión tecnológica, cooperación interuniversitaria.

8.1. INTRODUCCIÓN

El desarrollo del microchip (1958), del Internet (Estados Unidos, red Arpanet, 1969), y el desarrollo de la Web han impulsado el vertiginoso avance de la tecnología. Estos hechos han repercutido en la vida cotidiana del ser humano, y lo han hecho en varias áreas: comunicación, socialización, comercio, educación, etc.

La tecnología se ha acoplado fácilmente a sus actividades en todos los ámbitos: social, comercial, educativo, médico, científico. La educación no podía quedar aislada a este suceso, debido a que brinda múltiples herramientas para ser incorporadas en el salón de clase: programas educativos, tutoriales, plataformas, herramientas, simuladores, etc.

> "La nueva sociedad del saber, supone un cambio y salto trascendente de escala en las técnicas y procedimientos de información y producción a cargo de las nuevas tecnologías (TIC), que determinarán nuevas modalidades de ocupación, preferentemente en el sector de servicios (información y gestión), en las tareas informatizables del sector industrial, y en mucho menor escala, en el sector primario, con inversiones en bienes de equipo en agricultura, minería y manufacturas derivadas del campo"
> (Ibáñez, 2007, pp. 243)

Este autor hace referencia a los múltiples cambios en la sociedad, como producto de la influencia de la tecnología. En efecto, actualmente existe una gama de herramientas que ofrece la Web, unas más complejas y otras más simples, en este universo de aplicativos se destaca la Web 2.0, denominada también Web social.

La Web 2.0 incluye un sin número de aplicaciones tales como: blogs, wikis, podcast, videocast, redes sociales, etc. que facilitan el intercambio y publicación de información, permitiendo a los usuarios participar de forma activa en la creación, generación, y socialización de contenidos en Internet.

El Internet se encuentra integrado, o se podría decir "incrustado", en las distintas áreas de la sociedad, y aunque se visualiza su influencia en el diario vivir, no se puede decir lo mismo de la escuela, dónde se ha acoplado tímidamente y sin alterar apenas la esencia de los procesos educativos tradicionales (García, 2005).

Por ello, es importante dotar a instituciones, educadores y, discentes, de las herramientas necesarias para aprovechar las bondades de la aplicación certera de la tecnología en el proceso enseñanza-aprendizaje.

8.2. MARCO CONCEPTUAL

8.2.1 Los aportes de la Web 2.0 en la educación

Los nexos de los profesores y la Web 2.0 se dan en primera instancia con la digitalización de sus contenidos, esto en un ambiente algo limitado denominado Web 1.0. Luego con el aparecimiento de la Web 2.0 los profesores tienen la posibilidad de interactuar directamente con contenidos, creándolos, compartiéndolos con sus pares, modificándolos y diversificando los medios utilizados: audio, video, imagen etc. dándole una nueva dimensión "social y participativa", Cobo y Pardo (2007).

Las características esenciales de la Web 2.0 expresan que: el usuario es un ente de construcción y elaboración de contenidos, la Web 2.0 es una plataforma que propicia una mayor participación por parte del profesor y del estudiante, denotándose de esta manera su característica "social".

La Web 2.0 desde el punto de vista educativo, permite crear un espacio de trabajo colaborativo y participativo, rompiendo así la jerarquización y la unidireccionalidad del aprendizaje... favorecen un tipo de aprendizaje colaborativo donde el conocimiento se construye entre todos los participantes y donde los profesores y los alumnos adoptan nuevos roles. Valero et al. (2007).

8.2.2 Aprendizaje basado en Web 2.0

Según Cobo y Pardo (2007), los aportes de la Web social se basan en la esencia de la Web 2.0: generar contenidos y compartirlos, por tanto, el aprendizaje se basaría en acciones de escritura, y tras ello las acciones de lectura, búsqueda de información, correcta expresión de ideas y semántica.

Por otra parte, el entorno web genera un conocimiento que puede ser compartido, distribuido, modificado, mejorado y que está siempre disponible para los usuarios, por ello, se lo puede considerar como un entorno rico en información.

Johnson (1992) en Cobo y Pardo (2007), sostiene que el conocimiento se genera bajo una continua negociación y no será producido hasta que los intereses de varios actores estén incluidos.

A continuación se detallan los aportes de algunas de las herramientas Web 2.0 en el ámbito educativo.

8.2.3 Herramientas Web 2.0

8.2.3.1 Edublogs

Este tipo de blogs tiene como principal objetivo apoyar un proceso de enseñanza-aprendizaje en un contexto educativo. Lara (2007, pp. 2)

La utilización de los blogs en la educación es muy variada y tiene multiples aplicaciones:

- Bitácora de actividades desarrolladas en el aula.
- Contenedor de información sobre una asignatura.
- Soporte de la formación del profesorado.
- Espacios de información especializada.
- Espacios de discusión e intercambio de información.

Baumgartner (2004) en Lara (2007), afirma que los weblogs tienen un potencial intrínseco para revolucionar la estructura organizacional de los entornos tradicionales de enseñanza. Su apertura y bidereccionalidad depende de la que defina el usuario, esto podría indicar que el usuario del blog tendría un especial interés por socializar con otros usuarios que utilicen esta misma herramienta.

O'Donnell (2005), sostiene que el blog combina dos principios: el de monólogo y diálogo, debido a que el creador del blog puede dialogar consigo mismo, o puede interactuar con quienes hagan comentarios en su blog. Este mismo autor sostiene que el blog es una forma de expresión de la opinión de nosotros mismos y de nuestro entorno. Es decir que el blog favorece la comunicación entre los alumnos, quienes se pueden integrar de acuerdo a sus intereses o aficiones, es por ello que actualmente en la Web se puede encontrar grupos de usuarios que comparten intereses de todo tipo: deportes, gastronomía, política, fotografía, periodismo, etc.

Farell (2005) identifica cinco usos de los blogs en el ámbito educativo:

1) Los profesores utilizan el blog para reemplazar las clásicas páginas web, con la diferencia que éste presenta una forma más simple, y fácil de utilización y de creación de contenidos en forma cronológica.
2) Tiene la capacidad de creación de temáticas en torno a un blog, esto hace que varios estudiantes o usuarios interesados en el mismo tema interactúen entre sí en torno a un interés común.
3) Los blogs son utilizados para organizar discusiones en clase, inclusive sería útil para los estudiantes que en clase se muestran tímidos, ellos tendrían una posibilidad de mayor participación escrita a través de los blogs.
4) Se utilizan los blogs para organizar seminarios de clase, y para proveer índices de lectura.
5) Serviría como herramienta para actividades de escritura en el aula.

Este mismo autor, afirma que el uso del blog con los estudiantes puede ser visto como una obligación impidiendo ser una forma de expresión natural y tornándose forzada, ya que después de terminar el período de estudios los estudiantes pueden dejar de aportar al blog, debido a que el curso terminó, es decir, en realidad no hubo una naturalidad al escribir sino que se lo hacía por la presión del profesor.

A continuación se describen los principales aportes del blog al medio educativo, según Lara (2005).

- El blog ayuda a la organización del discurso

La estructura de los weblogs permite la elaboración del pensamiento de una manera secuencial y otorga un alto grado de control sobre el discurso, debido a que se requiere presentar las ideas en forma secuencial y estructurada. El usuario tiene la posibilidad de publicar, editar, modificar, eliminar la información, estas opciones le dan la libertad e independencia de expresión al estudiante o al docente.

Esta herramienta sería muy útil para las actividades educativas que pretendan desarrollar destrezas que tengan que ver con expresión escrita y organización de ideas.

- Fomento del debate

El contenido del blog estará disponible permanentemente en la Web, en un ámbito público. Es utilizado como herramienta de comunicación, de socialización y de construcción del conocimiento. Es posible obtener mensajes de retroalimentación por parte de otros usuarios, lo que implica que el creador del blog deberá sustentar su pensamiento, deberá investigar y leer lo suficiente para dar una respuesta adecuada a los lectores.

El alumno puede recibir el feedback de otros participantes en el debate y tomar mayor conciencia de su propio aprendizaje, Ferdig y Trammell, 2004, citado por Lara (2005).

- Construcción de identidad

En el blog se construye una identidad que responde a las manifestaciones del autor en su actividad expresiva escrita, que va reflejada desde su título hasta las líneas que describen su comentario, los recursos y los enlaces que utilice. Por tanto, la identidad del usuario se va afirmando y desarrollando a medida que alimenta su blog, ya que a través de él se va delineando el tipo de pensamiento y la ideología que éste tiene.

- Creación de comunidades de aprendizaje

El blog brinda la posibilidad de una participación horizontal y equitativa entre sus contribuyentes, y puede propiciar el trabajo colaborativo.

La facilidad de creación de blogs permite que se generen redes orientadas a las preferencias de los usuarios, es así que existen actualmente un sin número de blogs en distintas áreas de interés, en las que se intercambia y comparte información, dando lugar a verdaderas comunidades de aprendizaje.

- Compromiso con la audiencia

El profesor deja de ser el único público objetivo, ya que al estar disponible en el Internet es susceptible de ser visitado por miles de usuarios, esto denota el carácter socializador de los blogs. El estudiante experimentará su alcance a través de varios indicadores de la respuesta que genere su blog a través de comentarios, cantidad de visitas, cantidad de suscriptores, etc. Por tanto, sentirá el compromiso de responder y retroalimentar su blog, esto lo encausará a tomar el rol principal de la aplicación de la cual es el principal autor.

- Documentación

Para preparar el blog el estudiante recurre a lecturas sobre el tema, esto quiere decir que realizará actividades de: búsqueda, selección, representación de ideas sobre un aspecto determinado, de esta forma se propicia la documentación sobre un tema específico, dependiendo de la calidad del blog, éste puede servir como referencia para otros usuarios.

- Medio de Socialización entre profesores y alumnos

Se desarrolla en un medio más dinámico, e informal, con la posibilidad de una libre comunicación, en cualquier tiempo. Por tanto esta herramienta sería propicia para los usuarios que prefieran socializar, comunicarse e interactuar con otros internautas.

- Mejoramiento de las técnicas de escritura

Esto puede ser la consecuencia de concentrar esfuerzos en la narración, dando mayor importancia al contenido que a la forma. Al ser un espacio público genera un sentido de responsabilidad en los alumnos, profesores o usuarios en general.

8.2.3.2. Wiki y educación

Un wiki es un medio que permite la recopilación de información, que puede ser modificado por varios usuarios a la vez. El uso educativo del wiki principalmente se orienta a: la participación de los alumnos en la elaboración de artículos como una web personal, base de datos de conocimiento del profesor, con contenidos concernientes a su asignatura, para formar comunidades virtuales de práctica, o puede ser utilizada como e-portfolio de estudiantes.

Según Gómez y Saorín (2006), la wiki propicia una dimensión de alfabetización informacional debido a que, el publicar contenido requiere de actividades como la documentación, lectura, contraste de fuentes de información, selección, y elaboración de contenidos.

Las wikis han sido utilizadas exitosamente en educación (Collaborative Software Lab, 2000; Guzdial, 1999 en Ren). De acuerdo a estas investigaciones se ha mostrado que profesores y estudiantes pueden desarrollar la creatividad a través de actividades innovadoras para el aprendizaje. Por ello, la wiki puede ser utilizada como herramienta que no sólo fomenta la socialización del conocimiento, sino que, ayuda a que este conocimiento sea generado en forma cooperativa, fortaleciendo la comunicación e interacción entre sus miembros.

El mismo autor, cita a Barton (2004) quien manifiesta que esta herramienta es efectiva para:

- Proyectos de aula que hagan referencia a formatos enciclopédicos, incluyendo instrucciones, manuales, glosarios.
- Un proyecto grupal con formato bibliográfico, los estudiantes pueden recolectar sitios relacionados con un tema, comentarlos, clasificarlos, y organizarlos.
- Presentación de cartas o discursos, estos documentos son utilizados a menudo en el mundo profesional de negocios, este sería un ejercicio que se acercaría a la realidad en la que el estudiante tendría que desenvolverse en el futuro.
- Creación de libros, los estudiantes deberían ser capaces de crear un texto con claridad semántica, con buena puntuación.
- Proyectos que requieran una autoría grupal.

8.2.3.3. Potencialidades pedagógicas del Wiki:

Las potencialidades del Wiki:

- Maximiza la interacción.
- Los wikis son democráticos, ya que cualquier usuario tiene la opción de participación y contribución.
- Trabajan en tiempo real, brindando información actualizada.
- Es una tecnología basada en texto, esto quiere decir que el texto es el principal elemento lo que conlleva mantener una buena calidad de contenido.
- Los wikis permiten la edición de documentos colaborativos, o de edición abierta.
- Los wikis trabajan en colaboración voluntaria, por cuanto el acceso es libre.
- Brindan el completo anonimato en la contribución.

8.2.3.4. Pautas para el uso del wiki:

De acuerdo a Pallof y Pratt (2007) para el uso del wiki hay que tomar en cuenta los siguientes aspectos:

- Comunicación y retroalimentación
- Interactividad y sentido de comunidad
- Debe haber una adecuada dirección para el encaminamiento al desarrollo de las actividades programadas en el curso.

8.2.3.5. Pautas para la calidad de la información residente en los wikis

Monsalud del Moral Villalba (2007), enuncia algunas pautas para garantizar la calidad del contenido de los Wikis:

- Responsabilidad
- Considerar el enfoque cultural
- Confianza e identidad
- Criterios de grupo
- Los permisos, o roles que se puede asignar a los miembros, tomar siempre en cuenta que existe la posibilidad de bloquear páginas
- Constante monitoreo de las colaboraciones.

8.2.3.6. Dificultades del uso del wiki

Obviamente el vandalismo siempre será un peligro para el contenido de un wiki, o para cualquier herramienta que permita la libre edición de contenidos, pero ante este tipo de acciones, el administrador tiene la posibilidad de restringir los accesos, y sobre todo al aplicarse en un ámbito educativo se tendrá plena conciencia de los usuarios que tienen acceso al wiki.

- Otro aspecto que se debe tomar en cuenta, es la sobrecarga informativa, debido a la contundente presencia del texto, por lo que se requiere una adecuada organización del contenido.
- Plagio y problemas con derechos de autor.
- El profesor tendrá que dejar el papel principal, y deberá coordinar adecuadamente el rol de cada participante.

Sánchez y Ruiz (2007) identifican otras dificultades del wiki, que tienen que ver con la problemática frente a su propia filosofía de libre contribución de contenidos:

- Puede sufrir actos de vandalismo por parte de los usuarios que borran contenidos con los que no están de acuerdo, e introducción de errores en forma intencional, contenido inapropiado u ofensivo.
- Hacer propaganda gratuita o proselitismo.

Estas desventajas pueden contrarrestarse con las siguientes acciones:

- Corregir rápidamente la página atacada
- Bloquear la dirección IP del agresor.
- Bloquear la página atacada para que no pueda ser modificada por usuarios anónimos.
- No permitir la edición de páginas sin estar registrados.
- En casos extremos bloquear temporalmente o de forma indefinida (aunque no es su filosofía) la base de datos de la wiki no permitiendo así ningún tipo de edición.

Tomando en cuenta lo anterior, la wiki podría ser una exitosa herramienta a utilizar en el aula, siempre y cuando se establezcan políticas claras a los contribuyentes y se definan los roles de los participantes.

8.3. EL ECUADOR FRENTE A LAS TIC

De acuerdo a los datos del último censo proporcionados por el Instituto Nacional de Estadística y Censos del Ecuador (INEC), desde el año 2006 al 2010 se ha evidenciado notablemente el desarrollo en la implementación y acceso a las telecomunicaciones y Tecnologías de la Información y Comunicación (TIC) en el Ecuador. Los avances en cuanto a los servicios de telecomunicaciones y la utilización de las TIC, a nivel nacional, mejoraron radicalmente, es por ello que, tres de cada 10 ecuatorianos utilizan Internet, esta cifra aumentó en más de medio millón de personas en apenas dos años.

El acceso a Internet se ha incrementado del 7,7% en el año 2009 al 11.8% en el año 2010. Según el Ministerio de Telecomunicaciones, la inversión estatal para la implementación de redes de Internet y todos los servicios en telecomunicaciones y tecnologías de la información fue de 400 millones de dólares.

El gobierno ecuatoriano ha proyectado invertir hasta el año 2013, 900 millones de dólares, sólo en el sector público, para incrementar la conectividad.

Del total de ecuatorianos que poseen Internet, el 50,4 % acceden a través de cable o banda ancha, mientras que el 6,3% de los hogares tienen Internet inalámbrico.

Por otra parte, el 23,4% de los hogares poseen un computador y el 7,7% tienen acceso a Internet.

Analizando el aspecto geográfico, en el segmento de los accesos fijos a Internet se refleja la polarización económica y geográfica del país: la provincia de Pichincha, específicamente Quito, se concentra el 45,4% de las conexiones fijas a Internet; mientras que Guayaquil, la ciudad más poblada del Ecuador, posee el 31,3% de los accesos. Es decir, que entre estas dos provincias se dividen el 76,75% del total de conexiones fijas a Internet del país.

Para los ecuatorianos, la razón más importante para utilizar el Internet es la educación y el aprendizaje con un 40% de los encuestados. Mientras el 27,2% lo hace para obtener información y el 22,4% lo hace para comunicarse.

En el Ecuador se han realizado numerosos proyectos e iniciativas relacionadas con la implementación tecnológica en varias áreas, todos ellos encaminados a mejorar la calidad de la educación y la disminución de la brecha digital. Uno de ellos es el proyecto financiado por la Agencia Española de Cooperación Internacional para el desarrollo AECID, A/024521/09 - Capacitación y gestión del conocimiento con herramientas Web 2.0 para docencia universitaria, gestión administrativa y educativa y desarrollo profesional continuo en Argentina, Chile y Ecuador. En el marco de este proyecto, con la participación de la Universidad Nacional a Distancia (UNED), Universidad de la Concepción, Universidad San Juan Bosco de La Patagonia y la Escuela Politécnica del Ejército. Esta iniciativa se desarrolló considerando la importancia de la implementación y uso de las tecnologías especialmente en el ámbito educativo y profesional.

Los diferentes actores sociales: gobierno nacional, gobiernos seccionales, organizaciones no gubernamentales, empresas privadas se encuentran trabajando con el fin de mejorar el equipamiento computacional de las instituciones educativas, acceso a Internet y otras actividades tendientes a elevar la calidad de la educación en el Ecuador.

Los esfuerzos se han orientado prioritariamente a la dotación de equipamiento y acceso a Internet, quedando en segundo plano el desarrollo de material educativo propio de la realidad ecuatoriana, esto es, acorde a un país multiétnico y multicultural, otro tema que requiere de mayor atención es la capacitación a los docentes, tanto para la inclusión de la tecnología en el currículo, como para el uso de metodologías que guíen el desarrollo de contenidos.

8.4. LA EXPERIENCIA DE FORMACIÓN EN TIC EN EL CANTÓN RUMIÑAHUI

El cantón Rumiñahui pertenece a la provincia de Pichincha, y es uno de los más pequeños de esta provincia y del Ecuador. Su superficie es de 137,2 Km^2, posee tres parroquias una urbana: Sangolquí, y dos rurales: Cotogchoa y Rumipamba.

En este cantón se desarrolló el taller "Web 2.0 para educadores", una iniciativa de formación en tecnologías de la información y comunicación, en el marco del proyecto *"Capacitación y Gestión del Conocimiento con Herramientas Web 2.0 para Docencia Universitaria, Gestión Administrativa y Educativa y Desarrollo Profesional Continuo en Argentina, Chile y Ecuador".*

Algunas de las motivaciones para ejecutar este taller fueron:

- Concientización sobre el aporte que debe brindar la Universidad a la sociedad (vinculación universidad – sociedad).
- Necesidad de compartir las buenas prácticas con las instituciones educativas del Cantón.
- Ánimo de fortalecer el talento humano que educa a los niños y jóvenes del cantón Rumiñahui.

8.4.1. Destinatarios

Los destinatarios del taller fueron los profesores de las instituciones de educación primaria y secundaria del sector público y privado. Entre las instituciones participantes del taller:

- Escuela Carlos Larco
- Escuela Dr. Alberto Acosta Soberón
- Colegio Julio Matovelle
- Escuela Cotogchoa
- Colegio Juan Pio Montúfar
- Colegio Juan de Salinas
- Colegio. Jacinto Jijón Caamaño
- Colegio Técnico Dr. Telmo Hidalgo
- Colegio Particular Educar
- Escuela Fiscal Mixta 31 de Mayo
- Jardín Marieta de Veintimilla

8.4.2. Objetivos

Los objetivos fueron:

- Identificar la utilidad de las herramientas Web 2.0 en el campo educativo.
- Determinar las características y condiciones necesarias para la utilización del blog como un recurso digital de difusión de información.
- Identificar las fuentes de contenidos y recursos educativos útiles para el aula.

8.4.3. Temática del taller

Las temáticas contempladas durante esta capacitación se orientaron principalmente a la exposición y práctica de determinadas herramientas básicas necesarias para crear recursos educativos de calidad.

A continuación se detallan los temas desarrollados durante el taller:

- Internet
- Buscadores
- Web 2.0
- Bibliotecas digitales
- Repositorios de información
- Correo electrónico
- Video
- Blogs
- Redes sociales
- Recursos educativos para el docente en la Web.
- Material multimedia para el aula.
- Bases de datos digitales.
- Consideraciones sobre la calidad de contenido en la Internet.
- Generalidades sobre las herramientas Web 2.0

8.4.4. Metodología

La metodología que se siguió a lo largo del taller se basó principalmente en la práctica. Esto se logró con la colaboración de varios estudiantes de la carrera de Ingeniería de Sistemas de Informática de la ESPE quienes participaron como personal de soporte durante el taller, apoyaban al instructor y brindaban la asesoría necesaria a los profesores participantes ante dudas o inquietudes.

8.4.5. La organización y ejecución

Este curso – taller fue apoyado por varias unidades de la Escuela Politécnica del Ejército: Unidad de Desarrollo Educativo, Departamento de Ciencias de la Computación, Unidad de Vinculación con la Colectividad y la carrera de Ingeniería en Sistemas de la Informática.

Las inscripciones al evento se registraron a través de comunicados oficiales a las instituciones educativas públicas del cantón Rumiñahui y la acogida fue bastante amplia.

Se impartieron dos ediciones de los talleres, y se desarrollaron durante dos sábados de 08h00 a 16h00.

8.4.6. Los resultados

Los resultados se determinan en varias dimensiones: 236 profesores valoraron y experimentaron directamente con herramientas Web 2.0, y TIC en general para la educación. Muchos de ellos "migrantes digitales", lograron vencer la brecha existente entre las generaciones y las tecnologías.

A continuación se citan algunas reflexiones emitidas por los participantes después de haber finalizado los talleres:

> "Para mí, sinceramente, fue un curso de mucho interés y provecho para mí, personalmente y como parte de la educación. Como sugerencia, que sigan dando estos cursos, a profesionales, que realmente lo necesitamos para trabajar con nuestros alumnos, que en muchos de los casos saben más que los profesores. Lamentablemente si no nos actualizamos terminaremos siendo analfabetos digitales".
>
> Juan
>
> "Felicitar por la oportunidad de compartirnos sus conocimientos para nuestro mejoramiento profesional".
>
> Ana
>
> "Los cursos que se imparten son de suma importancia para el desempeño del maestro, mi opinión seria seguir participando en nuevos cursos.
>
> Un agradecimiento a la ESPE, autoridades, facilitadores y a todos quienes han hecho posible esta actualización docente, espero que en el futuro haya más capacitaciones".
>
> Martha

8.4.7. Evaluación del taller

Al finalizar el taller se realizó una valoración, de esta manera se podrán tomar insumos para futuros proyectos. A continuación se presentan los resultados:

1) El desempeño de los participantes fue:
   Muy bueno 52%
   Bueno 39%
   Medio 8%
   Bajo 1%
2) ¿Los temas tratados en el taller le ayudarán a mejorar en su trabajo?
   Mucho 92%
   Poco 8%
3) Los temas tratados en el taller le ayudarán en sus actividades personales?
   Mucho 90%
   Poco 10%
4) Luego del taller, ¿sus habilidades y destrezas en el uso de la tecnología han mejorado?
   Mucho 77%
   Poco 23%
5) Luego del taller: mis conocimientos de informática aumentaron:
   Mucho 79%
   Poco 21%
6) Luego del taller: mis conocimientos sobre Blogs mejoraron:
   Mucho 66%
   Poco 32%
   Nada 1%
   No responde 1%
7) Luego del taller: mis conocimientos sobre: Video (Youtube, teachertube) mejoraron:
   Mucho 64%
   Poco 33%
   Nada 2%
   No responde 1%
8) Luego del taller: mis conocimientos sobre: bibliotecas digitales, repositorios de información, mejoraron.
   Mucho 78%
   Poco 21%
   Nada 1%
9) Luego del taller: mis conocimientos sobre: búsqueda de información, recursos en Internet, mejoraron?

Mucho	85%
Poco	14%
Nada	1%

10) Considero que el uso de las TIC, es importante en el trabajo:

Mucho	95%
Poco	4%
Nada	1%

11) Considero que el uso de las TIC, es importante en la vida particular:

Mucho	89%
Poco	9%
Nada	2%

De manera general y de acuerdo a lo expresado en la encuesta se puede apreciar que el porcentaje de satisfacción es alto. Además las tecnologías de la información y la comunicación tienen una importancia alta en las actividades profesionales y personales, y que las herramientas ayudarán de alguna manera a mejorar la gestión del docente.

8.5. LA MIRADA HACIA EL FUTURO

Sin duda uno de los grandes retos de los países latinoamericanos es vencer las brechas existentes: sociales, económicas y sobre todo digitales. El aporte de este proyecto a un sector urbano rural del Ecuador, ha permitido trazar un camino que debe continuar. Es necesario que las universidades dialoguen con la sociedad, y aporten con su conocimiento y talento para mejorar la calidad de la educación. Nos queda la gran satisfacción de haber aportado y compartido con los profesores del Cantón Rumiñahui, quienes participaron activamente, con una actitud positiva y abierta.

Es importante además, que se sigan manteniendo los lazos de amistad y de trabajo entre los países que colaboraron durante este proyecto: España, Argentina, Chile y Ecuador. La sinergia creada entre las instituciones universitarias participantes de distintas nacionalidades, ha enriquecido directamente las experiencias y prácticas habituales sobre TIC, y sobre todo ha posibilitado la proyección a futuras colaboraciones y cooperaciones de tipo académico.

8.6. REFERENCIAS

Barros, D. (2007). Tecnologías de la inteligencia: gestión de la competencia pedagógica virtual. Madrid: Editorial Popular.

Bento, D., Oliveira, L., y Blanco, E. (2003). Uso de las TIC en la enseñanza superior, Ponencia.

Bertin, J. (2001). Des outils pour des langues : multimédia et apprentissage. Paris : Ellipses.

Cela, K. (2008). Web 2.0, estilos de aprendizaje y sus implicaciones en la educación. Universite Poitiers-France, UNED-España, Universidade Technica de Lisboa-Portugal.

Cobo, R., Pardo, K. (2007). Planeta Web 2.0. Inteligencia colectiva o medios fast food. Grup de Recerca d'Interaccions Digitals, Universitat de Vic. Flacso México. Barcelona / México DF.

Colás, P., Rodríguez, M., y Jiménez, R. (2005). Evaluación del impacto de las TIC en el aprendizaje del alumno, Universidad de Sevilla, Actas del congreso Nacional de Modelos de investigación educativa.

Farrell, H. (2005). "The Street Finds Its Own Use for Things," Crooked Timber, Recuperado de: http://www.crookedtimber.org/archives/0005-16.html

Fisser, P.H.G. (2001). Using information and communication technology: a process of change in higher education. Monografía.

García, S. (2007). La Web 2.0 y sus implicaciones en el mundo de la gestión de la información, Actas del VI workshop CALSI II

Gómez, J., Saorín, T. (2006). Alfabetizarse desde dentro en la Web2.0. Aprender a informarse y comunicarse en redes sociales. Educación y Biblioteca (156):pp. 131-135.

Instituto Nacional de Estadísticas y Censo INEC, Ecuador en cifras. recuperado de: http://www.ecuadorencifras.com/cifras-inec/main.html

Lara, T. (2007) Alfabetización digital con blogs. monográficos Observatorio tecnológico, CNICE. Recuperado de: http://observatorio.cnice.m-ec.es/modules.php?op=modload&name= News&file=article&sid=526

Ministerio de Telecomunicaciones, La Revolución Tecnológica democratiza los servicios a nivel nacional. Recuperado de: http://www.mintel.gob.ec/index.php?option=com_content&view=article&id=1113&catid=47.

Ministerio de Telecomunicaciones, Acceso a Internet aumentó 54,8 por ciento anual en septiembre. Recuperado de: http://www.mintel.gob.ec/ index.php?option=com_content&view=article&id=651:acceso-a-inter net-aumento-548-por-ciento-anual-en-septiembre&catid=60:historico-diciembre-2010&Itemid=115

Ministerio de Telecomunicaciones, Ecuador registra un incremento del 57% en el acceso a Internet. Recuperado de: http://www.mintel.gob.ec/ index.php?option=com_content&view=article&id=1113&catid=47.

Ministerio de Telecomunicaciones, 2000 millones de usuarios de Internet a nivel mundial. Recuperado de: http://www.mintel.gob.ec/index.php? option=com_content&view=article&id=1113&catid=47.

Monsalud, del M. (2007). Una herramienta emergente de la Web 2.0: la wiki. Reflexión sobre sus usos educativos, Revista iberoamericana de educación Matemática, Recuperado de: http://www.fisem.org/desca-rgas/9/Unio-n_009_010.pdf

O'Donnell, M. (2005). Blogging as pedagogic practice: artefact and ecology, BlogTalk conference paper, Sydney, 2005. Recuperado de http://incsub.org/blogtalk/?page_id=66

Palloff, R., Pratt, K., (2007). Building online learning communities: effective strategies for the virtual classroom. San Francisco. Editorial Jossey Bass.

Roig, J. (2007). La educación ante un nuevo orden mundial, España: Ediciones Díaz de Santos.

Sánchez, J., Ruiz, J. (2007). La construcción del conocimiento a través de las enciclopedias libres, I congreso internacional escuela y TIC IV forum novadors. Recuperado de: http://www.dgde.ua.es/ congresotic/public_doc/-pdf/2536.pdf

Valero, A., Cabello, J., Zayas, F., Lara, T., Cuerva, J. y Fernández C. (2007). MONOGRÁFICO: Blogs en la Educación - La nueva Web social: blogs, wikis, RSS y marcadores sociales. Recuperado de: http://recursostic.educacion.es/observatorio/web/ca/internet/recursos-online/528-monografico-blogs-en-la-educacion?start=6

PARTE III.
SINERGIAS CON OTROS PROYECTOS

CAPÍTULO 9. LAS TIC EN DOCENCIA, INVESTIGACIÓN Y COMUNICACIÓN

MABEL ÁLVAREZ
Universidad Nacional de la Patagonia San Juan Bosco, Argentina
[1]mablop@speedy.com.ar

Resumen. El capítulo refiere al Proyecto de Investigación "Potenciando la utilización de TIC en docencia, investigación y comunicación", de la Universidad Nacional de la Patagonia San Juan Bosco, en el que participan investigadores de tres universidades de la Patagonia Argentina. Se abordan en primer lugar las motivaciones que dieron origen al Proyecto, su contexto y las universidades participantes. Se considera luego la importancia del tema en el contexto actual de la Sociedad de la Información y el Conocimiento y sus implicancias en distintos ámbitos. Se hace referencia específica a la importancia que revisten las TIC para la información geoespacial y particularmente para las Infraestructuras de Datos Espaciales. Se mencionan luego las actividades del Proyecto orientadas a la educación formal, no formal e informal, como así también las sinergias establecidas con el Proyecto CGCWeb2.0 y con otras iniciativas. El capítulo concluye con reflexiones respecto a los avances logrados y a las líneas de acción en curso.
Palabras Clave: TIC, información geoespacial, educación formal, educación no formal, educación informal, sinergias.

9.1. MOTIVACIONES QUE DIERON ORIGEN AL PROYECTO

Entre las motivaciones que dieron origen al proyecto, se mencionan a continuación las relacionadas a la importancia del tema, las concernientes al interés por la región en la que está localizada la Universidad Nacional de la Patagonia San Juan Bosco y las concernientes a la formación de recursos humanos.

9.1.1 Motivaciones relacionadas con la importancia del tema

En la actualidad nos encontramos ante la denominada "Sociedad de la Información y el Conocimiento", en la que los avances científicos y tecnológicos han creado una nueva estructura social en la que la educación cumple un papel preponderante.

Las Tecnologías de la información y Comunicación (TIC) tanto como la Información Geoespacial forman parte de esta nuevo contexto, en el cual las actividades de docencia, investigación y comunicación hacen necesaria la formación en TIC y su aplicación a los ámbitos específicos.

Desde el Proyecto "Potenciando la utilización de TIC en docencia, investigación y comunicación" identificado como PI803, se planteó la necesidad de contribuir a la inserción de la cultura digital, fortaleciendo el empleo de las TIC en actividades de docencia, de investigación y de comunicación interna y externa de la comunidad universitaria.

9.1.2 Motivaciones en relación al interés para la región

La Universidad Nacional de la Patagonia San Juan Bosco tiene todas sus sedes en la Región Patagónica de Argentina, caracterizada por grandes extensiones de territorio y escasa población. Los avances en materia de TIC de los últimos años y la posibilidad de aplicarlos a docencia, investigación y comunicación en la región patagónica, constituyen una importante motivación.

Por las mismas razones de localización geográfica y lejanía de la Patagonia a los grandes centros urbanos, aportar al conocimiento y fomentar la utilización de bibliotecas digitales, libros electrónicos, repositorios de información, publicaciones científicas digitales, y otras fuentes a las que se tiene acceso a través de Internet, es un objetivo de este proyecto.

9.1.3 Motivaciones en relación a la formación de recursos humanos

La formación de recursos humanos constituyó una de las motivaciones para la formulación de este proyecto. El fortalecimiento de la UNPSJB en el contexto de las universidades requiere del incremento de proyectos de investigación que favorezcan la incorporación de recursos humanos, a nivel profesores, investigadores y alumnos. Asimismo este proyecto planteó sinergias con otros proyectos e iniciativas, que se concretaron como acciones conjuntas en varios aspectos, entre los que se destacan los referentes a la formación de recursos humanos.

9.2. OBJETIVOS Y METAS DEL PROYECTO

El Proyecto planteó como principal objetivo fomentar el empleo de TIC a través de:

- Utilización de espacios virtuales de enseñanza y aprendizaje, para distintos fines, entre ellos: aplicaciones en cátedras, experiencias inter-cátedras, proyectos de investigación.

- Utilización de herramientas de software libre.
- Participación en Listas de Distribución y otras formas de comunicación digital.
- Navegación e identificación de contenidos.
- Bibliotecas digitales.
- Compilación de contenidos de interés al Departamento de Geografía.
- Realización de publicaciones digitales.
- Diseño y puesta en operación de procesos que agilicen la gestión y/o favorezcan la comunicación.
- Contribución a la comunicación y difusión de Infraestructura de Datos Espaciales (IDE), al Ordenamiento Territorial (OT) y a Tecnologías de la Información Geográfica (TIG) en general y a establecer y fortalecer contactos con organizaciones relacionadas a estos temas.

El Proyecto planteó las siguientes metas:

- Formación de recursos humanos en el ámbito de la Unidad Ejecutora y destinatarios del Proyecto.
- Análisis que sustente la investigación, tanto en TIC, como en TIG, IDE y OT.
- Diseño, implementación y valoración de experiencias de cátedra e inter- cátedras, utilizando diversos medios de comunicación y herramientas.
- Compilación de contenidos virtuales y de acceso a bibliotecas digitales.
- Diseño e implementación de publicaciones digitales.
- Difusión de avances y de resultados del proyecto.
- Realización de informes de avance y final.

En el marco de los objetivos propuestos y las metas fijadas en el Proyecto se llevaron adelante las actividades en correspondencia con una o varias de las metas trazadas.

9.3. CONTEXTO Y UNIVERSIDADES PARTICIPANTES

Los avances de las TIC y fundamentalmente de Internet, las experiencias recogidas en proyectos de investigación previos y las nuevas tendencias de la educación, han motivado la continuidad de esta línea de proyectos, puesto que por la localización geográfica de la UNPSJB, constituyen además aportes significativos en los procesos de enseñanza y aprendizaje, en la investigación y en la relación con el medio externo a la Universidad, en un contexto, local, provincial, nacional e internacional.

Tanto la Información Geoespacial como las TIC, requieren de un umbral mínimo de alfabetización digital para que las personas puedan utilizarlas y sentir que les aportan en la solución de problemas de su vida cotidiana.

La prospectiva Argentina para el año 2020, expuesta en el año 2009, explicita las tendencias de las TIC en el país, y las Resoluciones de Cumbres Iberoamericanas relativas a la educación para la inclusión, el gobierno electrónico, la educación para la sostenibilidad, entre otros, orientan a potenciar bajo múltiples estrategias y acciones el uso de las TIC por parte de la población y el desarrollo de servicios apoyados en tecnologías (TIC, de Información Geospacial, etc.) cada vez más orientados al ciudadano.

9.3.1. Universidades participantes

La Unidad Ejecutora se integró con miembros de tres universidades de la región Patagónica de Argentina: La Universidad Nacional de la Patagonia San Juan Bosco, la Universidad Nacional del Comahue y la Universidad Nacional de la Patagonia Austral. Además de los investigadores el proyecto contó con dos asesores externos a la Unidad Ejecutora.

El período de ejecución del proyecto (de tres años), se inició el 01 de enero de 2009.

9.4. IMPORTANCIA DEL TEMA

Se aborda la importancia del tema desde: la Sociedad de la Información y el Conocimiento, las principales características de la sociedad actual, la prospectiva TIC de Argentina al año 2020, la Información Geoespacial y las Infraestructuras de Datos Espaciales, teniendo en cuenta en este contexto la educación formal, no formal e informal,

9.4.1. La Sociedad de la Información y el Conocimiento

> "Se afirma que actualmente vivimos en la Sociedad de la Información y el Conocimiento, se habla de gestión del conocimiento y de que para la inserción en el mundo laboral, se requiere cada vez más de conocimientos intensivos en un determinado campo del saber.
>
> La actual "Sociedad de la Información y el Conocimiento" se caracteriza por ser o pretender ser una sociedad que se basa en el conocimiento y que por ende requiere del conocimiento en forma intensiva.
>
> El conocimiento en general y, por lo tanto el conocimiento científico – tecnológico, forman parte de la vida diaria de las personas, incidiendo en sus hábitos cotidianos" (Álvarez 2011a).

Torres (2007) expresa:

> "La incorporación paulatina de la nuevas tecnologías en la sociedad, principalmente Internet, ha ido produciendo en ella continuas transformaciones, funda-

> mentalmente en la manera en que las personas piensan, actúan, se comunican... todo ello a raíz de la cantidad de información que puede ser puesta a disposición de las personas, la velocidad con la que puede ser transferida y la eficacia con que puede llegar a destino".

Esta situación llamada, brecha digital ha ampliado las fronteras entre los usuarios que hacen uso de la evolución tecnología y quienes no pueden hacer uso de las mismas.

Torres, asimismo considera:

> "Sin duda el nacimiento de Internet ha puesto al alcance de la mano el sistema telemático con más capacidad de flujo de información para la relación humana que hasta ahora se había conocido y será, por tanto, una oportunidad sin precedentes para dar respuesta a las necesidades de todas las personas, incluido los discapacitados y personas mayores".

Los requerimientos de la Sociedad de la Información y el Conocimiento, hacen necesaria también una comunicación de la ciencia y la tecnología, pensada para un público general.

9.4.2. Importancia del tema en el contexto de la sociedad actual

La sociedad actual puede caracterizarse como una sociedad en cambio permanente, global y acelerado en la que se producen cambios sustanciales en el campo de la ciencia y la tecnología y en la que los conocimientos se multiplican y se replantean constantemente.

Los rápidos y sorprendentes avances tecnológicos que tienen lugar en la época actual, ponen a disposición del gobierno y de la sociedad, múltiples medios, herramientas y aplicaciones que pueden ser de eficaz ayuda para la toma de decisiones. Dentro de estos avances, los que conciernen a las TIC y a la Información Geoespacial, constituyen el foco de atención de este proyecto.

Las TIC, ofrecen múltiples posibilidades de aplicación en docencia, investigación y comunicación, siendo necesario conocerlas, realizar experiencias y aplicarlas en escenarios concretos de intervención.

Ojeda Castañeada (2008) considera a la alfabetización digital como:

> "Una propuesta indispensable de formación para el ser humano, y que permite más allá de la pura obtención de conocimientos, competencias, capacidades, destrezas o habilidades para el manejo operativo de mecanismos, instrumentos o lenguajes tecnológicos de comunicación digital, la posibilidad de entender y generar mensajes comunicativos, reconociendo el contexto social donde se ubica y desde una creativa posición ciudadana reflexiva y crítica". (p.85)

9.4.3. Prospectiva TIC - Proyecto 2020

El Libro Blanco de la Prospectiva TIC - Proyecto 2020 (publicado por el Ministerio de Ciencia, Tecnología e Innovación Productiva de la República Argentina – MINCyT, año 2009), analiza ampliamente las perspectivas de desarrollo de las TIC en Argentina, en una serie de áreas, divididas en tres niveles. Las áreas tecnológicas o tecnologías básicas, las áreas de aplicación principales y las denominadas áreas transversales (analizadas como proveedoras de soluciones para las aplicaciones y las tecnologías). La Educación está incluida en las áreas transversales. En Educación y Recursos Humanos, analiza la situación y tendencias del mercado de trabajo para las TIC, la formación de recursos humanos (básica y media) y la formación para el trabajo.

El Libro trata, entre otros, tendencias generales en el desarrollo futuro de las TIC en el mundo y en Argentina. Los dos capítulos finales refieren a Recomendaciones de Acción y Conclusiones.

Sintetiza las características principales de las TIC hacia 2020, como: Tecnología centrada en las personas (pequeña, poderosa y barata) + Redes (de comunicación y sociales) + movilidad y ubicuidad (en cualquier lugar, en cualquier momento, de cualquier modo) + usabilidad (al alcance de todos, con todos los sentidos) + inteligencia (social, computacional y ambiental).

En las Conclusiones se postula que el futuro de las TIC en 2020 se encuentra más ligado a necesidades, aprendizajes y restricciones en el desarrollo económico y social, que a desafíos científicos y tecnológicos.

9.4.4. Importancia de las TIC para la Información Geoespacial y para las Infraestructuras de Datos Espaciales

La localización se ha transformado en un componente clave para la toma de decisiones en la vida cotidiana, por la evolución que han tenido la información geoespacial en forma específica y las TIC en general.

La evolución de la Información geoespacial, puede apreciarse mediante la multiplicidad de dispositivos para la captura de datos, de programas para su tratamiento, de herramientas y técnicas para la visualización, como así también a través de datos, productos y servicios, que con diversos grados de avance se observan a nuestro alrededor y en otros entornos.

Las computadoras y dispositivos auxiliares, cada vez ofrecen mayores prestaciones, generado avances sorprendentes en las últimas décadas, en una evolución que se acentúa más y más. Cada vez se cuenta con más satélites orbitando alrededor de la tierra, que han incrementado sustancialmente la disponibilidad de imágenes como así también su resolución y frecuencia.

Las iniciativas de programas de uso libre para la información geoespacial, han ampliado en forma notable las posibilidades de empleo de las tecnologías por parte de los países de menores recursos y la disponibilidad de información geoespacial de acceso abierto va ampliando las fronteras de este nuevo paradigma, en el que la información geoespacial va alcanzando progresivamente el estatus de un bien común de acceso público. Ya es visible en las políticas públicas de determinados países, el acceso abierto a datos geoespaciales de forma tal que las personas puedan utilizarlos libremente con programas de Sistemas de Información Geográfica y generar a partir de ellos nuevos productos y servicios.

En este contexto, Internet ha sido y sigue siendo vital, ofreciendo múltiples posibilidades en el contexto de las TIC y de la información geoespacial. Internet ha posibilitando la evolución de los Sistemas de Información Geográfica hacia las Infraestructuras de Datos Espaciales, que cuentan ya con más de 15 años de desarrollo e implementaciones alrededor del mundo.

Pero mientras toda esta evolución acontece, cambia y sorprende cada día al mundo, parte de su población permanece como un observador externo a estos cambios, sintiendo el peso abrumador de una tecnología que desconoce, que lo aisla y que le quita el poder de comunicarse, en la forma que aprendió no demasiados años atrás.

Quienes procedemos del ámbito de las ciencias relacionadas a la información geoespacial, hemos podido apreciar a través de su evolución, la importancia de las TIC en la formación de las personas, como medio para lograr el umbral básico para la comunicación, conocimiento y aprovechamiento de la Información Geoespacial.

La Información Geoespacial ha tenido una notable evolución, y la disponibilidad de Internet posibilitó el desarrollo de las Infraestructuras de Datos Espaciales, que han tenido una significativa evolución desde su inicio en 1996.

Las Infraestructuras de Datos Espaciales (IDE), han sido definidas para el contexto global del siguiente modo *"Una Infraestructura Global de Datos Espaciales abarca las políticas, tecnologías, estándares y recursos humanos necesarios para la efectiva recolección, administración, acceso, entrega y utilización de datos geoespaciales en una comunidad global"* (Coleman y McLaughlin, 1997).

En cuanto a los componentes de las IDE se menciona:

> "Una IDE incluye datos y atributos geográficos, documentación suficiente (metadatos), un medio para descubrir, visualizar y valorar los datos (catálogos y cartografía en red) y algún método para proporcionar acceso a los datos geográficos. Además, debe haber servicios adicionales o software para permitir aplicaciones de los datos. Para hacer funcional una IDE, también debe incluir los acuerdos organizativos necesarios para coordinarla y administrarla a escala regional, nacional y transnacional" Never (2001).

Respecto a las IDE, Rajabifard (2008) expresa *"IDE es un concepto dinámico, jerárquico y multidisciplinario que incluye personas, datos, redes de acceso, política institucional, normas técnicas y dimensiones concernientes a los recursos humanos"*.

Tanto las iniciativas IDE como las de Gobierno Electrónico, tuvieron su origen en las últimas décadas, y ambas tienen como objetivo facilitar la toma de decisiones y proveer accesiblidad y disponibilidad de productos y servicios mediados por TIC. Un estudio específico sobre este tema se desarrolla en (Álvarez et al, 2011).

El aprovechamiento por parte de la sociedad, de los datos, productos y servicios que ofrecen las Infraestructuras de Datos Espaciales, o los servicios que brinda el Gobierno Electrónico, requieren que las personas posean un conocimiento y dominio básico en las TIC.

Aspectos que vinculan las TIC con las Infraestructuras de Datos Espaciales, se abordaron en varios estudios que tuvieron lugar durante la ejecución del PI 803. Entre ellos el tema de formación en herramientas Web2.0 como forma de acercar las IDE a la sociedad en (Álvarez et al, 2010 a); las redes sociales y las herramientas Web2.0 como complementos para el desarrollo de IDE sociales, en (Álvarez et al, 2010b) y las redes sociales como medio de difundir las IDE en la sociedad, en (Álvarez et al, 2010c).

9.4.5. Actividades orientadas a la educación formal, no formal e informal

En el Proyecto PI803, se previó potenciar el empleo de TIC en ámbitos de educación formal, no formal e informal, consideradas como:

La *educación formal* incluye aquellos procesos de enseñanza-aprendizaje que tienen lugar en centros de educación o formación, con carácter estructurado y a cuyo término se obtiene un título o una certificación. El sistema educativo de un país se incluye dentro de esta categoría.

La *educación no formal* engloba aquellos procesos de enseñanza-aprendizaje que no son ofrecidos por centros de educación o formación; tienen carácter estructurado y el aprendizaje es intencional desde la perspectiva del alumno.

La *educación informal* comprende aquellos procesos de enseñanza-aprendizaje que acontecen en diversos ámbitos de la vida cotidiana.

En este contexto, las actividades concernientes a educación formal, se realizaron en cuatro asignaturas de Universidad, en las que se desempeñan como docentes, miembros de la Unidad Ejecutora del Proyecto; las mismas fueron complementadas en dos establecimientos de educación secundaria.

A través de actividades de educación no formal, tuvieron lugar las principales instancias de formación de los miembros de la Unidad Ejecutora.

Respecto a la educación informal y se realizaron aportaciones a diversas maneras, entre ellas:

- Aportaciones al Newsletter IDE Iberoamérica y al Boletín de Noticias Igeopat, ambas publicaciones digitales de libre distribución, la primera de edición mensual y la segunda de edición periódica.
- Creación de un video para difusión de las carreras que se imparten en el Departamento de Geografía de la UNPSJB, en el que es destacable el trabajo colaborativo realizado y las aportaciones recibidas de parte de docentes y alumnos.
- La participación en iniciativas internacionales viculadas a IDE.

En un estudio realizado sobre educación y TIC en Argentina en 2011, durante la ejecución del PI803 se concluye que: La legislación educativa vigente, da un amplio marco para el fortalecimiento de la educación formal, como así también para la educación no formal e informal (Álvarez 2011b).

9.5. SINERGIAS ESTABLECIDAS CON EL PROYECTO CGC WEB2.0 Y CON OTRAS INICIATIVAS

Las principales sinergias establecidas entre el Proyecto PI 803 y otros proyectos e inicitivas, se materializaron con el Proyecto A/024521/09 "Capacitación y Gestión del Conocimiento con Herramientas Web 2.0 para Docencia Universitaria, Gestión Administrativa y Educativa y Desarrollo Profesional Continuo en Argentina, Chile y Ecuador" - CGC Web2.0. Las mismas se establecieron de la siguiente forma:

- Se incluyó explícitamente el vínculo entre ambos proyectos en el texto de la propuesta del Proyecto CGCWeb2.0
- Una vez aprobado el Proyecto CGCWeb2.0, se concretaron las sinergias entre ambos a través de sus actividades, cuyos resultados se tradujeron en una agregación de valor a las actividades específicas previstas en cada uno de ellos.
- El período de ejecución del Proyecto PI 803, permitió la creación de sinergias con el CGC Web2.0, durante todo su período de ejecución, las que se documentaron en incluyeron en los informes relativos a los resultados de ambos proyectos.
- Asimismo se crearon sinergias con el Proyecto AECID A/8-108/07, "Aplicación de Tecnologías de la Información y Comunicación para el desarrollo de Capacidades Institucionales de Gestión de Comunidades Rurales de la Patagonia Argentina", que finalizó en el primer semestre de 2009. Se hizo también referencia explícita a la creación de sinergias con la Acción Preparatoria "TIC y formación Web 2.0 para inclusión social y desarrollo sostenible", formulada y presentada ante la AECID en junio de 2011.

Otras iniciativas con las cuales se desarrollaron sinergias corresponden a:

- La Sociedad Geoespacial Internacional (IGS), a partir de junio de 2009 y en forma más intensiva desde mayo de 2010. La *Sociedad Geoespacial Internacional* (IGS por su sigla en inglés) es una iniciativa de la *Asociación GSDI (Global Spatial Data Infrastructure)* para establecer y apoyar a la comunidad internacional de especialistas y profesionales con intereses comunes en Infraestructuras de Datos Espaciales (IDE), SIG y otros temas geoespaciales. El objetivo fundamental es establecer y fortalecer las comunicaciones, a nivel internacional, entre personas que están vinculadas activamente con la promoción, desarrollo y avance de las IDE y los conceptos asociados. Mientras que sólo las organizaciones geoespaciales se pueden vincular a la Asociación GSDI, la IGS permite a las personas participar plenamente con sus pares de todo el mundo, aunque no pertenezcan a ninguna organización geoespacial.
- La Comunidad LainIDE, (Comunidad Latinoamericana de Infraestructura de Datos Espaciales), desde marzo de 2011. LatinIDE es una comunidad virtual, que agrupa a investigadores de 20 instituciones de 8 países (Argentina, Bolivia, Chile, Colombia, Costa Rica, Ecuador, Venezuela y Perú), en torno al trabajo investigativo y académico acerca de Infraestructuras de Datos Espaciales.

Potenciar el uso de TIC en "docencia, investigación y comunicación" tiene un amplio alcance. La ejecución de otros proyectos e iniciativas de ejecución simultánea amplían los cursos de acción e incrementan la interacción con otros investigadores y escenarios de intervención. Esto permite que determinados objetivos específicos del proyecto se vean enriquecidos a través de las posibilidades de interacción tanto en el ámbito nacional como internacional.

De igual modo se generan nuevas posibilidades de difusión de avances y resultados a través de la interacción con otros proyectos e iniciativas, haciendo posible además la optimización en el uso de los recursos a través de las posibilidades que brinda el trabajo sinérgico.

9.6. AVANCES LOGRADOS

El proyecto PI803, ha permitido potenciar el empleo de TIC en docencia, investigación y comunicación. Se mencionan a continuación, algunos de los avances logrados a través de las actividades llevadas adelante durante la ejecución del proyecto.

9.6.1. Docencia Universitaria

Entre los avances logrados en Cátedras de las carreras de Profesorado y Licenciatura en Geografía y Tecnicatura en Sistemas de Información Geográfica y

Teledetección, de la Facultad de Humanidades y Ciencias Sociales de la UNPSJB, se encuentran:

- Sitio Web de la Cátedra Cartografía de las Carreras de de Profesorado y Licenciatura en Geografía y para la Tecnicatura en Sistemas de Información Geográfica y Teledetección, cuya URL es: http://cartografiaunpsjb.jimdo.com/. Este sitio fue desarrollado a través de la versión gratuita de Jimdo, que se basa en su propio sistema de gestión de contenidos sin requerir conocimientos de html.
- Formación de Recursos Humanos e implementación de mejoras en las cátedras de: Sistemas de Información Territorial, Ordenamiento Territorial y Sistemas de Información Geográfica II, que cuentan con aulas virtuales implementadas en moodle. Se potenció la formación en TIC de los miembros de la Unidad Ejecutora del Proyecto, que pertenecen a la vez a los equipos de Cátedra. Entre estas formaciones, se encuentran: Objetos de Aprendizaje y su aplicación a la Cátedra de Sistemas de Información Territorial; estudios y experiencias en software libre; estudio, experiencias y utilización de bibliotecas digitales; fortalecimiento de capacidades en la gestión de aulas virtuales.

9.6.2. Docencia Secundaria

En este nivel educativo se llevaron adelante procesos de investigación, práctica y reflexión sobre aplicación de TIC en dos establecimientos de educación secundaria de la Ciudad de Trelew, Provincia del Chubut.

Dichas experiencias incluyeron:

- *Trabajo con Wikispaces*, con el objetivo de conocer su potencial para alojar materiales, links de consulta y bibliografía, generando un sitio amigable para el uso de los estudiantes.
- *Trabajo con Eduteka*, como sitio de interés para docentes que pretendan iniciarse en el conocimiento sobre el uso de las TIC en el aula.
- *Experiencias con recursos de Epals*, sitio donde los alumnos, profesores y escuela comparten material didáctico.
- *Trabajo con grupos creados en Google y Yahoo*, a fin de que los estudiantes conozcan las potencialidades de los grupos y puedan participar en los mismos.
- *Experiencias con Weblesson*, que puede definirse básicamente como un proyecto creado por un docente, para ser trabajado por sus alumnos.

Durante los ciclos en los que se trabajó con estudiantes de secundario, la mayoría de los mismos no contaban con equipos informáticos propios, situación que se verá revertida en el futuro, con la entrega de netbooks mediante el Plan Nacional de Argentina Conectar Igualdad.

9.6.3. Grupo de Investigación TIC e Información Geoespacial

Un Grupo de Investigación constituye un espacio concreto en el cual un conjunto de personas puede abordar determinadas líneas de investigación. En consecuencia llevar adelante investigaciones desde un Grupo es una aspiración que motiva, entre otros a los docentes -investigadores de universidades.

Las pautas establecidas en la ORD. C.S. Nº131/2009 de la UNPSJB, generaron ese año el marco legal bajo el cual se hizo posible proponer la Creación de un Grupo de Investigación, generándose así la oportunidad de dar una forma orgánica a un Grupo que tenía existencia de hecho. En este sentido se logró un marco apropiado para el fortalecimiento de las acciones que se venían realizando y para generar articulaciones con equipos de trabajo de la Universidad y de otros ámbitos, abocados a las áreas de *Tecnologías de la Información y Comunicación (TIC)* aplicadas a la educación formal, no formal e informal o en información o a la *información geoespacial* (comprendiendo Infraestructuras de Datos Espaciales, Sistemas de información Territorial, Sistemas de Información Geográfica y Ordenamiento Territorial, entre otros).

El contar con la creación formal del Grupo, amplía las oportunidades de participación y de obtención de recursos, pudiendo los investigadores que lo integran, emprender y llevar adelante acciones que requieren indefectiblemente de un Grupo conformado.

Durante el período de ejecución del Proyecto PI803, se concretó la creación del Grupo de Investigación TIC e Información Geoespacial, cuyas principales características se detallan a continuación.

9.6.3.1. Denominación de la Unidad de Investigación

Tecnologías de la Información y la Comunicación e Información Geoespacial

9.6.3.2. Especialidad

Los campos de las actividades a desarrollar comprenderán:

- Tecnologías de la Información y la Comunicación.
- Información Geoespacial.

9.6.3.3. Dependencia académica

Facultad de Humanidades y Ciencias Sociales.

9.6.3.4. Objetivos

El Grupo de Investigación tiene como objetivo desarrollar las siguientes temáticas y acciones:

Temáticas de investigación

- Tecnologías de la Información y Comunicación.
- Aplicación de TIC a docencia, investigación y comunicación.
- Infraestructura de Datos Espaciales.
- Sistemas de Información Territorial.
- Sistemas de Información Geográfica.
- Ordenamiento Territorial.
- Gestión de la información y el conocimiento.

Tipo de acciones a desarrollar

- Proyectos de Investigación.
- Proyectos de desarrollo y aplicaciones.
- Creación de sinergias con proyectos de otros responsables.
- Producción de contenidos para docencia, investigación y comunicación con fines de difusión, diseminación y divulgación científica.
- Aportaciones en distintos espacios virtuales: Listas de distribución, redes sociales, comunidades virtuales.
- Organización de eventos presenciales y/o virtuales.
- Participación en eventos presenciales y/o virtuales.
- Publicaciones destinadas a memorias de eventos, revistas científicas, libros, entre otros.
- Contribución a la educación formal, no formal e informal.
- Formación de recursos humanos.
- Contribución a la formación de capacidades y gestión del talento.
- Generación de proyectos para la incorporación de investigadores noveles, incluyendo alumnos.
- Gestión de financiamientos para la ejecución de proyectos u otras actividades.
- Potenciación de trabajos colaborativos en red.
- Participación de los miembros del grupo en capacitaciones orientadas a la formación personal de los miembros y a la aplicación de tales capacitaciones a actividades del grupo.
- Organización de videoconferencias, cursos online u otras acciones.
- Contribuir a la gestión para la suscripción de Convenios con Instituciones relacionadas a los objetivos y líneas de investigación del Grupo de Investigación.

- Interacción con instituciones académicas, científicas, organizaciones no gubernamentales, sector privado y sociedad civil, en temas de incumbencia del Grupo de Investigación.

9.6.4. El Grupo de Investigación y la educación formal, no formal e informal

La creación del Grupo de Investigación *Tecnologías de la Información y Comunicación e Información Geoespacial,* se considera como un paso vital dado para realizar aportaciones a la educación formal, no formal e informal en los ámbitos de competencia del Grupo.

El estudio, fundamentación, propuesta y gestión para la creación del Grupo, tuvo lugar en el contexto de estudios de Doctorado de uno de los miembros del PI803.

El diseño y desarrollo de la propuesta del Grupo, tuvo en cuenta la amplitud que concede a la investigación tanto en materia de TIC como de Información Geoespacial, contar con un Grupo.

El hecho que el Grupo abarque los dos grandes temas, Tecnologías de la Información y Comunicación por una parte e Información Geoespacial por otra, da cabida a las TIC, a los Sistemas de Información Territorial, a las Infraestructuras de Datos Espaciales y otros temas conexos. Por tanto aspectos tales como la búsqueda de oportunidades donde se pueda fortalecer la relación entre Gobierno Electrónico e IDE, una mayor profundización en materia de la difusión, divulgación y diseminación de la Ciencia y la Tecnología, en materia de información geoespacial, cuentan con el ámbito concreto de desarrollo que propicia el Grupo.

Este Grupo constituye además el paraguas bajo el cual es posible dar continuidad a los temas de investigación abordados en el PI803.

9.6.5. Participación en otras iniciativas

La participación en otras iniciativas ha sido un aspecto vital a efectos del cumplimiento del objetivo "Contribución a la comunicación y difusión de Infraestructura de Datos Espaciales (IDE), al Ordenamiento Territorial (OT) y a Tecnologías de la Información Geográfica (TIG) en general y a establecer y fortalecer contactos con organizaciones relacionadas a estos temas". Los logros más destacables corresponden a la participación en IGS desde la Presidencia, a partir de mayo 2010, teniendo en cuenta que comprende miembros de 57 países y la participación en LatinIDE con un nodo desde la UNPSJB en una comunidad integrada por miembros de 8 países.

9.7. REFLEXIONES RESPECTO A LOS AVANCES LOGRADOS Y A LAS LÍNEAS DE ACCIÓN EN CURSO

El Proyecto PI803 permitió, potenciar el empleo de TIC en docencia, investigación y comunicación mediante:

- La utilización de espacios virtuales de enseñanza y aprendizaje, para aplicaciones en las cátedras de Sistemas de Información Territorial, Cartografía, Ordenamiento Territorial y Sistemas de Información Geográfica II, todas del Departamento de Geografía, sede Trelew, de la UNPSJB.
- La participación en la Unidad Ejecutora de miembros de tres universidades de la Patagonia; hecho que contribuyó a ampliar escenarios de aplicación y diversidad en las temáticas en razón de las profesiones, especialidades y ámbitos de estudio e investigación de los miembros.
- La difusión de avances y resultados, la cual pudo cumplirse con amplitud abarcando capítulos de libros, publicaciones en revistas especializadas, comunicaciones publicadas en las memorias de Congresos, conferencias y presentaciones, que tuvieron lugar en Argentina, España, Cuba, Panamá, Australia y Singapur.

La creación de sinergias con otros proyectos e iniciativas posibilitó añadir valor a los resultados específicos del proyecto, a través de investigaciones junto a otros especialistas, formación de recursos humanos, ampliación de escenarios de intervención, publicaciones y presentaciones en eventos, optimización en la utilización de los recursos disponibles y generación de condiciones para formular e implementar nuevas iniciativas.

A través del proyecto se fortaleció el conocimiento y uso de herramientas de software libre para Sistemas de Información Geográfica, diseño e implementación de sitios Web, creación de objetos de aprendizaje, gestión y visualización de la información y distribución de publicaciones digitales.

El Proyecto posibilitó también la realización de actividades inter –cátedra en la UNPSJB, la creación de un video para la difusión de la oferta académica de carreras que se imparten en el Departamento de Geografía de la UNPSJB, la colaboración con otras Instituciones y en Eventos relativos a temáticas comprendidas dentro de los alcances del Proyecto.

La ampliación de conocimientos sobre bibliotecas digitales y su utilización en tres cursos de la UNPSJB permitió acrecentar conocimientos y sumar experiencias en este tema.

La identificación de contenidos en repositorios específicos y la ampliación de conocimientos en cuanto a modalidades de búsquedas y formas de aportar contenidos permitieron realizar variadas experiencias y aplicarlas en estudios e investigaciones de postgrado.

La utilización de TIC para procesos de gestión y/o comunicación fueron motivo de estudio y realización de experiencias; éstas se complementaron con investigadores realizadas en otros proyectos con los cuales se establecieron sinergias.

La participación en la Unidad Ejecutora de: estudiantes, profesionales en el inicio de su carrera y profesionales con más de veinte años de ejercicio profesional y académico, posibilitó la suma de diversos puntos de vista, siendo ésta una fortaleza durante ña ejecución del Proyecto.

La contribución a la comunicación y difusión de Infraestructura de Datos Espaciales(IDE), Ordenamiento Territorial (OT) y Tecnologías de la Información Geográfica (TIG) en general y al establecimiento y fortalecimiento de contactos con organizaciones relacionadas a estos temas se realizaron durante el proyecto, a través de varios de sus miembros, realizando contribuciones al Igeopat (Instituto de Investigaciones Geográficas de la Patagonia), IDERA (iniciativa IDE de la República Argentina) en el ámbito nacional y a IGS (Sociedad Geoespacial Internacional) y LatinIDE en el ámbito internacional.

A través del proyecto se lograron realizar transferencias inmediatas a los destinatarios, en concordancia con lo planteado al formularse la propuesta.

La formación de los miembros de la Unidad Ejecutora se logró conforme lo previsto, pudiendo resumirse en: avances en las correspondientes carreras de tres estudiantes de grado, obtención de un título de grado, adelantos en una tesis de grado, avances en dos maestrías y finalización de un doctorado, relacionados en todos los casos con las líneas de investigación del Proyecto.

Asimismo, pudo concretarse formación específica de miembros de la Unidad Ejecutora, a través de cursos aportados mediante sinergias con otros proyectos o por la motivación y esfuerzo personal de los miembros quienes se postularon a convocatorias nacionales e internacionales públicas.

La continuidad de la línea de investigación de este Proyecto se planteó a través de un nuevo proyecto presentado ante la UNPSJB en la Convocatoria 2011 y a través del Grupo de Investigación "Tecnologías de la Información y la Comunicación e Información Geoespacial " aprobado por Resolución CDFHCS N°355/2010 y Resolución CS N° 107/2011, en la UNPSJB, con dependencia de la Facultad de Humanidades y Ciencias Sociales".

La creación del Grupo de Investigación TIC e Información Geoespacial es considerada como un paso vital dado, con miras al futuro, por las múltiples posibilidades que brinda contar con una unidad de investigación formalmente constituida para emprender acciones en los ámbitos de TIC e Información Geoespacial de competencia del Grupo.

9.8. REFERENCIAS

Álvarez, M. (2011a) Contribución desde la Educación informal a la divulgación científica de infraestructuras de datos espaciales (cap.) en Gallego Gil, D.J. y Alonso García, C. (dir.) *Innovación y Gestión del Talento* (págs. 297-308). Cáceres: Editorial EBS Business School. ISBN: 978-84-614-9144-5.

Álvarez, M. (2011b) Educación y TIC en Argentina. En *Tecnología Educativa en Iberoamérica Educación y Futuro 25*, octubre 2011 (pags.13-38). Madrid: CES Don Bosco.

Álvarez, M.; Gallego, D. y Zerpa, C. 2011 Las IDE y el Gobierno Electrónico: esbozando perspectivas futuras. En *Fundamentos para las IDE*, Bernabé-Poveda, M. A. y López-Vázquez, C. (eds.) UPM Press.

Álvarez M., Gallego D., Dans M., Rosanigo Z.B., Cela K., Valdivia Guzmán J., Gatica N. & López Álvarez A. (2010a). Training in Web 2.0 Tools: Bringing Spatial Data Infrastructures to People. *GSDI 12 World Conference.* http://www.gsdi.org/gsdiconf/gsdi12/prog_details.html

Álvarez, M., Delgado Fernández, T. & Cruz Iglesias, R. (2010b). Social networks and Web 2.0 tools as a good complement to the local SDI's, *GSDI 12 World Conference*, Singapore. http://www.gsdi.org/gsdiconf/gsdi12/prog_details.html

Álvarez, M. & López, L. (2010c). Social networks as a means of spreading SDI to society. *GSDI 12 World Conference*, Singapore. http://www.gsdi.org/gsdiconf/gsdi12/prog_details.html

A/024521/09. (2009). Proyecto AECID "Capacitación y Gestión del Conocimiento con herramientas Web 2.0 para Docencia Universitaria, Gestión Administrativa y Educativa y Desarrollo Profesional Continuo en Argentina, Chile y Ecuador" Recuperado el 20/9/2011 www.idetic.net/cgcweb20/

Boletín de Noticias Igeopat. Recuperado el 15/09/2011, http://www.igeopat.org/index.php?option=com_content&task=view&id=19&Itemid=38

Cartografía. Sitio Web Cátedra Cartografía, UNPSJB. Recuperada el 14/12/2011, http://cartografiaunpsjb.jimdo.com/.

Conectar Igualdad. Recuperado el 20/9/2011, http://www.conectarigualdad.gob.ar/

Coleman, D. y Mclaughlin, J. (1997). Defining Geospatial Data Infrastructure. Recuperado el 25/05/2011. www.gsdi.org.

Eduteka. Recuperado el 12/09/2011, http://www.eduteka.org/.

Epals. Recuperado el 26/09/2011, http://www.epals.com/.

Exelearning. Recuperado el 28/09/2011, http://exelearning.aprenderenred.net/.

Exelearning. Recuperado el 21/09/2011, http://exelearning.org/

IGS -Sociedad Geoespacial Internacional. Recuperado el 26/09/2011, http://www.igeoss.org.

LatinIDE – Infraestructura de Datos Espaciales de América Latina. Recuperado el 28/09/2011, http://latinide.cedia.org.ec/

MINCyT. Libro Blanco -Prospectiva TIC . Recuperado el 14/09/2011 http://www.mincyt.gov.ar/multimedia/archivo/archivos/Libro_Prospectiva_TIC_2020.pdf].

Never, D. (2001). Developing Spatial Data Infrastructures: The SDI cookbook, version 1.1. Recuperado el 20/03/2011. http://www.gsdi.org/pubs/cookbook/ recetario_es0515.pdf

Newsletter IDE Iberoamérica. Recuperado el 20/09/2011, http://redgematica.rediris.es/Newsletter

Torres, L. (2007). La accesibilidad de las TIC. En Cabero Almenara J., Córdoba Pérez, M. y Férnandez J. (Eds). *Las TIC para la igualdad*. (pp. 197-218) Sevilla: Mad S. L.

Rajabifard, A. (2008). A spatial data Infrastructure for a Spatially enabled Government and Society. In Crompvoets J., Rajabifard, A., van Loenen, B., Delgado Fernández, T. (Eds.), *A Multi - View Framework to Assess Spatial Data Infrastructures* (pp.11-12) Melbourne: University of Melbourne.

CAPÍTULO 10. OBJETOS DE APRENDIZAJE

ZULEMA BEATRIZ ROSANIGO
Universidad Nacional de la Patagonia San Juan Bosco, Argentina
brosanigo@ing.unp.edu.ar

Resumen. En este capítulo se presenta la línea de investigación sobre el Paradigma de Objetos de Aprendizaje de la Facultad de Ingeniería de la Universidad de la Patagonia San Juan Bosco.
En primer lugar se mencionan los objetivos y principales resultados en esa línea de investigación, luego se describen los principales conceptos que sustentan el paradigma de Objetos de Aprendizaje, posteriormente se describe la experiencia de capacitación en Objetos de Aprendizaje realizada y finalmente se hace referencia a sinergias con otros grupos de investigación.
Palabras Clave: Objetos de Aprendizaje, Repositorio de Objetos de Aprendizaje, metadatos, Normas SCORM.

10.1. INTRODUCCIÓN

La innovación que se busca en los ambientes de enseñanza-aprendizaje con la utilización de TIC motoriza la investigación, análisis y evaluación de nuevas herramientas que permitan mejorar la formación de los futuros profesionales.

Es así que desde 1997 el grupo de investigación de la Facultad de Ingeniería de la Universidad Nacional de la Patagonia San Juan Bosco, dirigido por la autora de este artículo, trabaja en alternativas que integran la interactividad que proporcionan las TIC con el proceso de enseñanza-aprendizaje, y que facilitan la construcción y uso de material didáctico y herramientas educativas, aplicando conceptos modernos de la Ingeniería de Software con énfasis en la reusabilidad y flexibilidad de las soluciones, así como en la posibilidad de evolución y aseguramiento de la calidad.

Con el avance de las TIC se han manifestado interesantes posibilidades de aplicaciones educativas, las cuales a su vez demandan el establecimiento de nuevos modelos pedagógicos que afectan tanto al diseño de los materiales educativos en formato digital como al modo de utilización de los mismos.

En los últimos años, con el interés de compartir y reutilizar recursos en el ámbito educativo, surge el concepto de *Objetos de Aprendizaje* (OA). Este concepto se aplica a materiales digitales creados como pequeñas piezas de contenido o de información (Wiley, 2002), con la finalidad de maximizar el número de situaciones educativas en las que el mismo pueda ser utilizado.

La idea central de los OA es la de facilitar una educación flexible y personalizada permitiendo que los estudiantes y profesores puedan adaptar los recursos didácticos de acuerdo con sus propias necesidades, inquietudes y estilos de aprendizaje y enseñanza.

Para lograr este objetivo, los contenidos educativos se fragmentan en unidades modulares independientes que pueden ser secuenciadas y reutilizadas en distintos entornos y en diferentes aplicaciones.

Además, se los almacena en repositorios específicos y se les provee de una estructura de información externa (metadatos), que es un conjunto de atributos que describen el recurso, con el objetivo de facilitar la búsqueda y localización de los mismos.

Más allá del potencial de reusabilidad que tienen estos recursos, se presentan como un medio para la construcción del conocimiento que puede apoyar el proceso de enseñanza-aprendizaje tanto en la educación superior como en la educación básica. Si bien los docentes desarrollan recursos electrónicos educativos como contenido, video, tutoriales, etc. para apoyar el aprendizaje presencial, es necesario diseñar OA capaces de permitir al alumno construir su propio aprendizaje.

Se ha detectado la necesidad de concientizar a todos los docentes en la importancia de generar materiales educativos compartibles siguiendo los lineamientos del paradigma de objetos de aprendizaje. Esta consideración es importante, porque en la actualidad existe un sinnúmero de esfuerzos individuales con producciones generadas muy interesantes sin posibilidad de intercambio, lo cual muchas veces se debe a una actitud renuente de los docentes a permitir la utilización de los productos de su autoría, por las problemáticas legales referidas a derechos de autor, o la hipotética apropiación de ideas.

Es aquí precisamente donde el grupo de investigación está trabajando desde 2007 y se desea hacer un aporte, definiendo y creando un modelo de OA que permita que los estudiantes construyan un aprendizaje significativo y logren una competencia. Y por otro lado, concientizar, motivar y capacitar a los docentes de nuestra universidad en el desarrollo de OA y los beneficios que reportan.

Se plantea considerar especialmente ambientes de aprendizaje centrados en el alumno, en el cual el estudiante construye su propio conocimiento teniendo como recursos el material didáctico electrónico, las TIC y al docente como guía y facilitador de su aprendizaje.

A continuación se describe la línea de investigación, se da el marco teórico que sustenta la investigación, se describe la experiencia de capacitación en Objetos de Aprendizaje realizada y finalmente se hace referencia a sinergias con otros grupos de investigación.

10.2. ACERCA DE LA LÍNEA DE INVESTIGACIÓN

La línea de investigación apunta a mejorar el proceso de enseñanza-aprendizaje promoviendo el protagonismo del sujeto como ser que elabora activamente el conocimiento y facilitando el trabajo que para alumno y profesor supone la tarea de formación.

Se busca integrar la interactividad que proporcionan las TIC en el proceso de enseñanza-aprendizaje, y facilitar la construcción y uso de material didáctico y herramientas educativas, aplicando conceptos modernos de la Ingeniería de Software y poniendo énfasis en la reusabilidad y flexibilidad de las soluciones, así como en la posibilidad de evolución y aseguramiento de la calidad.

El grupo de investigación está formado por docentes e investigadores de la Facultad de Ingeniería (Sede Trelew) de la Universidad Nacional de la Patagonia San Juan Bosco que provienen de distintas disciplinas: Matemática, Arquitectura, Ingeniería Civil e Informática. Está trabajando en la línea de Informática Educativa desde 1997 con los siguientes objetivos generales:

- Generar líneas de investigación en Informática aplicada a la Educación, que haga uso de tecnología de punta y procure la integración del saber.
- Generar conocimiento en áreas de interés para la Informática y la Educación, que permita un continuo desarrollo y actualización tanto de sus estudiantes como de los profesores.
- Complementar el proceso de enseñanza-aprendizaje con ayuda de las TIC.
- Promover el trabajo y aprendizaje colaborativo de todos los actores y beneficiarios en cada proyecto.
- Propender a una adecuada gestión del conocimiento y de la información.

Desde 2007, la investigación está focalizada en el paradigma de los Objetos de Aprendizaje, con los siguientes objetivos:

- Investigar sobre procesos y herramientas para el diseño de OA en ambientes de aprendizaje centrados en el alumno.
- Promover el desarrollo de OA en la comunidad educativa.
- Diseñar y poner en marcha un repositorio de OA.

El proyecto de investigación PI 628-10E067, "Hacia un repositorio de Objetos de Aprendizaje", desarrollado en el período 2007-2010 y bajo la dirección de la autora de este artículo, tuvo como objetivo desarrollar un Repositorio de Objetos de Aprendizaje, y a la vez:

- Incentivar el diseño de propuestas de enseñanza con materiales multimedia para la Web.
- Organizar y facilitar el acceso a los materiales educativos de la Institución y hacer más accesible la gran cantidad de recursos Web que en este momento están en la red de forma desordenada y difícil de localizar.
- Posibilitar que los docentes universitarios tengan acceso a herramientas de fácil acceso y de sencilla utilización para crear, utilizar y localizar material educativo.

A partir de 2011, se continúa con el Proyecto "Procesos y herramientas para el desarrollo de Objetos de Aprendizaje en ambientes de aprendizaje centrados en el alumno".

En este último proyecto se reafirma la línea de investigación comenzada con el PI 628 estudiando los procesos y herramientas para el diseño de objetos de aprendizaje en ambientes de aprendizaje centrados en el alumno. Se propone: a) determinar un modelo de OA que permita que los estudiantes construyan su propio conocimiento y definir una metodología para su desarrollo, b) desarrollar OA con tales características para algunas cátedras relacionadas con carreras de Ingeniería y de Informática y c) promover el desarrollo de OA en la comunidad educativa.

Los resultados más importantes de la investigación sobre OA que se han obtenido hasta el momento, pueden resumirse en:

- Contribución a la formación de recursos humanos.
- Definición de una metodología adecuada para la generación de objetos de aprendizaje.
- Creación de un conjunto de objetos de aprendizaje en diferentes áreas.
- Desarrollo y dictado del curso "Nuevas tendencias para el diseño de materiales en entornos virtuales: Objetos de aprendizaje".
- Publicación en formato Web y en CD del material del curso "Nuevas tendencias para el diseño de materiales en entornos virtuales: Objetos de aprendizaje" (Rosanigo, Paur y Saenz Lopez, 2010).
- Creación del Repositorio de Objetos de Aprendizaje Graduate! desarrollado como parte de una tesina de grado en el marco del proyecto (Cajal y Moraga, 2010).

10.3. MARCO TEÓRICO

El origen del concepto de OA proviene de la necesidad de resolver un problema práctico relacionado con los costos y tiempos de producción y distribución de recursos educativos y cursos Web, como así también de la necesidad de intercambiar y reutilizar recursos educativos en procesos de aprendizaje apoyados por tecnología.

En analogía al Paradigma de Programación Orientada a Objetos, el cual se refiere a crear componentes o módulos que puedan ser reutilizables en otros programas, en el terreno de la enseñanza, la idea es que también se pueda crear componentes educativos reutilizables a fin de reducir sus costos y tiempos de producción y distribución, de este modo los OA serían pequeños componentes educativos que pueden ser reutilizados en diferentes contextos de aprendizaje.

El paradigma de Objetos de Aprendizaje plantea como objetivos:

- Favorecer el acceso a los contenidos educativos.
- Optimizar los recursos destinados a su producción mediante su reutilización.

Para conseguirlos se plantean tres estrategias:

- Descripción de los contenidos con metadatos normalizados. De este modo se favorece su acceso y localización.
- Interoperabilidad de los contenidos en entornos tecnológicos diferentes, esto significa que materiales creados para un entorno de enseñanza aprendizaje como puede ser Moodle, podría utilizarse sin inconvenientes en otro entorno como aTutor o WebCT. Mediante la interoperabilidad de los contenidos se favorece la reutilización en diferentes entornos tecnológicos.
- Modularidad y agregación de los contenidos. Generando OA modulares se favorece la reutilización: por un lado, se pueden utilizar en forma independiente, y por otro lado, al agrupar varios OA en un diseño curricular mayor, con criterios concretos y estableciendo entre ellos una relación determinada, permiten logros que cada uno por sí solo nunca alcanzaría.

10.3.1. Definiciones en torno a Objetos de Aprendizaje

Con los objetos de aprendizaje se pretende facilitar una educación flexible y personalizada, permitiendo que los estudiantes y profesores puedan adaptar los recursos didácticos de acuerdo con sus propias necesidades, inquietudes y estilos de aprendizaje y enseñanza.

No hay una definición exacta de OA, por el contrario, existe una diversidad de definiciones alrededor de ellos, algunas de las cuales hacen énfasis solamente en aspectos tales como su naturaleza escalable, su reusabilidad, su composición, su estructura o sus objetivos instruccionales.

Una de las primeras definiciones corresponde a L'Allier (1998), quien resalta su composición y contenido instruccional: un OA "*debe tener un objetivo de aprendizaje, una unidad de instrucción que enseñe el objetivo y una unidad de evaluación que mida el objetivo*". Considera además que los OA pueden combinarse en forma flexible para constituir una unidad, una lección o un curso.

Wiley (2000) lo define como un recurso digital que puede ser usado para ayudar en el aprendizaje y destaca fundamentalmente la reusabilidad: *"Un OA se usa para designar material educativo diseñado y creado en pequeñas unidades digitales con el propósito de maximizar el número de situaciones educativas en las que se puede utilizar dicho recurso"*.

El Learning Technology Standards Committee del Institute of Electrical and Electronics Engineers (LTSC-IEEE, 2002), lo define como *"cualquier entidad, digital o no digital, que puede ser usada, reutilizada o referenciada durante un proceso de aprendizaje apoyado por la tecnología"*. Esta definición es muy general, y abarca a cualquier material, digital o no, que pueda cumplir algún papel en el proceso de aprendizaje.

Polsani (2003) describe al OA como: *"Una unidad didáctica, autocontenida e independiente, predispuesta para su reutilización en múltiples contextos instruccionales"*. A la vez de destacar la reusabilidad, distingue las cualidades de autocontenido e independiente, lo que significa que tiene sentido por sí mismo y que todo lo necesario para lograr un aprendizaje está planteado dentro del mismo OA.

La comunidad Aprendiendo con Objetos de Aprendizaje (APROA) de Chile, destaca los componentes didácticos que debe poseer, la necesidad de metadatos y la posibilidad de reutilización e interoperabilidad:

> "Un OA corresponde a la mínima estructura independiente que contiene un objetivo, una actividad de aprendizaje, un metadato y un mecanismo de evaluación, el cual puede ser desarrollado con TIC de manera de posibilitar su reutilización, interoperabilidad, accesibilidad y duración en el tiempo" APROA (2005).

De manera similar a ésta, el Ministerio de Educación Nacional de Colombia, con el apoyo de expertos de varias Instituciones de Educación Superior ha acordado la siguiente definición:

> "Un objeto de aprendizaje es un conjunto de recursos digitales, autocontenible y reutilizable, con un propósito educativo y constituido por al menos tres componentes internos: Contenidos, actividades de aprendizaje y elementos de contextualización. El objeto de aprendizaje debe tener una estructura de información externa (metadatos) que facilite su almacenamiento, identificación y recuperación". Portal Colombia Aprende (2006)

Para muchos autores la presencia de actividades de aprendizaje y de mecanismos de evaluación son componentes fundamentales para ser considerados OA. Al respecto, Chiapre (2009) considera que *"...desde la perspectiva del aprendizaje activo y significativo se hace evidente la generación del aprendizaje a través de la participación activa de quien aprende en la ejecución de las actividades de aprendizaje previstas en el objeto"*. Considera que sin la presencia de actividades de aprendizaje son objetos meramente informativos.

Por otra parte, Downes (2004) afirma que lo que convierte a algo en un objeto de aprendizaje es que pueda ser usado para aprender o enseñar, y considera que eso no depende de su naturaleza, sino de su uso. Sostiene que no hay ninguna razón para restringir a priori lo que se considera un OA.

Como se puede ver, hay múltiples definiciones no coincidentes, que van desde cualquier cosa que pueda ser usada en el aprendizaje a completas unidades didácticas con objetivo, contenido, actividades de aprendizaje y mecanismos de evaluación.

No obstante las diferencias mencionadas precedentemente, la autora adopta la posición de limitar la definición de OA a aquellos materiales que han sido elaborados con un fin educativo porque, como afirma McGreal (2004), *"cuando un objeto de aprendizaje tiene un propósito de aprendizaje formal y manifiesto se convierte en útil para los estudiantes"*.

Sin embargo, no considera *obligatorio* que un OA deba tener actividades de aprendizaje o mecanismos de evaluación; estos componentes estarán presentes en el proceso de enseñanza-aprendizaje, y dependiendo del modelo de enseñanza, podrán estar incluidos en un mismo OA o estar presentes en la combinación de varios OA para conformar una unidad didáctica mayor.

Destaca asimismo como idea central, que además de tener un propósito educativo, un OA debe estar diseñado de modo tal de permitir su reutilización. Esta reutilización estará favorecida en la medida que los OA:

- sean unidades autocontenidas e independientes.
- sean factibles de ser localizados al buscarlos con determinados criterios (para ello, los metadatos juegan un papel importante),
- puedan ser combinables con otros OA para conformar un OA más abarcativo,
- puedan ser adaptados para reutilizarlos en otros contextos.

Finalmente, tomando como base la definición de Paur (2008), acuerda que:

> Un OA es un conjunto de recursos reunidos con un propósito educativo, autocontenible e independiente, diseñado y creado en pequeñas unidades digitales que pueden ser adaptadas para maximizar el número de situaciones en que puede ser reutilizado, y que cuenta con una estructura de información externa (metadatos) para facilitar su almacenamiento, identificación y recuperación.

10.3.2. Principales características de los OA

El conjunto de características a las que debe ajustarse un OA tiene como misión:

- Facilitar un mayor acceso a los recursos para el aprendizaje a escala global, aprovechando el hecho que Internet ofrece una red de distribución de alcance casi universal.
- Dar un mejor aprovechamiento de los recursos destinados a su elaboración, teniendo en cuenta que la reproducción de un contenido digital no tiene costos adicionales una vez que se dispone de la infraestructura adecuada.

Varios autores (Aproa, 2005:5-6), (López Guzmán, 2005:21-25), (Rosanigo, Paur, Saenz Lopez, 2010: Mod. IV) reconocen como muy importantes a las siguientes características:

- *Accesibilidad*: se refiere a la facilidad y habilidad para ser buscados, encontrados e identificados en lugares remotos o no y poder enviarlos a otros lugares. Los metadatos estandarizados que permiten la catalogación, clasificación y almacenamiento en el correspondiente repositorio, ayudan a que sean más accesibles.
- *Reusabilidad*: es la capacidad para ser usado en contextos y propósitos educativos diferentes, pudiéndose adaptar y combinar dentro de nuevas secuencias formativas.
- *Independencia y autocontenido*: los OA se conciben como unidades independientes, con una o pocas ideas relacionadas, lo que indica que su contenido debe ser lo suficientemente autónomo dentro del contexto donde se utiliza, y no deben depender de otros OA que dificulten su reutilización.
- *Interoperabilidad*: es la propiedad que garantiza la posibilidad de desarrollar un OA en un sistema con una serie de herramientas y de usarlo en diferentes estructuras y plataformas con distintos ambientes de programación. Por ello, debe contar con una estructura estándar que garantice su utilización en distintos ambientes de aprendizaje.
- *Granularidad*: también llamado nivel de agregación, se refiere al tamaño relativo del objeto en función de los recursos que utiliza y los conceptos que relaciona. Así, una imagen es de granularidad fina, una presentación es de granularidad media y un módulo es de granularidad gruesa. Este concepto parte del principio de que es más fácil reutilizar unidades más pequeñas pues es posible seleccionar aquellas que interesan y descartar aquellas otras que no son adecuadas en el nuevo contexto.

10.3.3. Estándares de e-learning para Objetos de Aprendizaje

La estrategia de granular los contenidos educacionales en pequeños OA es un avance significativo en la producción de materiales educativos, pero para su real utilidad se requiere además que estos objetos sean compatibles con diversos ambientes y sistemas de administración de aprendizajes, fáciles de migrar de una plataforma a otra, fáciles de localizar, acceder, archivar y reutilizar.

Resulta necesario entonces, por un lado, tener los OA disponibles a los potenciales usuarios en la Web, almacenándolos en repositorios de diferentes tipos; y por otro, que los OA provean información semántica y pedagógica que facilite su hallazgo y reutilización en la Web, haciendo uso de ontologías que especifiquen de forma consistente los conceptos y estructura.

Por ello, es de suma importancia el establecimiento de estándares a distintos niveles:

- En la creación: deben considerarse tecnologías, políticas y formatos.
- Para su inclusión en un repositorio: debe asegurarse su fácil localización y compatibilidad con otros sistemas de metadatos.
- Para su utilización: debe asegurarse que los recursos puedan ser incorporados a diferentes servicios, repositorios, plataformas y aplicaciones en un contexto dado.

10.3.3.1. Estándares de metadatos

Un estándar de metadatos es un conjunto de datos propuesto por alguna iniciativa u organización reconocida que permite describir los OA.

Estos estándares permiten que la gestión de los OA sea más eficiente, ya que ayudan a que éstos sean fácilmente localizados, catalogados, organizados en un almacén o repositorio de OA.

Actualmente los estándares más utilizados son:

- Dublin Core, utilizado originalmente por bibliotecas y editores pero que ha tenido gran aceptación en el área educativa, consta de quince descriptores.
- LOM (Learning Object Metadata) es un modelo de datos para describir un objeto de aprendizaje. El esquema de base se compone de 9 categorías y 47 elementos que describen cualidades relevantes de los OA entre las que se incluyen: título, idioma, tipo de objeto, autor, propietario, términos de distribución, formato, copyright, y cualidades pedagógicas, tales como estilo de la enseñanza o de la interacción (LTSC-IEEE, 2002).

10.3.3.2. Paquetes de contenido

Las especificaciones y estándares de paquete de contenido o empaquetado permiten que los cursos puedan ser transportados de un sistema de aprendizaje a otro.

Entre los más importantes se puede mencionar IMS (Instructional Management System) desarrollado por el Global Learning Consortium, que propone especificaciones basadas en tecnologías abiertas para facilitar las actividades de aprendizaje sobre tecnología Web, y SCORM (Sharable Content Object Reference Model) desarrollado por Advanced Distributed Learning Initiative y el IEEE, que es un conjunto de estándares y especificaciones para compartir, reutilizar, importar y exportar OA.

SCORM proporciona un marco de trabajo y una referencia de implementación detallada, que indican cómo deben publicarse los contenidos, cómo deben usarse los metadatos y cómo debe representarse la estructura de los cursos (SCORM, 2004).

Se caracteriza por posibilitar la creación de contenidos que pueden importarse dentro de diferentes plataformas educativas, tales como Moodle, ATutor, Dokeos, y hacer uso de la Web como medio de instrucción. Permite centrarse en aspectos no-tecnológicos, produciendo contenidos de mayor calidad a la vez que facilita la reutilización de los mismos de acuerdo con las diferentes estrategias de aprendizaje, permitiendo trabajar en diferentes plataformas educativas de forma transparente, gracias a la interoperabilidad entre ellas.

Un paquete SCORM es un archivo comprimido en formato ZIP que contiene los recursos (documentos, imágenes, páginas web, etc.), como así también el manifiesto y las hojas de estilo que permiten interpretarlo. El manifiesto es un archivo XML llamado *imsmanifest.xml* que contiene referencias a los recursos, la organización y los metadatos. En la organización se establece la secuencia de los contenidos. De esta forma se define una trayectoria de aprendizaje que responda a necesidades específicas, relacionadas con los niveles de los alumnos o con habilidades concretas que se pretenden adquirir con la unidad de aprendizaje.

10.3.3.3. Estándares de repositorios

La idea de los estándares de repositorios se enfoca en facilitar el intercambio de contenido (interoperabilidad) entre repositorios. Entre estos, el estándar IMS DRI (Digital Repositories Interoperability), está orientado a facilitar la interacción entre repositorios mediante la estandarización de las operaciones más comunes.

10.3.4. Repositorio de Objetos de Aprendizaje

Un Repositorio de Objetos de Aprendizaje (ROA) es una colección ordenada de OA que brinda facilidades para ubicarlos por contenidos, áreas, categorías y otros descriptores.

Los ROA permiten almacenar, buscar, recuperar, consultar y acceder a objetos de aprendizaje. Previamente a almacenar o depositar un OA en el repositorio, debe ser etiquetado con metadatos que cumplan estándares internacionales.

ADL (2002) propone un conjunto básico de funciones que deben proveer los repositorios a fin de dar acceso a los objetos de aprendizaje en un ambiente seguro. Estas funciones son:

- Buscar/encontrar: Localizar un objeto de aprendizaje apropiado y poder visualizarlo.
- Pedir: Un objeto de aprendizaje que ha sido localizado.
- Recuperar: Recibir un objeto de aprendizaje que ha sido pedido.
- Enviar: Entregar a un repositorio un objeto de aprendizaje para ser almacenado.
- Almacenar: Poner un objeto dentro de un registro de datos con un identificador que le permita ser localizado.
- Colectar: Obtener metadatos de los objetos de otros repositorios por búsquedas federadas.
- Publicar. Proveer metadatos a otros repositorios.

Además de estas funciones, es necesario considerar también el manejo de los derechos de autor, de copia y de adaptación. La atribución de autoría es un factor clave para obtener participación de una comunidad. Por otra parte, debe identificarse también claramente la licencia de uso de los contenidos con licencias que permitan el uso y adaptación, tales como Creative Commons (http://creativecommons.org/) o similar, que permiten diferentes configuraciones o principios, como el derecho del autor original a dar libertad para citar su obra, reproducirla, crear obras derivadas, ofrecerla públicamente y con diferentes restricciones, tales como no permitir el uso comercial o respetar la autoría original.

10.3.4.1. Graduate! Repositorio de Objetos de Aprendizaje

El Repositorio de Objetos de Aprendizaje *Graduate!* (http://www.roa.unp.edu.ar:8080/graduate), fue desarrollado como parte de una tesina de grado en el marco del proyecto PI 628, por los alumnos Federico Cajal y Paula Moraga (Cajal y Moraga, 2010).

Graduate! ha sido creado para archivar, preservar y distribuir fundamentalmente Objetos de Aprendizaje, es decir, ser un repositorio académico y abierto de Objetos de Aprendizaje. Pero por las características y funcionalidades proporcionadas, puede alojar todo tipo de documento digital: producción científica de Investigación y Desarrollo (I+D), tesis, revistas digitales todos ellos en variados formatos.

Para su desarrollo se utilizó DSpace (http://www.dspace.org/) que es una plataforma Web gratuita, muy modular y flexible, utilizada por numerosas instituciones educativas de todo el mundo (más de mil universidades) y con una creciente comunidad de desarrolladores, comprometidos con la continua expansión y mejoramiento del software. Cumple además con los estándares internacionales de e-learning y de repositorios abiertos.

Una de sus principales características de DSpace es la estructuración jerárquica de la información, para lo que se requiere el establecimiento de roles de acceso, de administración, redacción y lectura de documentos digitales. Partiendo de este modelo jerárquico de elaboración y organización de la información, es posible crear comunidades, sub-comunidades, colecciones e ítems, así como visualizar exclusivamente el contenido. Para ello, es necesario que el administrador del sistema conceda los permisos necesarios y delimite las funciones de supervisión que considere apropiadas.

Cada comunidad tiene su propia página en la que se puede visualizar las informaciones, noticias, y enlaces relacionados con los intereses de esa comunidad, así como una lista descriptiva de sus colecciones.

La taxonomía de comunidades propuestas en *Graduate!*, está dada en torno a cinco ejes principales:

- *Institucional*: para incluir los materiales y documentos resultantes de la actividad de la propia Institución y de la realizada por sus servicios, agrupadas por Facultad.
- *Investigación*: para contener los documentos generados por los docentes e investigadores de la Universidad en su labor de investigación, agrupados en subcomunidades correspondientes a cada Departamento.
- *Objetos de Aprendizaje*: para incluir el material docente y objetos de aprendizaje depositados por los profesores e investigadores de la Universidad. Esta comunidad contiene subcomunidades temáticas y dentro de cada subcomunidad se definen colecciones a las cuales pertenecerán los OA.
- *Revistas y Libros*: para contener las revistas y libros generados en la institución.
- *Tesis*: para contener las tesis de grado y de posgrado generadas en la institución.

Los contenidos depositados se describen con metadatos. Por defecto, DSpace está configurado con el esquema de metadatos Dublin Core, pero como Graduate! fue desarrollado fundamentalmente como repositorio de Objetos de Aprendizaje, se modificó para soportar IEEE LOM.

En cuanto al acceso, globalmente se distingue un acceso público, que no requiere ningún registro y permite la consulta de las colecciones y documentos públicos, y un acceso registrado, que permite la consulta de colecciones restringidas así como depositar e interactuar con el sistema para gestionar los documentos depositados.

10.3.5. Los OA en la planificación didáctica

Toda planificación didáctica incluye una serie de elementos esenciales: objetivos, contenidos, actividades, recursos didácticos y evaluación. Los OA son un medio muy eficaz a ser tenido en cuenta en la planificación, ya que facilitan la elaboración de múltiples y flexibles itinerarios pedagógicos adaptables a las necesidades específicas de los alumnos, considerando sus singularidades, inquietudes y estilos de aprendizaje y enseñanza.

Una vez determinados los objetivos, contenidos y actividades que se incluyen en la planificación, se identifican cuáles son los OA necesarios. Para ello, lo primero que se debe hacer, es realizar búsquedas de OA existentes en diferentes ROA que cumplan las condiciones requeridas para ese caso. Así, al reutilizar OA existentes se ahorrarían esfuerzos en la producción de contenidos, o al menos ese esfuerzo podría estar redirigido a mejorar el OA existente o crear uno nuevo partiendo de la adaptación del mismo.

Si en la búsqueda se encontraran OA de interés, se debe analizar la forma en que se insertan esos OA en el modelo de enseñanza del curso. Si para utilizarlos se requiriera algún cambio, habrá que verificar si es legal reusarlos o adaptarlos y en tal caso, si realmente se cuenta con los medios para poder modificarlos.

Si no se encuentran OA ya desarrollados, se debe proceder a crearlos, preferentemente utilizando herramientas Web 2.0 que facilitan la posterior adaptación. Luego, los nuevos OA se prueban, se evalúan, se catalogan, se empaquetan y se almacenan en el ROA para permitir que sean localizados y compartidos por otros docentes.

10.3.5.1. Metodología para la creación de OA

En Rosanigo, Paur y Saenz López (2010: Mod. IV) se estable una metodología para la elaboración de un OA que contempla las siguientes fases:

1) *Análisis y obtención del material*: Se indica claramente qué se va a enseñar, se identifican los datos generales del OA y se obtiene el material didáctico necesario para realizarlo. Debe quedar en claro qué es lo que se va a enseñar, para qué, para quién y cómo se va a enseñar. Al finalizar esta fase se tendrán los datos generales del OA y el material didáctico digitalizado.
2) *Diseño*: Se realiza en esquema general del OA, dejando en claro cómo se va a enseñar. Al finalizar la misma se obtendrá un esquema general del OA que indicará cómo se interrelacionan sus elementos. La etapa del diseño es de suma importancia y dentro de ella, se distinguen tres componentes:
   a) *Diseño de la información*: Significa clarificar los objetivos y organizar el conocimiento de forma tal que se pueda cumplir con el propósito del OA. Se apunta a definir el *Qué*. En esta etapa se debe secuenciar, estructurar y representar el conocimiento. Para ello es útil trabajar con mapas o redes conceptuales que relacionan los conceptos principales. El armado de estas redes también ayuda a analizar la conveniencia o no de aumentar o disminuir la granularidad del OA.

b) *Diseño de la interacción*: Apunta al *Cómo debe funcionar.* Diseño de controles, de interacción (retroceso, arrastre de objetos, edición del texto, cambio de visualización). En objetos de mayor granularidad, es necesario proveerle herramientas adecuadas para su navegación, permitiendo retroceder a un concepto ya visto o explotar un concepto para su mayor profundización.

c) *Diseño de la presentación*: Se define el estilo y el diseño de los elementos del contenido del OA, buscando lograr interfaces agradables y armónicas. Responde a *Qué apariencia debe tener.* En Rosanigo, Paur y Bramati (2000) se fijan criterios generales para interfaces y mecanismos de interacción y se destaca la importancia de pantallas claras, consistente, con un *"un razonable equilibrio entre el texto y los demás medios elegidos para la representación de los conceptos, de modo de atraer la atención del lector en el objeto de estudio y que no se produzca distracción ni aburrimiento por ausencia o por abuso de alguno de ellos"*.

3) *Desarrollo*: Mediante el uso de herramientas informáticas, preferentemente Web 2.0, se arma la estructura del esquema general definido en la fase de diseño y se completa su contenido. Al finalizar se tendrá el OA armado, empaquetado y almacenado en un Repositorio de OA temporal en espera de ser evaluado.

4) *Evaluación*: Se evalúa el OA como un todo, observando su diseño, su funcionamiento, el contenido, si cumple el propósito educativo: ¿Es fácil usarlo? ¿Mejora o facilita el aprendizaje? ¿Alguien más lo usa? ¿Se han completado los metadatos? ¿El contenido es pertinente, tiene orientaciones claras? ¿Qué se puede mejorar? Finalmente se almacena en un ROA para compartirlo con otros docentes.

5) *Implantación*: Se integra el OA en una planificación didáctica, generalmente se lo utiliza en un entrono virtual de enseñanza-aprendizaje.

10.3.5.2. Algunas cuestiones a tener en cuenta

Como en todo material educativo, en su preparación se debe tener en cuenta una serie de ideas y principios (Moreira, Estevez y Torres, 2002: pp 4-5), (Rosanigo, Bramati, y Bramati, 2010: pp 22-23):

- Estructurar y secuenciar el contenido atendiendo la estructura epistemológica de la materia científica que se enseña.
- Considerar las características de los alumnos potenciales, identificando y analizando los prerrequisitos de conocimientos previos que deben poseer para utilizar y entender sin dificultades el material elaborado.

- Determinar los posibles itinerarios pedagógicos considerando las motivaciones y cortes de aprendizaje que la unidad amerita, incluyendo el planteo de problemas y casos reales.
- Incorporar todos los elementos y recursos de apoyo al estudio que faciliten el proceso de aprendizaje, tales como orientaciones claras de cómo se navega por el material, ejemplificación de los conceptos vertidos, actividades y soluciones, lecturas de textos, ejercicios de autoevaluación, etc.
- Ofrecer pautas y guías para que el alumnado construya y elabore por sí mismo el conocimiento que debe adquirir, cuestione las ideas o conceptos que se le ofrecen, analice y resuelva situaciones problemáticas.
- Proveer oportunidades para que el alumno pueda interactuar con la información: probando las destrezas y el conocimiento o activando más información que el alumno use para el avance de su aprendizaje.
- Indicar los objetivos (qué se espera que aprenda), los contenidos (cuáles son los conocimientos que tiene que adquirir), la metodología (cómo será el proceso de enseñanza que se va a desarrollar) y la evaluación (cómo se medirá y controlará el rendimiento académico).

Además de estas pautas comunes a todos los materiales creados con un propósito educativo, es importante que los OA respeten las propiedades básicas de reusabilidad, interoperabilidad, durabilidad y accesibilidad. Por ello, cuando se generan OA, hay tener presente algunas ideas y principios adicionales (Bramati, Rosanigo y Bramati, 2010: pp 5):

- Identificar las mínimas unidades de conocimiento independiente, de modo de lograr OA "pequeños" que pueden ser fácilmente combinables para componer unidades de aprendizaje más grandes, y así garantizar mejor su reusabilidad.
- Cuidar que el contenido sea lo suficientemente autónomo dentro del contexto donde se utiliza.
- De ser necesario, incorporar vínculos ó direcciones de referencias digitales que permitan al alumno profundizar y/o complementar el contenido entregado por el OA.
- Utilizar para el desarrollo del contenido, preferentemente tecnologías abiertas como las herramientas de la Web 2.0 o páginas html, en lugar de formatos cerrados que impiden la posibilidad de readaptarlos cuando sea necesario.
- Declarar la autoría del o los autores que participaron en la generación del objeto. De igual manera, deberán citarse las fuentes de los textos, imágenes, gráficos, videos, o cualquier otro recurso incorporado que no haya sido preparado por el profesor.
- Establecer licencias de uso tipo Creative Commons que otorguen derechos de adaptación.

- Respetar estándares para su catalogación (metadatos LOM, por ejemplo) y para la comunicación con el sistema de gestión de aprendizaje (por ejemplo, normas SCORM).

10.4. EXPERIENCIA DE CAPACITACIÓN EN OBJETOS DE APRENDIZAJE

Con el objeto de contribuir a la formación continua de docentes universitarios y su sensibilización sobre la necesidad de creación y socialización del material didáctico por medio de la generación de OA, se realizó el curso de posgrado "Nuevas tendencias para el diseño de materiales en entornos virtuales: Objetos de aprendizaje" (Rosanigo et al., 2010).

Este curso tuvo como propósito dar a conocer técnicas, procedimientos, especificaciones, estándares y herramientas que permitan la creación de OA interoperables, reutilizables y compartibles para contenidos educativos en línea.

La propuesta académica combinó la modalidad presencial con la modalidad a distancia (b-learning). Se usaron diferentes dispositivos pedagógicos conforme al tema, momento y características del grupo participante.

Una vez avanzado el curso, las actividades enfocaron el diseño y la creación de OA sobre una unidad temática de interés del participante. Para ello se capacitó en el uso de software libre, particularmente para la creación de OA, eXe Learning (http://exelearning.org), para la creación de paquetes SCORM, Reload (http://www.reload.ac.uk), y Moodle (http://moodle.org/) para la gestión de actividades SCORM en aulas virtuales.

El trabajo final consistió en un proyecto grupal o individual de un tema a elección, que contuviera al menos tres OA desarrollados aplicando los conceptos y herramientas trabajados durante el curso. Los OA se presentaron como un paquete de contenidos SCORM, de forma tal que pudieran ser utilizados como material didáctico.

Es importante señalar que la dinámica del curso dio lugar a una rica participación en los foros, con interesantes aportes y diversos puntos de vista. Así mismo se destaca la notable calidad de los trabajos finales entregados, más aún teniendo en cuenta que la mayoría de los asistentes no estaban familiarizados con el uso de herramientas de software con las características de las introducidas durante el curso y/o no habían experimentado la modalidad b-learning.

A través de este curso se capacitaron 58 personas provenientes de diferentes instituciones, en su mayoría pertenecientes a las diferentes sedes de la Universidad Nacional de la Patagonia: Trelew, Esquel, Puerto Madryn y Comodoro Rivadavia. Además, hubo dos participantes de Ecuador, uno de Chile y uno de España.

La deserción fue relativamente baja, y se produjo principalmente en dos momentos: al comienzo, cinco personas directamente no iniciaron el curso; y mediando la segunda mitad, en coincidencia con la entrega de actividades que requerían utilizar herramientas de software para la creación de OA. Finalmente 44 personas presentaron el trabajo final y aprobaron el curso.

Con el fin de realizar una evaluación general de la experiencia y mejorar su calidad en futuros dictados, se solicitó a los asistentes dar a conocer sus opiniones a través de una encuesta. Se recibieron 24 encuestas con respuestas que valoran muy positivamente los ítems consultados: grado de satisfacción respecto de las expectativas, claridad y completitud en relación a los contenidos del curso y los materiales, la calidad de la comunicación, la factibilidad de aplicarlo a la práctica docente. Se solicitaba además la opinión del asistente sobre el enfoque del curso, tratamiento de la información, dinámica del trabajo y otros comentarios.

La experiencia fue sumamente enriquecedora, tanto para los alumnos como para las docentes. Se alcanzaron los objetivos planteados, lográndose la sensibilización de los asistentes sobre la necesidad de generar material didáctico en forma de OA, utilizando herramientas de software libre para su creación en conformidad con especificaciones y estándares, a fin de compartirlos en ROA y utilizarlos en entornos virtuales de enseñanza y aprendizaje.

10.4.1. Estableciendo sinergias

En la formulación del Proyecto CGCWeb2.0 (A/024521/09), además de las tareas específicas se plantearon sinergias con otros proyectos liderados por integrantes de su Unidad Ejecutora:

- PI 628-10E067: "Hacia un Repositorio de Objetos de Aprendizaje", Facultad de Ingeniería, UNPSJB, dirigido por Mg. Zulema Beatriz Rosanigo.
- PI 724: "Definición de los principales actores y sus roles para los cursos de EaD en la Facultad de Ciencias Económicas de la UNPSJB", Facultad de Ciencias Económicas, UNPSJB, dirigido por Mg. Marta Dans.
- PI 803: "Potenciando la utilización de TIC en docencia, investigación y comunicación", Facultad de Humanidades y Ciencias Sociales, UNPSJB, dirigido por Esp. Mabel Álvarez.
- Proyecto Enlaces- Centro de Educación y Tecnología, Universidad de Concepción y Ministerio de Educación de Chile, dirigido por Mg. Nibaldo Gatica Zapata.

Desde el PI 628-10E067 y a través del curso de posgrado anteriormente descripto, se capacitaron cuatro integrantes de la Unidad Ejecutora del Proyecto A/024521/09, lo que se vio reflejado en la generación de OA que sirvieron como material didáctico en los cursos e-learning impartidos desde este proyecto. Asimismo, siete miembros del Proyecto de Investigación PI 724, dos miembros del PI 803 y uno de Enlaces, participaron en el curso de posgrado de OA.

La participación de integrantes de estos Proyectos de Investigación en el curso de OA, como parte de las actividades de formación de sus respectivos proyectos, trajo aparejada la posibilidad de un efecto multiplicador de la formación recibida, toda vez que generaron OA que luego aplicaron a través de las actividades de sus respectivos proyectos.

10.5. CONSIDERACIONES FINALES

La organización de contenidos y actividades de aprendizaje a través de OA otorga una gran facilidad para combinar, secuenciar y graduar la forma en que el profesor guía al estudiante para que construya el conocimiento, a la vez que favorece el desarrollo de múltiples y flexibles itinerarios pedagógicos adaptables a las necesidades específicas de los alumnos.

En opinión de la autora, el mayor potencial de los OA está dado por la filosofía subyacente de que el conocimiento debe ser compartido y socializado. Se trata de compartir abiertamente material educativo, y en este contexto, los repositorios de OA cobran significativa importancia, convirtiéndose en un depósito de conocimiento para ser reutilizado las veces que se requiera. El uso de ROA para su almacenamiento y posterior localización es fundamental para la reutilización y permanencia de los contenidos que pueden ser aprovechados en distintos momentos y contextos.

El uso de formatos estándares es totalmente necesario para que los recursos educativos puedan ser fácilmente localizados y reutilizados en otros entornos, favoreciendo la reusabilidad.

La experiencia de formación realizada, a través del Curso de postgrado impartido, permitió capacitar a cincuenta personas, en concordancia con la línea de investigación relativa a promover el desarrollo de OA en la comunidad educativa. Catorce de ellas pertenecientes a Proyectos de Investigación que promueven el uso de las TIC en la Educación.

10.6. REFERENCIAS

ADL Advanced Distributed Learning (2002). Emerging and Enabling Technologies for the design of Learning Object Repositories Report. Recuperado de: http://xml.coverpages.org/ADLRepositoryTIR.pdf.

APROA (2005). Aprendiendo con Repositorio de Objetos de Aprendizaje. Universidad de Chile, Recuperado de: http://www.aproa.cl/

Bramati P., Rosanigo Z.B. y Bramati S. (2010). Enseñando con Objetos de Aprendizaje. ISBN Nº: 978-84-693-2709-8 Actas de Congresos, XV Congreso Internacional de Tecnologías para la Educación y el Conocimiento. Madrid (España).

Cajal F. y Moraga P. (2010). Graduate! – Un Repositorio de Objetos de Aprendizaje. (Tesina de grado) Facultad de Ingeniería, UNPSJB, Trelew, Argentina.

Chiappe, A. (2009). Objetos de aprendizaje 2.0: una vía alternativa para la re-producción colaborativa de contenido educativo abierto. Colección: Univirtual Objetos de Aprendizaje Prácticas y perspectivas educativas ISBN: 958-8162-65-3 Pontificia Universidad Javeriana – Cali.

Colombia Aprende (2006). La Red de conocimientos. Portal educativo del Ministerio de Educación Nacional. Recuperado de: http://www.colombiaaprende.edu.co/html/directivos/1598/article-99393.html.

Downes, S (2004). Learning Objects: A Practical Definition Recuperado de: http://www.downes.ca/cgi-bin/page.cgi?post=7855.

L'Allier, J. J. (1998). NETg's precision skilling: The linking of occupational skills descriptors to training interventions. Recuperado de: http://www.akbulut.8m.com/skilling.htm.

López Guzmán, C. (2005). Los Repositorios de Objetos de Aprendizaje como soporte a un entorno e-learning, Tesina doctoral, Universidad de Salamanca. Salamanca.

LTSC-IEEE. (2002). Draft Standard for Learning Object Metadata. Recuperado de: http://ltsc.ieee.org/wg12/files/LOM_1484_12_1_v1_Final_Draft. pdf

McGreal, R. (2004). Learning Objects: A practical definition. Internacional Journal of Instructional Technology and Distance Learning, vol. 1, nº 9. Recuperado de: http://www.itdl.org/Journal/Sep_04/article02.htm.

Moreira, M; Estévez García, R. y Torres Amaro, M. C. (2002). Elaboración de material didáctico para la World Wide Web. Universidad de La Laguna Recuperado de: http://tecnologiaedu.us.es/bibliovir/pdf/dic_2.pdf.

Paur, A. B. (2008). Objetos de Aprendizaje – Factores que potencian su reusabilidad. (Tesina de Master) Programa Erasmus Mundus, consorcio integrado por Universidad Tecnológica de Lisboa (Portugal), Universidad Nacional de Educación a Distancia (España) y Universidad de Poitiers (Francia).

Polsani P. R. (2003). Use and abuse of reusable Learning Objets. Journal *of Digital Information*. Volume 3, Issue 4, Article No. 164, 2003-02-19.

Rosanigo, Z. B., Bramati, P., y Bramati, S. (2010). Objetos de Aprendizaje para la cátedra de Proyecto I. *TE&ET | Revista Iberoamericana de Tecnología en Educación y Educación en Tecnología*, ISSN 1850-9959. Nro. 5, 21-28.

Rosanigo, Z. B., Paur A.y Bramati P. (2000). Metodología de diseño de software educativo, Actas VI Congreso Internacional de Ingeniería Informática. - ISBN 987-461764-7.

Rosanigo Z. B., Paur A. B. y Saenz Lopez M. S. (2010). Objetos de aprendizaje: nuevas tendencias para el diseño de materiales en entornos virtuales. Editorial: Universidad Nacional de la Patagonia San Juan Bosco. ISBN 978-950-763-099-6.

Rosanigo, Z. B., Paur A. B., Saenz Lopez, M. S., Bianchi, G. S., Livigni, E. M. y Bramati P. (2010). Nuevas tendencias para el diseño de materiales en entornos virtuales: Objetos de aprendizaje, II Jornada de Intercambio de Experiencias en la Facultad de Ingeniería, Comodoro Rivadavia.

SCORM (2004). Sharable Content Object Reference Model. Recuperado de: http://www.adlnet.gov/capabilities/scorm.

Wiley, D. (2000). Connecting Learning Objects to Instructional Design Theory, Recuperado de: http://www.reusability.org/read/

Wiley, D. A.(2002). Learning Objects. En Kovalchick & Dawson (Eds.). Educational Technology. An Encyclopedia. Santa Bárbara: ABC-CLIO. Recuperado de: http://opencontent.org//docs/encyc.pdf.

CAPÍTULO 11. LA PIZARRA DIGITAL INTERACTIVA Y LA WEB 2.0: AMBIENTES DIGITALES QUE SE SUSTENTAN CON LA TEORÍA DEL CONSTRUCTIVISMO SOCIAL

NIBALDO GATICA[1], JORGE VALDIVIA[2]
[1,2]*Universidad de Concepción, Chile*
[1]*ngatica@udec.cl*, [2]*jvaldivi@udec.cl*

Resumen: La incorporación de la pizarra digital interactiva en el aula ha ido aparejada con el surgimiento de la Web 2.0, lo que ha permitido ir diseñando e implementando iniciativas pedagógicas en el aula haciendo sinergia entre ambas, en donde la colaboración y el compartir conocimiento puede abrir espacios innovadores para el profesorado en la educación. Los escenarios didácticos en donde el aprendizaje activo del estudiante será la manera de dinamizar los procesos pedagógicos en la sociedad del conocimiento deberán estar acordes a la diversidad de servicios que forman parte de la Web 2.0 (blogs, modelos colaborativos, entre otros), y con las potencialidades de la pizarra digital interactiva
Ante la situación expuesta, la planeación didáctica debe estar diseñada tomando en cuenta que hoy los estudiantes en el aula aprenden con la ayuda de los demás, y como expresa Frawley (1997), "...se aprende en el ámbito de la interacción social, y esta interacción social como posibilidad de aprendizaje es la Zona de Desarrollo Próximo".
Hecha la observación anterior, la educación debe propender al dinamismo e interacción social de modo que el aprendizaje colectivo sea consecuente con lo que sucede en la actualidad, en la que el hombre es un ser social por defecto, que aprende influenciado del medio y de las personas que lo rodean, por lo que el conocimiento mismo es un producto social.
Palabras Clave: Constructivismo Social, Pizarra Digital Interactiva, Web 2.0, Zona de Desarrollo Próximo, Estrategias de Aprendizaje, Estrategias de Enseñanza.

11.1. INTRODUCCIÓN

El trabajo que se presenta tiene la finalidad de dar a conocer al lector un escenario educativo que incorpora como eje transversal el constructivismo social en el diseño e implementación de prácticas pedagógicas asociadas al trabajo en conjunto entre las Pizarras Digitales Interactivas y las herramientas de la Web 2.0. Se muestran también, no sólo la complementariedad de los recursos existentes entre ellos, a través de ambientes digitales interactivos y multimediales, sino que también cuales son algunos de los servicios de la Web 2.0 que dan la apertura a la incorporación de la Pizarra Digital Interactiva en un contexto pedagógico.

Asimismo, es importante recalcar los elementos diferenciadores que forman parte del acto didáctico (profesor, contenidos, estudiante, contexto), donde el eje que los mueven va aparejado con los procesos didácticos que suceden en la Zona de Desarrollo Próximo, espacio que está definido por las estrategias didácticas asociadas a actividades pedagógicas diseñadas e implementadas por el profesor, cuya finalidad es que el alumno pueda resolver un problema real con la ayuda de un adulto o compañero aventajado.

Sobre la base de las consideraciones anteriores, se desea recalcar las potencialidades educativas, tecnológicas y sociales que dispone la Pizarra Digital Interactiva para el contexto escolar que permiten una construcción colectiva del conocimiento y que hacen sinergia con las herramientas Web 2.0 debido a la naturaleza misma de ellas, en el sentido que estimulan la reflexión y también la generación de conocimientos colectivos de los profesores y estudiantes, en donde el aprender haciendo es un referente para mejorar los procesos pedagógicos, y las competencias digitales de los estudiantes en la actualidad.

11.2. MARCO CONCEPTUAL

11.2.1. La Pizarra Digital Interactiva

Es un recurso tecnológico que en Chile está siendo parte del ecosistema digital del aula desde el año 2006, y la inversión que están realizando en este tipo de dispositivos forma parte de decisiones del equipo de gestión de los centros educativos. Lo expuesto, va aparejado con una necesidad de formación del profesorado, requisito fundamental para incorporarla didácticamente en la educación.

En este orden de ideas, la Universidad de Concepción desde el año 2006 organiza las Jornadas Nacionales de Pizarras Digitales Interactivas, cuyas propuestas pedagógicas son transversales en relación a los contenidos conceptuales, procedimentales o actitudinales, y con gran asistencia de profesores del país pertenecientes a centros educativos públicos y privados.

En este mismo sentido, el Centro de Educación y Tecnología –Enlaces– del Ministerio de Educación, en el año 2011 entregó 300 Pizarras Digitales Interactivas a los establecimientos públicos del país, para que gradualmente se incorporen en las prácticas pedagógicas del profesorado en los niveles de transición y primer ciclo básico, como una manera de potenciar en los estudiantes las competencias digitales del siglo XXI (organizar información en formato digital, actuar de forma responsable, generar conocimientos, entre otros).

11.2.1.1. ¿Qué es la Pizarra Digital Interactiva?

Diversas son las concepciones que existen para este medio tecnológico. No obstante, Marquès (2009) la define haciendo hincapié en la complementariedad tanto del hardware como del software incorporado en los dispositivos informáticos. Según este autor la Pizarra Digital Interactiva es un "...sistema tecnológico integrado por un videoproyector, computador (conectado a Internet), y un dispositivo control de puntero, la cual proyecta contenidos multimedia en una superficie interactiva".

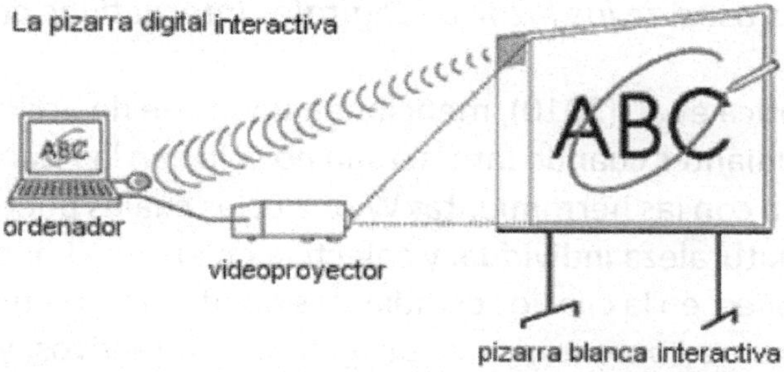

Figura 1: Elementos de una Pizarra Digital Interactiva.

En la figura anterior, la interactividad de parte de los estudiantes con los contenidos educativos, representados por recursos o medios digitales multimediales (videos, imágenes,...) que se muestran se realiza directamente sobre la superficie de proyección de la pizarra blanca interactiva.

En este orden y dirección, en Gatica, Valdivia et al. (2009), se contemplan una serie de prácticas pedagógicas asociadas a las Pizarras Digitales Interactivas en donde las actividades están diseñadas de tal manera que los estudiantes debaten y analizan las temáticas curriculares teniendo como medio de comunicación e interacción la superficie interactiva de este recurso tecnológico.

11.2.1.2. Las beneficios de las Pizarras Digitales Interactivas para los docentes

Variadas son las ventajas que se pueden mencionar de este recurso para el centro educativo, y de manera particular al profesorado. Según Becta (2004), algunos beneficios para los docentes son:

- El recurso se acomoda a los diferentes estilos de enseñanza del docente, siendo adecuada para el trabajo individual y grupal de los estudiantes.
- La pizarra digital es un instrumento perfecto para el educador constructivista ya que es un dispositivo que favorece el pensamiento crítico de los estudiantes. El uso creativo de la pizarra está limitado por la imaginación del docente y de los estudiantes.

- La pizarra fomenta la flexibilidad y la espontaneidad de los docentes, ya que éstos pueden realizar anotaciones directamente en los recursos Web utlizando marcadores de diferentes colores.
- El docente se enfrenta a una tecnología sencilla, especialmente si se la compara con el hecho de utilizar computadores para toda la clase.
- Generalmente, el software asociado a la pizarra posibilita el acceso a gráficos, diagramas y plantillas, lo que permite preparar las clases de forma más sencilla y eficiente, guardarlas y reutilizarlas.

11.2.1.3. Los usos de las Pizarras Digitales Interactivas para los estudiantes

Gallego y Gatica et al. (2010), mencionan una serie de acciones que pueden desarrollar los estudiantes cuando interactúan no sólo con la Pizarra Digital Interactiva, sino que también con las herramientas Web 2.0, las cuales pueden estar asociadas a actividades de naturaleza individual y colectiva en el aula. Por citar:

- Anotaciones, en la cual los estudiantes pueden intervenir con observaciones, acotaciones o comentarios en programas interactivos, ya sea rayando, realizando dibujos, o pintando. Cabe consignar en este caso, el ambiente Dibujos *online de Google.docs.*
- Presentaciones, en la que los estudiantes pueden realizar exposiciones apoyadas en el software asociado a la Pizarra Digital Interactiva, e incluir acciones como correcciones, o comentarios de manera *online*, que permiten un mejorar la exposición, favoreciendo con ello la retroalimentación, el debate entre pares, y la participación colectiva. Cabe citar, el ambiente Presentaciones de *Google.docs.*
- Búsquedas, asociado a tareas de indagación asociados a sitios que complementan las actividades pedagógicas que están desarrollando. Para ello, el computador debe tener acceso a la Web. Estas búsquedas pueden enriquecer por ejemplo un *Blog* o una *Wiki.*

11.2.2. La Web 2.0

La evolución que ha experimentado la Web 1.0 desde los inicios de la década de los noventa, ha sido tal que la participación de los usuarios a través de esta plataforma digital, ha generado cambios en la forma de vida de los individuos, desde el punto de vista personal, profesional o social.

De hecho Fumero y Roca (2007), explicitan que la línea evolutiva de la Web 1.0, "...se ramifica, dando lugar a dos retoños muy prometedores. Primero, hacia la Web Semántica, donde se añaden a los datos codificados y representados en las páginas Web 1.0 una serie de metadatos que habilitan a las propias maquinas para extraer información y ofrecerla al usuario en contexto. Después surge la Web 2.0 como una forma innovadora para introducir la inteligencia necesaria en la Red, y que no es otra cosa que involucrar directamente al usuario, dando lugar a una web semántica de verdad, con minúsculas (*realworld semantics*) donde se puede articular ¿el conocimiento? en torno a la conexión de nodos humanos, personas".

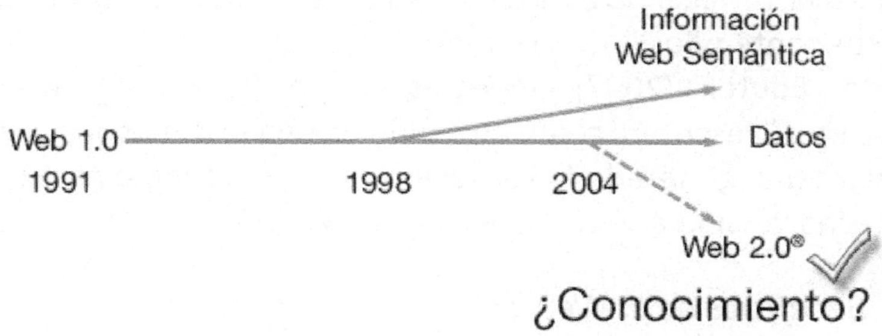

Figura 2. Evolución de la Web desde los inicios en la década de los noventa. Extraído de Fumero y Roca (2007).

Por otro lado, la posibilidad cierta de tener usuarios dinámicos y activos en la Web, en el sentido de participar y de aportar sobre temáticas relevantes e interesantes para los demás, más que dar lectura a información disponible en la Web, sin posibilidades de editar ni de modificar lo publicado, ha sido una de las transformaciones más importantes desde la Web 1.0.

Lo expuesto, coincide con lo expresado Educastur (2007), en el sentido que la Web 2.0 "...se constituye en el escenario en el que convergen los usuarios, los servicios, los medios y las herramientas. Un terreno en el que estas relaciones tejen redes sociales en las que la clave es la participación, la posibilidad de conversar e interactuar".

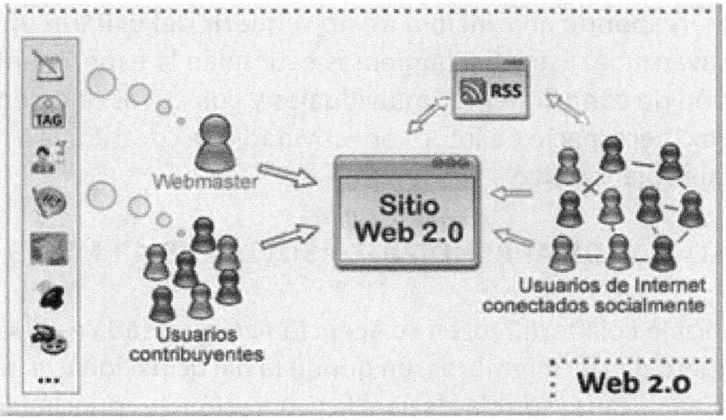

Figura 3. Elementos contribuyentes de la Web 2.0. Extraído de Eduteka (2007).

Según Ortiz de Zárate (2008), la Web 2.0 es un "...fenómeno social en relación con la creación y distribución de contenidos en Internet, caracterizado por la comunicación abierta, la descentralización de autoridad, la libertad para compartir y usar, dentro de un enfoque que trata a las relaciones humanas y económicas como conversaciones".

En el entorno Web 2.0 los usuarios actúan de la manera que deseen: en forma tradicional y pasiva, navegando a través de los contenidos; o en forma activa, creando y aportando sus contenidos (Cobo y Pardo, 2007).

De acuerdo a Eduteka (2007), la Web está "...volviendo a sus raíces como herramienta de lectura y/o escritura como entrando en una fase más social y participativa. Estas tendencias han generado la sensación de que la Web está entrando en una segunda fase, una versión nueva y mejorada: la Web 2.0".

11.2.2.1. Beneficios de la Web 2.0

Variados son los servicios que dispone actualmente la Web 2.0 para los usuarios, que van desde la creación de documentos pertinentes para su desarrollo personal o profesional hasta aplicaciones o programas que fomentan la participación y colaboración formando verdaderas entidades o comunidades de práctica y aprendizaje de tipo virtual.

Para Educastur (2007), "...la Web 2.0 está plagada de servicios y aplicaciones disponibles desde el propio navegador...ofrecen espacios para almacenar y compartir todo tipo de archivos y materiales: desde fotografías y videos, lo más habitual, hasta presentaciones multimedia, escritorios virtuales y herramientas ofimáticas en línea que posibilitan que varias personas trabajen en un mismo documento sin salir de la ventana de su navegador".

Según Cobo y Pardo (2007), uno de los principales beneficios de estas nuevas aplicaciones web – de uso libre y que simplifican tremendamente la cooperación entre pares – responde al principio de no requerir del usuario una alfabetización tecnológica avanzada. Estas herramientas estimulan la experimentación, reflexión y la generación de conocimientos individuales y colectivos, favoreciendo la conformación de un ciberespacio de inter-conectividad que contribuye a crear un entorno de aprendizaje colaborativo.

11.3. TIPOLOGÍAS DE APRENDIZAJE ASOCIADOS A LA WEB 2.0

El aprendizaje colaborativo, en su acepción generalizada está asociado a un trabajo en conjunto de sus miembros, en donde la participación y la interdependencia de las tareas planificadas son claves para la generación de conocimientos acorde a los objetivos diseñados con antelación. Según Johnson y Johnson (1999), y en el marco de los entornos colaborativos considera que el "...conocimiento que se genera esta bajo una continua negociación y no será producido hasta que los intereses de varios actores estén incluidos". Lo expresado es un aspecto relevante que sucede en la interacción entre los miembros supeditados al desarrollo de una iniciativa colaborativa. Además, este autor propone tres tipologías distintas de aprendizaje:

- Aprender haciendo, resultan especial utilidad aquellas herramientas que permiten al estudiante y/o docente la lectura y la escritura en la Web, bajo el principio de "ensayo-error". Por ejemplo, los estudiantes pueden aprender sobre la contaminación ambiental generando presentaciones en línea (de texto, audio o video) sobre las acciones que el hombre está desarrollando para alterar el ecosistema en sus distintos ámbitos: agua, aire y tierra. El profesor lo revisará y corregirá aquellos aspectos que se pueden mejorar. Este proceso de creación individual y colectiva, promueve un proceso de aprendizaje constructivista.
- Aprender interactuando, en donde el énfasis esta puesto en la instancia comunicacional entre pares. Algunos ejemplos de interacción serían: agregar un post en un *Blog* o *Wiki*, o actividades tan coloquiales como usar el Chat o el correo electrónico.
- Aprender buscando, representado por el ejemplo en la elaboración de un ensayo, en donde el estudiante buscará fuentes de información para abordar el tema en cuestión. En un entorno de gran cantidad de información disponible, resulta fundamental aprender cómo y dónde buscar los contenidos educativos.

  Lundvall (2002), por otro lado agrega a esta taxonomía un cuarto tipo de aprendizaje, que representa un aspecto esencial de las herramientas Web 2.0, como es:
- Aprender compartiendo, en donde el proceso de intercambio de conocimientos y experiencias permite a los educandos participar activamente de un aprendizaje colaborativo...en donde la creación de instancias que promueven el compartir objetos de aprendizaje contribuyen a enriquecer significativamente el proceso educativo. Por ejemplo, las plataformas para el intercambio de diapositivas en línea, podcast o videos educativos, entre otros.

11.4. EL CONSTRUCTIVISMO SOCIAL

Según Parica, Bruno y Abancin (2005), el constructivismo social "considera la influencia de los contextos sociales y culturales en el conocimiento y se apoya en un "modelo de descubrimiento" del aprendizaje. Este modelo releva el rol activo del profesor mientras que las habilidades mentales de los estudiantes se desarrollan "naturalmente" a través de varias "rutas" de descubrimientos.

En otras palabras, el hombre es un ser social por naturaleza que aprende por influencia del medio y de los individuos que lo rodean, por lo que la génesis del conocimiento mismo es un producto social o colectivo, y no solo al desarrollo de las estructuras cognoscitivas del individuo.

En este contexto, existen en esta teoría supuestos asociados, entre los que se destacan la influencia de la comunidad en la construcción de significados, la importancia de los adultos en el desarrollo cognoscitivo, y la Zona de Desarrollo Próximo, asociado a las capacidades del individuo en la solución de problemas.

El diseño e implementación de prácticas pedagógicas de parte del profesorado en las que convergen la Pizarra Digital Interactiva y las herramientas Web 2.0, pueden estar supeditados a una interacción social dinámica y participativa – estudiante, profesor, medio tecnológico – en donde los aprendizajes obtenidos de parte de los estudiantes son producto del descubrimiento de las potencialidades de los recursos tecnológicos disponibles, y en la que el apoyo, el andamiaje o la participación guiada del profesor sea la clave para la consecución no solo de conocimientos, sino que de aprendizajes sobre el uso de las herramientas Web 2.0 a través de la Pizarra Digital Interactiva.

Se ilustra a continuación un aula, en donde se observa a los diferentes actores interactuando de manera sincrónica para generar conocimientos y aprendizajes junto a las tecnologías disponibles en esta ocasión:

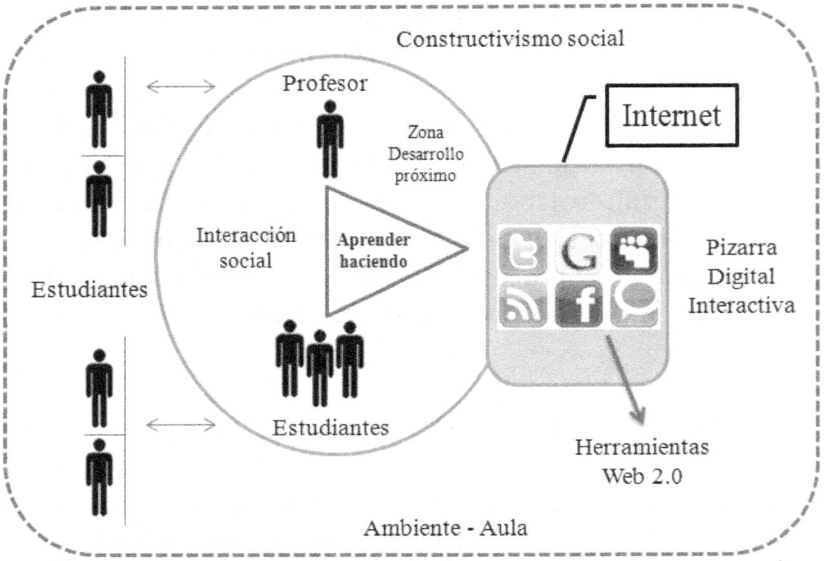

Figura 4. Un acercamiento al aula en donde se observa la participación activa en los actores educativos. Elaboración de los autores.

11.4.1.1. La Zona de Desarrollo Próximo

Uno de los supuestos relevantes del constructivismo social es lo que se denomina la Zona Desarrollo próximo (ZDP). Se trata del espacio entre la zona de desarrollo real del estudiante, determinado por la capacidad de éste de resolver de manera independiente un problema, y la zona de desarrollo potencial, asociada por la resolución del problema con la participación guiada del profesor o compañero más aventajado. Este espacio, entre lo que el estudiante puede aprender por sí mismo, y lo que puede aprender con ayuda de otro, es lo que se llama ZDP.

La ZDP se favorece con la ayuda de los demás, en el ámbito de la interacción social, donde el estudiante aprende de forma eficaz cuando lo hace en un contexto de colaboración e intercambio con otros.

Para ejemplificar lo expuesto, se muestra un esquema asociando la ZDP, la Pizarra Digital Interactiva y las herramientas Web 2.0.

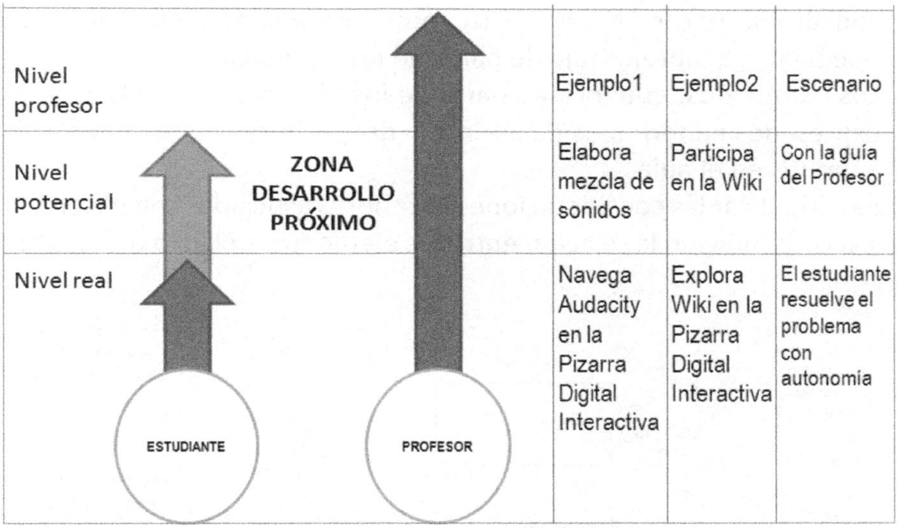

Figura 5. La Zona de Desarrollo Próximo como escenario existente en la complementación didáctica entre la Pizarra Digital Interactiva y las herramientas de la Web 2.0. Elaboración de los autores.

11.5. EL ACTO DIDÁCTICO

Según Marquès (2011), el acto didáctico es esencialmente de naturaleza comunicativa, y "...define la actuación del profesor para facilitar los aprendizajes del estudiante".

Una práctica pedagógica que asocie la integración de la Pizarra Digital Interactiva con el uso de las herramientas Web 2.0, pueden estar enmarcado en lo que corresponde al acto didáctico, más aún cuando existen elementos básicos que sustenten este escenario. Cabe citar:

- El docente, que planifica determinadas actividades para los estudiantes a través de una estrategia de enseñanza o didáctica, y que tiene por finalidad lograr determinados objetivos pedagógicos.
- El alumno, que deberá alcanzar aprendizajes acordes con las indicaciones del docente, mediante la interacción de los recursos disponibles (medios TIC) con los contenidos planificados para la sesión particular. Entre los aprendizajes que deberán alcanzar tenemos (asociados a las herramientas Web 2.0 y Pizarra Digital Interactiva):
  - Aprender haciendo.
  - Aprender interactuando.
  - Aprender buscando.
  - Aprender compartiendo.
- El contexto en que se desarrolla el acto didáctico, el cual en este caso está constituido por los medios – TIC, aula, comunidad – que tendrán gran influencia en el aprendizaje de parte de los alumnos.
- Los contenidos, que forman parte de los objetivos de la clase, y que están expresados en términos de intención del profesor, y que deben alcanzar los alumnos en el aula.

Para ejemplificar las consideraciones anteriores asociadas con el acto didáctico, se ilustra a continuación la relación entre los elementos del acto didáctico:

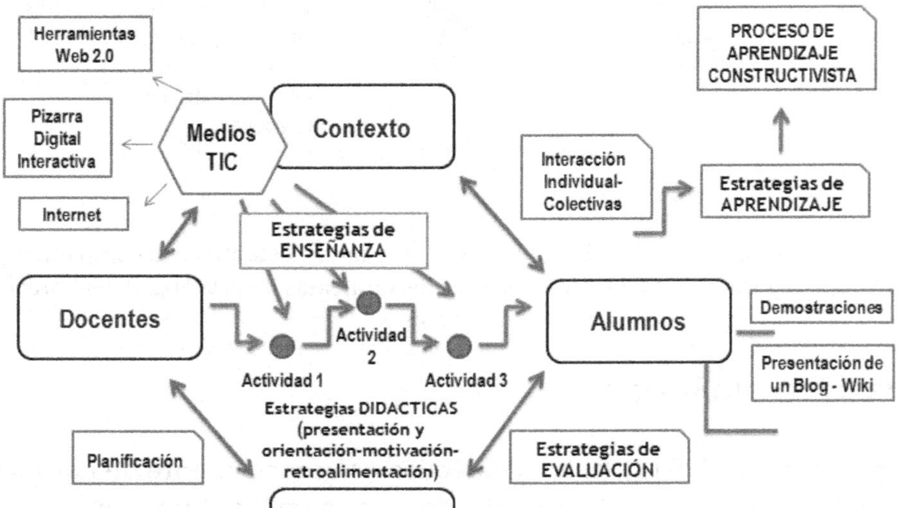

Figura 6. Acto didáctico asociado a la integración de la Pizarra Digital Interactiva y las herramientas Web 2.0 en el aula. Elaboración de los autores.

11.5.1. Las estrategias didácticas o de enseñanza en el acto didáctico

Las estrategias didácticas o de enseñanza se concretan en una diversidad de actividades diseñadas por el profesor, y a desarrollar por los estudiantes, las cuales dependerán entre otros factores de los contenidos, y recursos disponibles. También las estrategias didácticas determinan el uso de los medios y la metodología a incorporar en el aula, favoreciendo con ello la comprensión de los conceptos, reflexión y la transferencia de los conocimientos.

Cabe citar, que las estrategias didácticas en un primer momento se favorecen con la ayuda del profesor, y de los demás, en la que la interacción social es relevante para que el aprendizaje sea eficaz.

Se presentan a continuación algunas estrategias de enseñanza que el docente puede emplear con la intención de facilitar el aprendizaje significativo de los estudiantes (Díaz y Hernández, 1999). Esta estrategias, en diversas investigaciones (Díaz y Lule, 1978; Mayer, 1986; West, Farmer y Wolff, 1991) han mostrado su efectividad al ser incorporadas como apoyos en la dinámica de la enseñanza ocurrida en la clase (negociación, colaboración, exposición, discusión, etc.).

Tabla 1. Estrategias de Enseñanza desarrolladas por el profesor para el trabajo en conjunto entre la Pizarra Digital y las herramientas Web 2.0.

Estrategia de enseñanza	Efecto esperado en el estudiante
Objetivos	Explica la finalidad y alcance del material y cómo manejarlo. El alumno sabe qué se espera de él al concluir de revisar el material. Ayuda a contextualizar sus aprendizajes y darles sentido.
Pizarra Digital Interactiva + Herramientas Web 2.0	"En el día de hoy se usará el *Audacity* de manera colectiva en la Pizarra Digital Interactiva con la finalidad de hacer un resumen en formato audio del Proyecto desarrollado en clases."

Estrategia de enseñanza	Efecto esperado en el estudiante
Resumen	Realiza una síntesis y abstracción de la información relevante de un discurso oral y escrito.
Pizarra Digital Interactiva + Herramientas Web 2.0	"El procedimiento para compartir un documento en *Google.docs* entre todos los compañeros del curso fue...".

Estrategia de enseñanza	Efecto esperado en el estudiante
Organizador previo Pizarra Digital Interactiva + Herramientas Web 2.0	Información de tipo introductoria y contextual. Tiende un puente cognitivo entre la información nueva y la previa. -- "La forma de construir un gráfico en la hoja de cálculo *online*, es muy semejante a como se realiza en *OpenOffice*".
Ilustraciones Pizarra Digital Interactiva + Herramientas Web 2.0	Representación visual de los conceptos, objetos o situaciones de una teoría o tema específico (fotografías, dibujos, esquemas, gráficas, etc.). -- "Si UDS. observan en la Pizarra Digital Interactiva, el *Blog* se compone de los siguientes ambientes...".
Analogías Pizarra Digital Interactiva + Herramientas Web 2.0	Proposición que establece que un evento (familiar) es semejante a otro (desconocido). Traslada lo aprendido a otros ámbitos. -- "La manera de cómo se distribuyen las fotografías en Flickr es muy parecido a un álbum familiar de fotografías impresas".

Estrategia de enseñanza	Efecto esperado en el estudiante
Preguntas intercaladas Pizarra Digital Interactiva + Herramientas Web 2.0	Mantienen la atención y favorecen la práctica, la retención y la obtención de información relevante. Permite practicar y consolidar lo aprendido y resuelve sus dudas. -- "El equipo de trabajo mostrará en la Pizarra Digital Interactiva, como se retocan o modifican las fotografías en *Picasa*".
Pistas tipográficas y discursivas Pizarra Digital Interactiva + Herramientas Web 2.0	Mantiene su atención, y detecta la información principal. -- "Reconoce el procedimiento para incorporar recursos digitales de la Pizarra Digital Interactiva en un *Blog*".

Estrategia de enseñanza	Efecto esperado en el estudiante
Mapas conceptuales y redes semánticas Pizarra Digital Interactiva + Herramientas Web 2.0	Representación gráfica de esquemas de conocimiento. Contextualiza las relaciones entre conceptos y relaciones. -- "Muestra en la Pizarra Digital las relaciones y conceptos asociados a las herramientas de *Google.docs*".
Uso de estructuras textuales Pizarra Digital Interactiva + Herramientas Web 2.0	Organizaciones retóricas de un discurso oral o escrito que influyen en la comprensión y recuerdo. Facilita el recuerdo y la comprensión de lo más importante de un texto. -- "El color y el grosor de los trazos disponibles en la Pizarra Digital Interactiva están plasmados en el dibujo *online* realizado en el día de ayer".

11.5.2. Las estrategias de aprendizaje en el acto didáctico

Según Díaz y Hernández (1999), las estrategias de aprendizaje "...comprenden una serie de ayudas al estudiante, y éste decide cuándo y por qué aplicarlas, y representan estrategias de aprendizaje que el individuo posee y emplea para aprender, recordar y usar la información. Se desea con ello, que se promocionen aprendizajes significativos, y su responsabilidad recae en el aprendiz".

No es una tarea fácil hacer una clasificación de las estrategias de aprendizaje, dado la diversidad de autores y enfoques. No obstante, en este caso se mostrará un extracto de su clasificación (Pozo, 1990), que puede ser usadas por los estudiantes en su trabajo con la Pizarra Digital Interactiva y herramientas Web 2.0.

Tabla 2. Estrategias de Aprendizaje desarrolladas por el alumno para el trabajo en conjunto entre la Pizarra Digital y las herramientas Web 2.0.

Tipo de Estrategia	Finalidad	Técnica o habilidad
Recirculación de la información	Repaso simple	Repetición simple y acumulativa
	Apoyo al repaso	Subrayar Destacar Copiar

Elaboración	Procesamiento simple	Rimas Palabra clave Imágenes mentales
	Procesamiento complejo	Resumir Analogías Elaboración conceptual
Organización	Clasificación de la información	Uso de categorías
	Jerarquización y organización de la información	Redes semánticas Mapas conceptuales
Recuperación	Evocación de la información	Búsqueda directa Seguir pistas

De manera general, se puede plantear que las potencialidades tecnológicas de la Pizarra Digital Interactiva permiten a los alumnos desarrollar estas estrategias de aprendizaje (subrayar, mapas conceptuales, búsqueda directa, resumir, etc.), más aún, cuando sus propuestas incorporan las herramientas Web 2.0 (*Google.docs, Audacity*, etc.).

11.6. COINCIDENCIAS ENTRE PIZARRA DIGITAL INTERACTIVA Y LA WEB 2.0

Para ir visualizando un diseño de una práctica y su posterior implementación en el aula, es deseable expresar cuales son las posibilidades de trabajar desde el punto de vista colectivo tanto las Pizarras Digitales Interactivas con los servicios Web 2.0.

Tabla 3. Servicios complementarios entre la Pizarra Digital Interactiva y la Web 2.0.

Pizarras Digitales Interactivas	Servicios Web 2.0
Acceso a una aplicación *online*, la que se puede trabajar de manera colaborativa en el aula. Dispone de teclado en pantalla y reconocimiento de escritura manual. También se puede utilizar el teclado del computador.	Dispone de espacios *online* para almacenar contenidos. Por ejemplo, *Google.docs.*
A través de una triple interacción: el profesor ante el computador, los alumnos antes la Pizarra Digital Interactiva, y los demás alumnos participando desde sus asientos.	Mayor participación en las actividades grupales aumentando el interés y la motivación. Por ejemplo *Audacity.*
Dispone de opciones de escritura, posibilidades de anotación y de dibujo, permitiendo el cambio de colores y grosor de los trazos.	Trabajo autónomo y colaborativo, creativo. Por ejemplo, *Dibujos online de Google.docs.*

Pizarras Digitales Interactivas	Servicios Web 2.0
Es capaz de crear recursos, y proporciona nuevas funcionalidades: captura de imágenes y pantallas, plantillas. Además dispone de herramientas pedagógicas como regla, transportador de ángulos, librería de imágenes.	Fácil elaboración de materiales audiovisuales o multimedia. Por ejemplo, *Blog.*
Comunicarse, relacionarse y colaborar en entornos digitales, o aprender y generar conocimientos, productos o procesos. Lo expuesto a través de clases más llamativas y llenas de color en las que se favorece el trabajo colaborativo, los debates y la presentación de trabajos de forma vistosa a sus compañeros, favoreciendo la autoconfianza y el desarrollo de habilidades sociales (Redes, 2006).	Desarrollo y mejora de las competencias digitales a través de los servicios disponibles en la Web. Por ejemplo, *Flickr*, o *Podcasting.*

11.7. EL ACCESO DE LA PIZARRA DIGITAL INTERACTIVA A LOS SERVICIOS DE LA WEB 2.0

La Pizarra Digital Interactiva conectada a la Internet permite acceder a los servicios de la Web 2.0 en donde la construcción del conocimiento y el compartir los aprendizajes es un escenario recurrente cuando la planificación didáctica del profesor hace converger estás dos alternativas tecnológicas. Cabe citar por ejemplo, algunas complementariedades en beneficio de los estudiantes:

Tabla 4. Algunos servicios Web 2.0 que requieren de Internet para ser utilizadas con la Pizarra Digital Interactiva.

Servicios Web 2.0	Descripción de la acción desarrollada por el estudiante
Teacher Tube	Se pueden hacer anotaciones sobre este recurso multimedia cuando se encuentre lo relevante, y guardar esta captura interactiva haciendo uso de las herramientas y software que forma parte de la pizarra digital interactiva. Para ello, acceder a www.teachertube.com.
Blog	Accediendo a www.blogger.com u otro espacio en la Web los estudiantes pueden implementar un *Blog* colectivo, en donde la colaboración es clave para dar respuesta a un fenómeno en particular.
Flickr	Los estudiantes publican, seleccionan o comparten fotografías para una tarea definida de parte del profesor. También pueden hacer lo comentado a través de *Facebook*, correo electrónico, o un Blog. Para ello, acceder a www.flickr.com.

Google.docs	Para usar de manera compartida y en tiempo real se dispone de un procesador de texto, hoja de cálculo, o dibujos online, en donde la pizarra digital interactiva, puede concebir un proyecto en común en el aula. Para ello, acceder a www.gmail.com.
Picasa	Servicio que permite retocar las imágenes, clasificarlas, publicarlas y compartirlas. Para ello acceder a picasaweb.google.es.
Podcasting	Es un servicio que permite la creación de archivos de sonido, generalmente en formato mp3 u oog. Para grabar el audio se pueden usar editores de sonido como *Audacity* en audacity.sourceforge.net.

11.8. REFERENCIAS

Becta (2004). The benefits o fan Interactive whiteboard. Recuperado en http://schools.becta.org.uk/index.php?section=te&catcode=as-pres_02&rid=86&PHPSESSID=c8c821d5888c229e6d6dd9fb62cb4f27

Cobo, C. y Pardo, H. (2007). Planeta Web 2.0. Inteligencia colectiva o medios fast food. Recuperado en http://www.planetaweb2.net/

Díaz, F. y Hernández, G. (1999). Estrategias de Enseñanza para la promoción de aprendizajes significativos. Recuperado en http://redescolar.ilce.edu.mx/redescolar/biblioteca/articulos/pdf/estrate.pdf

Díaz, F. y Lule, M. (1978). Efectos de las estrategias preinstruccionales en alumnos de secundaria de diferentes niveles socioeconómicos. Tesis de Licenciatura, México: Facultad de Psicología, UNAM.

Educastur (2007). Web 2.0 y Educación. Consejería de Educación del Principado de Asturias. Recuperado en http://issuu.com/xardesvives/docs/web2edu

Eduteka (2007). Entienda la Web 2.0 y sus principales servicios. Recuperado en http://www.eduteka.org/Web20Intro.php

Fumero, A. y Roca, G. (2007). Web 2.0. Recuperado en http://fundacionorange.es/areas/25_publicaciones/WEB_DEF_COMPLETO.pdf

Frawley, W. (1997). Vygotsky y la ciencia cognitiva. Ediciones Paidós Ibérica. S. A. Barcelona.

Gatica, N. y Valdivia, J. et al. (2009). Incorporando la Pizarra Digital Interactiva al quehacer pedagógico. Registro de Propiedad Intelectual 180.896. Universidad de Concepción. Chile.

Gallego, D. y Gatica, N. et al. (2010). La pizarra digital. Una ventana al mundo desde las aulas. España: Editorial MAD, S.L.

Johnson, D. y Johnson, R. (1999). Aprender juntos y solos. Buenos Aires: Aique. Marquès, P. (2009). Las claves del éxito para el uso de la pizarra digital, la web 2.0 y las aulas 2.0. Recuperado en http://www.slideshare.net/toi12/mas-datos-sobre-la-utilidad-de-la-pizarra-digital

Lundvall, B. (2002). The University in the Learning Economy. DRUID, 2. Recuperado en http://www.druid.dk/wp/pdf_files/02-06.pdf

Marqués, P. (2011). La enseñanza. Buenas Prácticas. La Motivación. Recuperado en http://peremarques.pangea.org/actodid.htm

Mayer, R. (1986). Pensamiento, resolución de problemas y cognición. Buenos Aires: Paidós

Ortiz de Zarate, A. (2008). Manual de uso del blog en la empresa. Cómo prosperar en la sociedad de la conversación. Libros de Infonomia. Recuperado en http://www.infonomia.com/img/libros/pdf/BlogsEmpresa.pdf

Parica, A., Bruno, F. y Abancin, R. (2005). Teoría del Constructivismo Social. Recuperado en http://constructivismos.blogspot.com/2005_06_01_archive.html

Pozo, J. (1990). Estrategias de aprendizaje. En C. Coll; J. Palacios y A. Marchesi: Desarrollo psicológico y educación, II. Madrid: Alianza

Redes (2006). La Pizarra Interactiva como recurso en el aula. Recuperado en http://dim.pangea.org/docs/Redes_InformePizarrasInteractivas_250506.pdf

West, Ch., Farmer, J. y Wolff, P. (1991). Instructional design. Implications for cognitive science. Needdham Heights, MA: Allyn and Bacon

CAPÍTULO 12. ACTORES Y ROLES DE LA PLATAFORMA MOODLE

MARTA ISABEL DANS
Universidad Nacional de la Patagonia San Juan Bosco, Argentina
mdans@economicasunp.edu.ar

Resumen. Se describe aquí la trayectoria realizada en la Facultad de Ciencias Económicas en cuanto a la investigación desarrollada en torno a la búsqueda e implantación de las Tecnologías de Información y Comunicación (TIC) aplicadas a los cursos de dicha Facultad.
Se hace hincapié principalmente en la búsqueda y adopción de una plataforma virtual para cursos. Se desarrolla su sustento teórico. Luego se recorre los distintos aspectos en que se realizaron los estudios.
Finalmente se describe la interacción entre grupos de investigación de distintas facultades de la Universidad Nacional de la Patagonia San Juan Bosco (UNPSJB).
Palabras Clave: plataforma virtual de aprendizaje, Moodle, actores y roles teleformación, b-learning.

12.1. INTRODUCCIÓN

En la Facultad de Ciencias Económicas de la UNPSJB de Argentina se inició el proyecto de Educación a Distancia (EaD) en el año 2003, eligiéndose desde el comienzo como medio maestro la Web. La evaluación inicial destacaba como conclusión la fuerte presencia de la tecnología al alcance de la unidad académica y las dificultades para imponer un cambio fundamental en las prácticas, por lo que los actores involucrados en el proyecto optaron por trabajar con los medios virtuales (Dans, 2003).

Las características regionales de la UNPSJB y dentro de ella de la Facultad de Ciencias Económicas estaban enmarcadas por la presencia de algunos profesores viajeros, docentes que dictan clases en ciudades alejadas a su lugar de residencia, y la existencia de Delegaciones Académicas alejadas geográficamente, más de cuatrocientos kilómetros entre cada una de las ciudades. Para mejorar la comunicación entre alumnos y profesores durante los procesos de enseñanza y aprendizaje se desarrolló una experiencia de aplicación de distintos servicios de internet en cursos utilizándose páginas Web, correo electrónico y listas de correo.

En este contexto se advirtió la necesidad de utilizar un software específico para soportar cursos a distancia, es decir que permita la creación y el desarrollo de aulas virtuales. Después de analizar varias plataformas virtuales, todas ellas con la premisa de que fuesen de uso libre, se decidió seleccionar Moodle (Modular Object Oriented Distance Learning Enviroment, Plataforma modular para aprendizaje a distancia orientada a objetos) y en el año 2006 se la utilizó para implementar aulas virtuales como complemento de cursos presenciales y cursos con profesores viajeros. Con la plataforma Moodle en los procesos enseñanza y aprendizaje contamos con la posibilidad de interactuar mucho más allá del espacio físico de nuestras aulas de clases.

La unidad ejecutora diseña cursos de capacitación para asistir a los docentes en el uso de la plataforma virtual. Durante los años 2009 y 2010 se impartieron nueve cursos introductorios y uno avanzado, capacitando a más de 300 docentes de todas las delegaciones de la Facultad y de distintas unidades académicas no solo de Ciencias Económicas de la UNPSJB.

En este momento la plataforma cuenta con más de 60 aulas pertenecientes a asignaturas de cuatro departamentos académicos, con excepción del departamento de Derecho. El resto son Administración, Contabilidad, Matemática y Economía han creado sus aulas virtuales.

12.2. PEDAGOGÍA CONSTRUCTIVISTA SOCIAL

Moodle es un paquete de software para la creación de cursos basados en Internet. Es un proyecto en desarrollo diseñado para dar soporte a un marco de educación social constructivista. La filosofía del aprendizaje que subyace en este entorno corresponde a una forma de pensar que suele denominase "pedagogía construccionista social" (Rodríguez Villamil, 2008).

Los enfoques construccionista sostienen que las personas construyen activamente nuevos conocimientos a medida que interactúan con su entorno. Se trata más de un proceso de interpretación que de una transferencia de información de una persona a otra. El construccionismo explica que el aprendizaje es particularmente efectivo cuando se construye algo que debe llegar a otros. Esto puede ir desde una frase hablada o enviar un mensaje en Internet, a artefactos más complejos como discutir en un foro, crear una definición en una Wiki o estructurar la información referida a una entidad para completar los campos de una base de datos (Rodríguez Villamil, 2008).

Cuando hablamos del constructivismo social estamos extendiendo las ideas anteriores a la construcción de cosas de un grupo social para otro, creando colaborativamente una pequeña cultura de artefactos compartidos con significados compartidos. Cuando alguien está inmerso en una cultura como ésta, está aprendiendo continuamente acerca de cómo formar parte de ella en muchos niveles.

En un curso en línea las herramientas de software disponibles poseen un funcionamiento inherente, lo importante es que las actividades y textos producidos dentro del grupo como un todo ayudarán a definir a cada persona su forma de participar en el grupo. El construccionismo plantea una construcción social del conocimiento a través de la interacción social. La plataforma Moodle, permite la construcción social del conocimiento, mediante la participación y los aportes de cada uno de los participantes a los diversos temas de estudio, se incluye la colaboración, el aprendizaje basado en actividades y la reflexión crítica. Las herramientas que ofrece Moodle no fuerzan este estilo de comportamiento, pero es para lo que mejor sirve.

Existen varias formas de concebir la educación b-learning "si damos un vistazo a los distintos modelos que hay en el mundo, una primera reflexión sería para comprobar que no hay un modelo único y que cada país o institución construye su propio modelo" (Moreno, 1999). Se están desarrollando estándares que la tecnología aplicada al aprendizaje establece para su operación (SCORM, objetos de aprendizajes, repositorios) y sobre todo las especificaciones que éstos le implican a los modelos de educación a distancia y sus componentes y agentes, lo cual provoca la aparición de nuevos conceptos a incorporar por los distintos actores en la utilización de las aulas virtuales en sus prácticas docentes.

La percepción de necesidad de apropiación tecnológica puede no darse de manera simultánea entre todos los miembros de una organización, y las diferencias sociales (de género, posibilidades económicas, saberes profesionales, generacionales, hábitos y condiciones de acceso a medios, etc.) determinan esta capacidad de percepción de la mayor o menor necesidad de integración de las tecnologías como parte de las interacciones humanas (Chan, 1999).

La metodología Moodle debe ser orientada hacia una educación constructivista conducida primordialmente a través de la tutoría y asincrónica, con la asistencia de un profesor experto que guía a los estudiantes en la consecución de sus objetivos. La plataforma Moodle ayuda al profesor a estructurar sus actividades de forma organizada mediante la utilización de las herramientas informáticas disponibles para el diseño de actividades.

La utilización de las aulas virtuales implica para el docente tradicional incursionar en nuevos desafíos. Dentro de esta experiencia, el docente se puede desempeñar en distintos roles como planificador, experto en contenido, redactor de contenidos, responsable de guiar el aprendizaje. Ya identificados y definidos los roles, la unidad ejecutora ha detectado la necesidad de definir una estructura didáctica de los cursos y analizar el uso didáctico de cada recurso. Es decir, determinar todos los elementos que debe contener cada unidad como un todo e identificar en el momento de uso de cada recurso y actividad ¿Qué?, ¿Por qué?, ¿Cómo? y ¿Cuándo? utilizarlo.

En este sentido el investigar sobre la percepción de los diferentes actores de determinada acción de incorporar las TIC a cualquier actividad de la sociedad es necesario para integrar de forma óptima dichas herramientas a la diversidad del quehacer humano.

12.3. LÍNEA DE INVESTIGACIÓN

En la Facultad de Ciencias Económicas de la UNPSJB se comenzó en 1995 con la línea de investigación en Informática Educativa, abordada con éxito, a partir de los proyectos: "Extensión al modelo convencional de hipertextos para soportar dominios complejos, con un amplio universo de lectores", "Modelo para el diseño de hipermedios educativos", "Incorporación de tecnologías informáticas en educación a distancia" y "Tecnología Educativa en la Educación Superior".

Estos antecedentes han dejado como resultado un modelo para el diseño de hipermedios educativos (MHAS) orientado a la obtención de hipermedios para el aprendizaje significativo, probado a la fecha para la construcción de software orientado a la Educación General Básica y numerosas aplicaciones en distintos espacios curriculares de esta Facultad. Se desarrolló el sitio Web de la facultad de Ciencias Económicas de la UNPSJB, se promovió la utilización de distintos servicios de Internet en numerosas cátedras tanto de profesores viajeros como de profesores locales. Se diseñó un método MeCoVED para la construcción de videos didácticos digitales, se construyeron videos didácticos digitales para varias materias dictadas bajo la modalidad a distancia, utilizando esta modalidad.

Durante el transcurso de un proyecto surgió la necesidad de diseñar e implementar el medio maestro virtual como plataforma para los cursos de educación a distancia. Dada la experiencia en todos los temas involucrados para la concreción del mismo la directora del presente proyecto, satisfizo la demanda de la institución, aportando todos los servicios disponibles en el Hosting contratado para el Sitio Web de la modalidad a distancia de la Facultad.

En el proyecto Plataforma virtual educativa para cursos de EaD, se seleccionó Moodle como la plataforma gratutita disponible en la Red para los cursos de la Facultad de Ciencias Económicas de la UNPSJB.

En los posteriores proyectos de investigación de la Facultad de Ciencias Económicas se investigó sobre distintos aspectos relacionados a la plataforma Moodle.

12.4. ASPECTOS TEÓRICOS DE LAS PLATAFORMA VIRTUALES

El medio maestro de un curso a distancia se denomina al soporte físico que contendrá los materiales a entregar al alumno. El entorno virtual educativo para cursos de EaD (Educación a Distancia) instituye como medio maestro a Internet a través de sus distintos servicios, Web, Listas de Correo, Foros de Discusión, ftp, etc. Dicha plataforma trasciende al mero material que se entrega en los cursos a distancia con medio maestro tradicional. Siendo éste el papel, aunque sea enriquecido con otros materiales tecnológicos, como videos, cintas y otros.

Desde hace varias décadas se vienen usando conceptos que relacionan la educación con la informática y/o las telecomunicaciones. Algunos ejemplos son: Enseñanza Asistida por Ordenador (EAO), Telemática educativa, Teleeducación, etc.

Podemos afirmar que desde las primeras generaciones de ordenadores ya se comenzó a hablar de sus posibilidades educativas.

El término teleformación fue el primero que se usó en Hispanoamérica, para traducir al naciente e-Learning. Sin embargo, más apropiado hubiera sido la traducción de e-Training (que en ese momento era la capacitación a nivel empreasario mediante medios informáticos).

Ahora, se habla de "aprendizaje virtual", o "aprendizaje sin distancias", o en algunos casos "educación virtual".

Siguiendo esta línea encontramos varios términos muy relacionados tales como:

- On line learning
- Learning management systems
- Systems for WWW-Based Course Support
- Collaborative learning
- E-learning / i-learning
- Distributed learning
- Course management systems
- Course support systems
- Etc.

Según Robson (1999), un sistema de teleformación incluye las características siguientes:

- Comunicación a través del ordenador
- Herramientas de navegación
- Gestión de cursos
- Seguimiento y evaluación
- Herramientas de autor.

Por tanto, un sistema de teleformación, según Eggleston (1997) incluye las siguientes ventajas y beneficios:

- Permite a los participantes estar en diferentes localizaciones
- Permite la comunicación síncrona y la asíncrona e incluso la grabación de comunicaciones síncronas realizadas previamente
- Las limitaciones geográficas estarán minimizadas

- El costo de los encuentros cara a cara será reducido para los participantes distribuidos geográficamente
- Plataforma independiente y unos estándares abiertos que no requieran a los participantes disponer del mismo software y hardware.
- Fácil manejo de la información:
  - Capaz de identificar información nueva, antigua y desactualizada
  - Capaz de controlar el acceso a la información
  - Fácil para crear, añadir y modificar la información existente
  - Disposición de áreas de trabajo individual
- Integración con www (world wide web), y otras comunicaciones electrónicas (p. Ej. E-mail, pizarras electrónicas, videoconferencia, etc.).

12.4.1. Conceptos y Roles

Un sistema de e-Learning, incluye una serie de roles principales que básicamente se dan en los diferentes tipos de instalación de servicios que pueden ofrecer estos sistemas. Los roles son los siguientes según Muñoz Ibares (2006):

- Promotor y/o Gestor de la formación
- Profesor y dinamizador
- Proveedor y/o Creador de contenidos
- Alumno

Cada rol representa una serie de actividades. Hay que indicar que en algunos casos, estas actividades se mezclan obteniendo roles mixtos, por ejemplo, en muchas ocasiones el profesor desarrolla los contenidos, por tanto, se constituye como proveedor de contenidos o actúa como animador / dinamizador de una comunidad virtual.

12.4.1.1. Promotor y/o Gestor de la formación

Este es el responsable de realizar la oferta formativa y/o educativa. Es decir, es la institución que ofrece los cursos o acciones formativas incluyendo sus criterios de calidad educativa (p. Ej. Desarrollando caminos curriculares determinados, diseñando programas formativos, etc).

Muy relacionado con este rol estarán las funciones de secretaría y de relación económica entre la institución y los alumnos participantes.

12.4.1.2. Profesor y dinamizador

Es el responsable del aprendizaje de los alumnos. Para ello, debe de realizar tareas tales como: orientar a los alumnos a usar los materiales y/o servicios disponibles, dinamizar las sesiones de intercomunicación entre alumnos y entre el profesor, realizar un seguimiento del aprendizaje y de la participación de los alumnos.

Dentro de estos entornos de aprendizaje a distancia, en sus diferentes modalidades, el papel del profesor como dinamizador de los espacios formativos es crucial para los resultados de los alumnos.

12.4.1.3. Proveedor y/o Creador de contenidos

Entendiendo que en estos sistemas de aprendizaje interactivo y de colaboración precisan de unos contenidos disponibles en soporte electrónico, se identifica al Creador de contenidos como la persona, o grupo de personas, que desarrollan contenidos multimedia con un fin educativo / formativo. Estos contenidos se alejan del mero traspaso a soporte electrónico de unos contenidos determinados (normalmente en papel con estructura lineal). Esto es, un buen multimedia educativo debe de cumplir una serie de condiciones que aseguren su interactividad, su usabilidad y que alcancen los objetivos formativos marcados.

Normalmente esta creación de contenidos viene indicada por el diseño curricular y de programas formativos que desarrolla el Promotor, tal y como se ha indicado. Por tanto, él encargará a los diferentes creadores los contenidos que precisen los programas y/o cursos de su oferta.

12.4.1.4. Alumno

Este es el que sigue los programas ofertados por el Promotor, creados por el Proveedor y dinamizados y gestionados por el Profesor. El alumno podrá seguir los cursos interactivos y participar en las actividades de colaboración que se soporten en el sistema y que estén programados en las diferentes acciones formativas.

Un sistema de e-Learning se puede instalar en diversos entornos (aquí nos encontramos con Intranet / Internet) y con diferentes fines y objetivos. En algunas ocasiones se perseguirá dar servicio a una comunidad cerrada de usuarios (p. Ej. La formación que se da muchas empresas y organizaciones, desarrollo de cursos complementarios y de apoyo que se ofrecen a los alumnos de un campus universitario, etc) y en otras el objetivo será ofrecer un servicio genérico de formación a través de la red (p. Ej. Distribuir cursos de formación a distancia de carácter profesional o de cualquier otro, ofrecer cursos como valor añadido a la cadena de clientes de una empresa, etc).

Según los entornos que se configuren se darán en diferente proporción los roles indicados anteriormente.

12.5. INTERACCIÓN ENTRE LOS PROYECTOS DE INVESTIGACIÓN

En el Proyecto A/024521/09, además de las tareas específicas se plantearon sinergias con otros proyectos liderados por integrantes de su Unidad Ejecutora:

- PI 724: "Definición de los principales actores y sus roles para los cursos de EaD en la Facultad de Ciencias Económicas de la UNPSJB", Facultad de Ciencias Económicas, UNPSJB, dirigido por Mg. Marta Dans.
- PI 628-10E067: "Hacia un Repositorio de Objetos de Aprendizaje", Facultad de Ingeniería, UNPSJB, dirigido por Mg. Zulema Beatriz Rosanigo.
- PI 803: "Potenciando la utilización de TIC en docencia, investigación y comunicación", Facultad de Humanidades y Ciencias Sociales, UNPSJB, dirigido por Esp. Mabel Álvarez.
- Proyecto Enlaces - Centro de Educación y Tecnología, Universidad de Concepción y Ministerio de Educación de Chile, dirigido por Mg. Nibaldo Gatica Zapata.

Desde el PI 724 a través del curso de extensión, se capacitaron dos miembros del PI 628-10E067 y tres miembros del PI 803. El foco de la capacitación fue cambiando paulatinamente acorde a los avances de las investigaciones.

La plataforma Moodle brinda una serie de recursos, actividades, formas de evaluación, seguimiento, producción de informes de actividad y otras características con distintos niveles de complejidad en su configuración que hizo necesario planificar la capacitación en distintos niveles a saber un curso introductorio y un curso avanzado.

12.5.1. Nivel introductorio

Este curso ofrece un espacio de formación y acompañamiento para el diseño y creación de propuestas educativas en espacios virtuales. Los participantes aprenden a crear y gestionar un curso en Moodle en un contexto crítico y reflexivo acerca del uso de la tecnología en educación.

Los objetivos específicos son brindar a los participantes conocimientos y desarrollar habilidades para desempeñarse como administradores y profesores (provistos por la plataforma).

La modalidad de los cursos es a distancia, siendo los requerimientos técnicos: acceso a Internet al menos una hora tres veces por semana, poseer cuenta de correo electrónico, conocimientos de procesador de texto y mínima experiencia de navegación por Internet.

Se determinó un cupo de 35 alumnos, siendo la duración de dos meses y medio. Los alumnos aprueban el curso habiendo realizado correctamente el 80% de las actividades obligatorias en el tiempo establecido. Se estableció como escala de evaluación: Muy Bueno, Bueno y Desaprobado; los alumnos que entregaron la actividad vencido el plazo solo recibieron calificación de Bueno.

El material básico de lectura y estudio fue construido por la unidad ejecutora del proyecto. Se utiliza además como bibliografía de consulta la existente en el sito oficial de la plataforma. Las consignas de los foros y las actividades fueron consensuadas por el equipo de la unidad ejecutora.

El curso está estructurado en nueve unidades didácticas: entorno Moodle, foros, consultas, contenidos, calendario, roles, glosario, tareas y resguardo.

Se utiliza el foro de novedades propuesto por la plataforma para realizar la función de coordinación del curso. El coordinador anuncia el comienzo de cada unidad presentando al profesor a cargo de la misma y realizando si fuera necesario un comentario a cerca de la marcha y las tareas del curso. Además se configura un foro de problemas técnicos para que los alumnos puedan recurrir allí para expresar sus consultas, dudas, inquietudes y problemáticas que se originan con el uso de la plataforma.

12.5.2. Nivel Avanzado

En el curso de Nivel Avanzado de Moodle se mantiene la metodología y estructura del nivel anterior solo cambian las unidades temáticas a saber: diario, Wiki, cuestionario, lecciones, la Web 2.0, taller, SCORM y base de datos.

Entre las mejoras e innovaciones introducidas en el proyecto de capacitación se destacan la introducción de dos etapas. La primera es la construcción de un proyecto de curso sobre la plataforma Moodle y la segunda es el seguimiento del curso. Es decir los cursantes deben configurar, crear un aula y llevar a cabo un curso con grupo de estudiantes. La unidad ejecutora realiza el seguimiento del curso planificado para asistir a los docentes durante la ejecución del mismo. De esta forma se espera mejorar el impacto de los cursos brindados ya que se ha observado que el mismo es muy pobre en cuanto al uso de los recursos dentro de las aulas abiertas. Por lo que nos centramos en reconocer algunas estrategias didácticas, uso de recursos y actividades que brinda Moodle para las prácticas docentes en el nuevo entorno.

12.6. LOGROS DEL PROYECTO

Consideramos muy importantes dos logros. Por un lado la cantidad de docentes de distintas instituciones que se capacitaron pertenecientes a distintos niveles educativos. Por otro lado, la cantidad de aulas que se abrieron. La mayoría de profesores de la Facultad de Ciencias Económicas, algunas aulas que se abrieron pertenecen a docentes de otras instituciones que no disponen de la plataforma Moodle. Algunos docentes de otras instituciones abrieron aulas en sus plataformas, a pesar de haber realizado el curso de Moodle, esto último nos da la pauta de la importancia que el docente advierte de la influencia positiva que significa utilizar la plataforma virtual como complemento a las clases presenciales.

De las encuestas tomadas a los docentes que cursaron las instancias de ambos cursos pudimos apreciar los avances que sintieron respecto al conocimiento y uso de las TIC que proporciona la plataforma. A continuación mostramos las de un curso en particular:

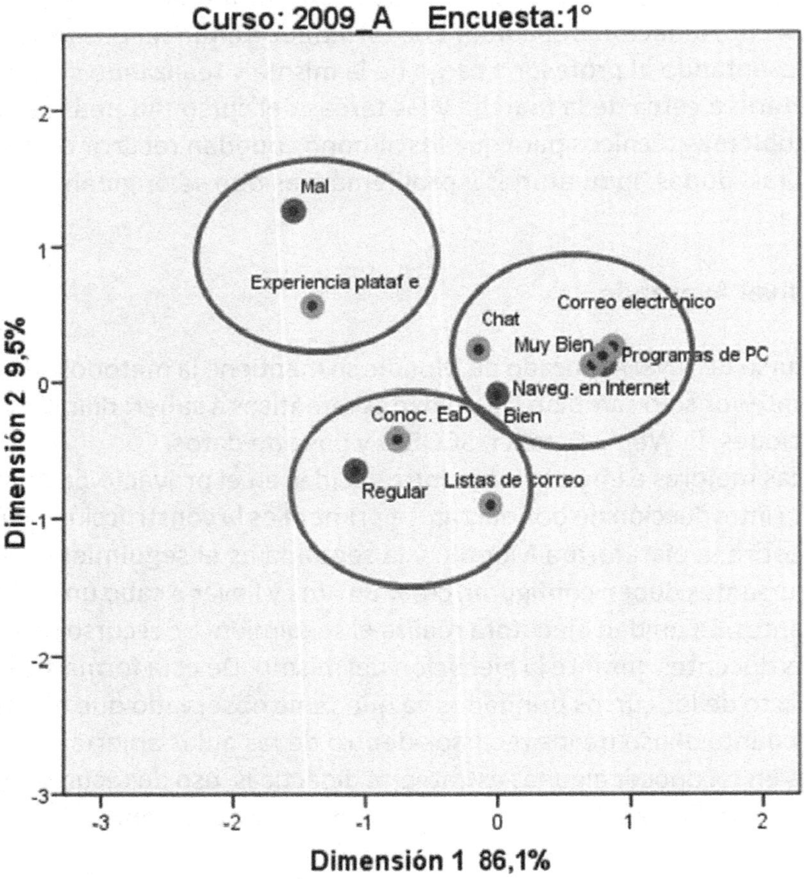

En este curso, la "Experiencia en Plataformas Educativas" está asociada con la autoevaluación "Mal", o bien, ambas tienen baja frecuencia. El "conocimiento de EaD" y el "uso de listas de correo" están asociados a la categoría "Regular". El grupo se autovalora "Bien" o "Muy Bien" en el resto de los dominios.

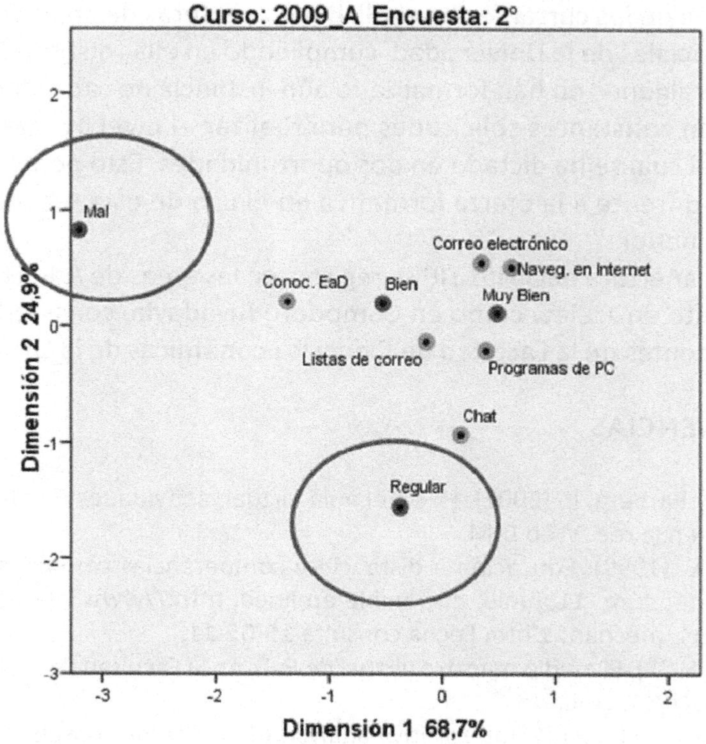

La categoría "Mal" se ha desprendido del grupo, indicando que prácticamente nadie se cataloga de tal forma. La categoría "Regular" también se aleja de los indicadores. No se evaluó la experiencia en plataformas.

12.7. CONCLUSIÓN

Los tutores tuvieron la posibilidad de interactuar con profesionales de distintos orígenes pudiendo adecuarse en cada caso a las necesidades de cada grupo, lo cual fue considerado muy beneficioso para su formación como tutores.

Consideramos que fue importante la inclusión de este curso por la tendencia hacia la capacitación con modalidad EaD en que se desempeñan distintos profesionales en la actualidad.

La conclusión más destacable es que los cursos tuvieron excelentes críticas verbales. Existe una altísima probabilidad de que los estudiantes involucrados continúen realizando este tipo de capacitación en futuras propuestas realizadas por la unidad ejecutora del proyecto marco. Sin embargo, se resalta que la parte más débil fue la escasa interacción entre compañeros, según los mismos estudiantes, hecho que se repite en todas las instancias, lo que sugiere la necesidad de nuevas actividades, o modificación de las mismas, que propicie una mayor interconexión entre los participantes.

La mayoría de los cursantes han solicitado aperturas de aulas virtuales para cátedras presenciales de la Universidad, cumpliendo en ellas distintos roles docentes. Sin embargo, algunos no han formalizado aún instancia de capacitación.

Se reciben constantes solicitudes para realizar el nivel avanzado de un curso de Moodle, el cual se ha dictado en dos oportunidades. Esto pone de manifiesto la buena actitud frente a la oferta formativa en el uso de esta tecnología aplicada a Educación Superior.

La mayor apertura hacia las TIC se registra en las áreas de Administración y Contabilidad, tanto en Trelew como en Comodoro Rivadavia, considerando el análisis solo a los docentes de la Facultad de Ciencias Económicas de la UNPSJB.

12.8. REFERENCIAS

Badía, A. y Barberá, E. (2002). Hacia el aula virtual: actividades de enseñanza y aprendizaje en la red. Web DIM.

Chan, M. E. (1999). Educación a distancia y competencias comunicativas, en Revista La Tarea; núm: 11, junio, disponible en línea: http://www.latarea.com.mx/articu/articu11/mechan11.htm Fecha consulta 15-05-11.

Dans, M. (2003). El medio maestro virtual de EaD, en la Facultad de Ciencias Económicas de la UNPSJB Anuario.

Dougiamas M. - Taylor P. "Interpretive analysis of an internet-based course constructed using a new courseware tool called Moodle", HERDSA 2002 conference.

García Aretio, L. (1997). Propuesta de estructura de unidad didáctica y guía didáctica. Material impreso de Enseñanza a distancia UNED. Madrid.

Martínez, E. y Zea, E. (2004): "Estrategias de enseñanza basadas en un enfoque constructivista", Revista Ciencias de la Educación, Año 4-Vol. 2, Nº 24 Valencia, Julio-Diciembre 2004.

Moreno C. (1999). Recomendaciones para el desarrollo de programas en educación a distancia, Revista La Tarea; num. 11-Junio, disponible en línea en: http://www.latarea.com.mx/articu/articu11/moreno1_11.htm Fecha consulta 15-05-11.

Muñoz Ibares, M. Á. (2006). Nuevos Entornos Tecnológicos y posibilidades telemáticas en Educación".

Tagua M. (2008). Plataformas virtuales en la Universidad: una experiencia con Moodle, Jornadas de Ciencias Económicas.

Rodríguez Villamil, H. (2008). Del constructivismo al construccionismo: implicaciones educativas, en Revista Educación y Desarrollo Social, Bogotá, Colombia - Volumen II - No. 1 - Enero - Junio de 2008.

Suárez Guerrero, C. (2007). La dimensión pedagógica del Modelo de formación B-learning USIL, Año 7, número 28, octubre 2007. http://www.ruv.itesm.mx/portal/infouv/boletines/tintero28/congresos/ARTICULOSYREFLEXIONES_Ladimensionpedagogicadelmodelodeformacionb-learning-USIL.pdf

CAPÍTULO 13. PROYECTO DE MEJORA DEL PERFIL DE APRENDIZAJE CON TIC EN FORMACIÓN DE GRADO

MARÍA DEL CARMEN RODRÍGUEZ CARRACEDO
Universidad Nacional de Educación a Distancia de España, Centro en Buenos Aires - Argentina
maricarmen.rcg@gmail.com

Resumen. Cada vez con mayor frecuencia observamos que las universidades van incorporando la virtualidad tanto como recurso en el tratamiento de algunas asignaturas, como también como medio de implementación de cursos y carreras bajo la modalidad a distancia. En Argentina, entre los docentes de los institutos de Formación Superior es un tema de preocupación y algunos llevan a cabo propuestas desde las particularidades de su aula.
Sobre la base de proyectos implementados y evaluados, pretendemos argumentar sobre auténticas ocasiones que tenemos los responsables directos de esas carreras para intervenir en la mejora de los aprendizajes de los futuros profesionales repercutiendo en el enriquecimiento de sus propias intervenciones laborales; para finalmente, convertirse en agentes multiplicadores.
La integración didáctica de las TIC incrementa la presencia docente en el proceso de aprendizaje del alumno facilitando la personalización de las ayudas basadas en el perfil de estilos de aprendizaje. Un modelo renovado de atención a la diversidad en la capacitación de los docentes y la gestión del conocimiento con las aplicaciones que provee la WEB 2.0 combina múltiples espacios de trabajo y aprendizaje autónomo e intensifica las tareas de orientación y tutorización del profesorado..
Palabras Clave: proyectos de formación Superior aplicaciones WEB 2.0 a la optimización de perfiles de aprendizaje, WEB 2.0 y atención a la diversidad.

13.1. INTRODUCCIÓN

Presentamos una actualización de la investigación desarrollada durante las postrimerías de la implementación de la *Ley Federal de Educación 24.195* (1993) en Argentina, que entendemos puede optimizarse en virtud de las ventajas que brinda la WEB 2.0.

Era un momento de esperada transformación inspirada en un sistema educativo con más de cien años que enfrentaba los aceleradísimos cambios en la vida de la denominada sociedad del conocimiento y la información.

En ese contexto y desde el rol de formadores en carreras de grado observamos que: *Cada ciclo lectivo se evidenciaban mayores dificultades de aprendizaje y escaso desarrollo de habilidades para el estudio, incidiendo negativamente en el rendimiento académico, con consecuente incremento del índice de compensación, deserción y repitencia.*

El estudio nació a fines de 2001 cuando los equipos docentes a los que pertenecíamos coincidieron en su preocupación por la problemática. Sobre la base de buenos resultados obtenidos en similares indagaciones y proyectos, durante el siguiente ciclo lectivo nos ocupamos de recabar información, proyectar una metodología innovadora y presentarla a las autoridades de los centros para su aprobación. Finalmente, la tarea de campo cubrió tres años de trabajo en el aula, estudio de resultados de aplicación y evaluación permanente para imprimirle ajustes y mejoras.

Cuatro objetivos de carácter general enmarcaron la tarea:

- Determinar los factores que provocaban desarticulación entre los Niveles de Educación Media o Polimodal y Superior.
- Analizar políticas y proyectos educativos orientados a superar los fracasos estudiantiles en el ingreso al Nivel de Educación Superior.
- Intervenir estratégicamente diseñando una propuesta pedagógica que, innovando en el uso de las TIC como mediatizadoras del proceso didáctico en la formación de grado no universitario, optimizara los estilos personales de aprendizaje del alumnado.
- Examinar logros, alcance y proyección del proyecto implementado, dinamizando experiencias creativas y novedosas que favorecieran la facilitación de aprendizajes en virtud de las diversidades de cada entorno y el progreso tecnológico.

Superando el nivel descriptivo, se buscó descubrir e interpretar -al menos en parte- los factores que provocan el fenómeno, qué condiciones contribuyen a aumentar las probabilidades de reiteración, por qué ocurren, de dónde proceden; con la intencionalidad de proponer una alternativa y evaluar cíclicamente el proceso para retroalimentarlo.

Apostamos a que trabajar con una muestra reducida y familiar aportaría abundantes datos ponderables y que era posible que ciertos enunciados y estrategias de intervención pedagógica apoyados en una exploración sistemática con encuadre teórico resultasen transferibles a otros casos similares.

En este sentido, la propuesta didáctica introdujo como novedades en la formación superior no universitaria de contexto, el trazado de planes de atención diversificada en función de las potencialidades de cada estudiante, el aprendizaje centrado en tácticas para resolver problemas y el uso de las TIC para dinamizar la adquisición de competencias que hagan exitoso el uso de capacidades.

Un propósito inmediato fue concienciar a alumnos y profesores de que resulta posible enriquecer la relación en el proceso de E-A obteniendo productos positivos a partir de un conocimiento pleno de sus estilos de aprender, de la posibilidad de adaptarlos y mejorarlos, y de incorporar pertinentemente las TIC como facilitadoras.

El trabajo se sustentó en las teorizaciones sobre intelecto, emoción y sus implicaciones en los estilos de aprender y enseñar, constituyendo un proyecto de tecnología educativa que estamos convencidos puede enriquecerse con las posibilidades renovadas de la aplicación de la WEB 2.0 a la gestión del conocimiento.

13.1.1. Metodología de la investigación

En parte limitados por tiempo, presupuesto y por tratarse de una empresa unipersonal, el diseño de la investigación adhirió al paradigma cualitativo centrado en el método longitudinal del estudio de casos y en esa línea a la investigación-acción. La particularidad descriptiva y heurística que orientó el desarrollo permitió jugar con multiplicidad de procedimientos, técnicas e instrumentos para la recogida de datos y la intervención etnográfica.

En el debate epistemológico, podríamos decir que la postura adoptada se acerca a lo que De Miguel (1988 citado en Pérez, 2004, p. 202), denomina *paradigma para el cambio* porque más allá de orientarse a la comprensión de un problema, se pretende prioritariamente introducir modificaciones en la práctica educativa con vistas a su mejora. Un enfoque diferenciado que hace hincapié en los objetivos del estudio más que en la temática o la metodología elegida. Su finalidad última es la transformación de la realidad a partir de la toma de decisiones y la formulación de recomendaciones de cara a la acción dentro de un contexto específico. El investigador se concibe desde la perspectiva participativa e integrado en el grupo y el diseño de trabajo como propuesta consensuada por los miembros de la comunidad. La validez viene de la mano de la implicación de los actores en la medida en que los cambios se van incorporando en el quehacer del grupo, encajando a la par en la investigación evaluativa (valoración de las determinaciones tomadas y de su eficacia).

13.1.2. Contexto de desarrollo

El contexto de estudio fueron aulas de formación de grado (docente y técnica) en institutos Superiores de la jurisdicción bonaerense en la República Argentina. La tarea de campo se llevó a cabo durante tres ciclos lectivos (2003-2005).

Cada año se comenzó por diagnosticar el perfil de aprendizaje del conjunto de los que ingresaban, individualizando los casos que requerían prioritaria atención. A continuación, se indagaron las necesidades y preferencias en sus estilos de aprender y capacidades intelectuales; implementando un taller de estrategias destinadas a la adquisición de apropiados hábitos de estudio facilitado por el uso de un recurso multimedia de propia autoría.

13.2. ENCUADRE TEÓRICO

13.2.1. Planificación estratégica

Ser facilitador de aprendizajes implica planificar estratégicamente la labor pedagógica; requiere saber qué enseñar, cómo hacerlo, para qué y cómo se aprende.

Cuando el docente trabaja estrategias para que el discente aprenda a aprender, necesariamente debe conocer muy bien la tríada didáctica; debe tener muy claros sus propósitos y ser consciente de la selección que realiza de contenidos, actividades y recursos. Su labor se vuelve sistemática, reflexiva; y por sobre todo, *creativa y original*.

Un punto crucial es que los objetivos de la enseñanza se traduzcan para que no queden formulados desde la óptica del profesor experto sino más bien desde la lógica del que aprende. También los contenidos, la metodología y los criterios con que serán evaluados los estudiantes deben ser compartidos. Pactar contratos didácticos sugiere comprometerse con el itinerario y concienciarse de los diferentes implícitos y negociaciones de las interrelaciones en el aula. Intercambiar cotidianamente autoevaluaciones y evaluaciones mutuas faculta tomar conciencia de que todos cometen errores y pueden capacitarse para superarlos. La evaluación en el marco del aprendizaje estratégico supone la constante participación del alumno que mantiene un diálogo permanente con su profesor sobre esfuerzos y ayudas favoreciendo la toma de decisiones progresivas porque, se tiene conocimiento del proceso, oportunidad de reflexionar sobre él y posibilidad de atender a la diversidad.

La consideración de la enseñanza como ayuda al proceso de aprendizaje tiene, además, una consecuencia fundamental: la delimitación del ajuste de dicha ayuda al proceso constructivo. Si ella no conecta de alguna forma con los esquemas de conocimiento ya presentes, si no es capaz de movilizarlos y activarlos, y a la vez de forzar su reestructuración, no está cumpliendo efectivamente su cometido. Es decir, debe ser constantemente exigente y poner al aprendiz ante situaciones que lo obliguen a implicarse en un esfuerzo de comprensión y actuación, e ir acompañada de los apoyos (intelectuales y emocionales) que posibiliten superar esos retos. Esta ayuda ajustada es la manera de entender la enseñanza asociada a la noción de Zona de Desarrollo Próximo (ZDP) definida por Vygotski (1996).

Los resultados de la investigación psicológica y educativa han ido aportando datos sobre las formas de actuación que favorecen la construcción conjunta de ZDP. Hacer establecer relaciones, realizar experiencias programadas, aplicar lo aprendido, compartir e interactuar con otros, transferir a nuevas situaciones y contextos resultan ser buenas estrategias de enseñanza. Diseñar tareas novedosas, variadas, diversas e interesantes, motiva a los educandos porque logra sorprenderlos. Una propuesta razonablemente desafiante es aquella en que pueden lograr progreso legítimo, ni los aburre ni los hace creerse incapaces de dominarla.

13.2.2. Inteligencia y aprendizaje

A través del tiempo el concepto de inteligencia marcó al de aprendizaje y consecuentemente a las teorías que fueron orientando la práctica pedagógica.

Fue en la era industrial, cuando la alfabetización resulta necesaria a los objetivos de progreso y las habilidades de tipo lógico-matemático y lingüístico cobran importancia. En nuestra sociedad, resulta necesario ampliar la idea de inteligencia tanto en términos de sus componentes individuales como culturales, con implicaciones en las nuevas formas de escolaridad y de evaluación para potenciar las competencias de la mayoría de la población.

Desde los estudios encarados a inicios del siglo XX para poder medir el coeficiente intelectual y crear clases especiales para los niños *mentalmente defectuosos*; se distorsionó en gran parte el objetivo principal de ayudarlos, derivando por regla general en clasificaciones que encasillaron a los sujetos impidiendo su desarrollo. Desgraciadamente esas pruebas que pretendieron predecir el rendimiento académico se utilizaron -y se continúa haciéndolo en muchos casos- fuera de contexto y del dominio en que a lo sumo, podían llegar a funcionar. La experiencia fue demostrando que algunos individuos que destacaban en esas pruebas en realidad fracasaban luego en la vida en sociedad y viceversa.

Paulatinamente se fue teniendo en cuenta que las manifestaciones externas responden no sólo a disposiciones naturales personales, sino también y complementariamente, a resultados de experiencias de aprendizaje (en los que toman intervención otros objetos humanos e inanimados), diferentes según los contextos y la cultura.

En su libro *La inteligencia reformulada*, Gardner (1999) explicita que por los años ochenta junto a Feldman y Krechevsky, creó un método de evaluación diferente que consistía en un entorno estimulante denominado *aula Spectrum* (espectro o gama) con abundantes materiales para activar las diferentes inteligencias. En 1983 presenta una visión alternativa cuando en su hoy famoso libro *Frames of Mind* refiere a la multifacética cognición. Basándose en hallazgos de nuevas ciencias como la cognitiva (estudio de la mente) y la neurociencia (estudio del cerebro), dice que tomó la decisión de hablar de *inteligencias múltiples* (1995) para resaltar que existe un número desconocido de capacidades humanas tan fundamentales como las que tradicionalmente detecta la prueba de coeficiente intelectual. Imbuido de su propio interés por el arte en general y la música en particular, analizó cómo llegan los niños a pensar y actuar como artistas. Pronto y para su propia sorpresa, su teoría interesó al público de la educación; tomando su exploración un giro decisivo hacia las implicaciones en esa área. A la visión unidimensional de cómo hay que evaluar la mente corresponde una escuela uniforme con un curriculum básico que establece un conjunto de hechos que todos deberían conocer y pocas posibilidades de elección; su propuesta de *educación centrada en el individuo*, en cambio, intenta aportar diseños que permitan mejorar la evaluación del perfil cognitivo y sacar el mayor partido de las inteligencias para servir a la sociedad en forma constructiva.

Básicamente su teoría localiza tipos diferentes con el mismo grado de importancia. Sostiene que los individuos pueden diferir en los perfiles particulares de inteligencia con los que nacen y que finalmente mostrarán; que las inteligencias trabajan coordinadamente en la solución de los problemas cotidianos y que la escuela debiera colaborar en alcanzar los fines vocacionales y aficiones que se adecuen al espectro particular de combinar las capacidades, así como atender puntos débiles y/o potenciales en determinadas áreas.

Más tarde actualiza su definición caracterizando la inteligencia como un potencial biopsicológico para procesar información que se puede activar en un marco cultural para resolver problemas o crear productos que tienen valor para una cultura. Prefiere hablar del desarrollo de unos estados finales que hacen uso de unas inteligencias concretas; a lo que agrega la importancia de considerar una perspectiva intercultural (una inteligencia se puede emplear en diferentes culturas con sistemas de roles y valores distintos).

Por la influencia del medio, sostiene que no existen dos seres humanos que utilicen las mismas combinaciones y afirma que cualquier inteligencia puede usarse de modo constructivo o destructivo por lo que debiera cultivárselas. Reconoce que su lista de inteligencias es provisional; que cada una contiene subinteligencias propias, cuya autonomía relativa e interacciones requieren estudios más detallados. En sus más recientes trabajos en Harvard, Gardner dice que el hombre del futuro está necesitado de una *mente sintética* capaz de desarrollar a fondo un conocimiento interdisciplinario y aunque todavía sabemos muy poco sobre el tema, serán muy útiles para ese fin los recursos tecnológicos y la globalización, pues permiten comunicar a distancia y al instante a especialistas de todo el planeta.

Sternberg (2000), por su parte, tras las importantes críticas a las pruebas tradicionales que pretenden medir el coeficiente intelectual, asegura que por intuición sabemos que el rendimiento en la escuela nada tiene que ver con el éxito fuera de ella. En su teoría triárquica describe la inteligencia exitosa como forma de pensar bien de tres maneras diferentes: analítica, creativa y prácticamente. Los tests y la escuela, sólo valoran la faz analítica, necesaria para resolver problemas y juzgar la calidad de las ideas. Pero la creatividad es imprescindible para formular buenos problemas e ideas y la inteligencia práctica es necesaria para usar las ideas y su análisis de una manera eficaz en la vida.

Reconoce que no se puede considerar la inteligencia aislada del contexto y que, aunque en cada ser humano existen preferencias por un estilo de pensamiento, todos usamos una cierta combinación de los tres tipos de inteligencia. Por eso insiste en la importancia de identificar los mayores desarrollos y fomentar el de las otras formas, favoreciendo el uso equilibradamente combinado de acuerdo a cada circunstancia.

También Goleman (2000) adhiere a las críticas sobre los tradicionales conceptos de éxito y talento derivados de las pruebas de coeficiente intelectual. La palabra emoción, etimológicamente significa tendencia implícita a la acción. Existen muchísimas emociones y muchos más, matices de ellas. Algunos estudiosos hablan de emociones centrales o primarias. Goleman y Ekman prefieren hablar de dimensiones de emociones de las que, las principales, son la ira, amor, vergüenza, alegría, miedo, tristeza; como relevantes de los matices de la vida emocional.

Dedica buena parte de su trabajo al conocimiento disponible a partir del llamado perfil biológico de cada una de las principales emociones, de la evolución de las respuestas emocionales, del desarrollo del cerebro y de los secuestros y desbordes que suele originar la mente emocional. En este sentido reconoce como invalorables la intervención estudiosa de los neurocientíficos y la utilización de nuevas tecnologías de avanzada. Su descripción da oportunidad de comprender lo que podríamos decir es el funcionamiento de dos cerebros (uno pensante y otro emocional) que dan origen a dos tipos de inteligencia (racional y emocional respectivamente) y al control inteligente de la interacción de ambas.

Sintéticamente, cada emoción predispone al cuerpo a una respuesta diferente modelada por la experiencia y el entorno. Aunque existe la predisposición genética, las lecciones emocionales de la infancia pueden tener un impacto muy profundo.

Durante los primeros años de vida el cerebro crece hasta los dos tercios del tamaño que definitivamente conseguirá y su complejidad alcanza también el mayor ritmo. El niño nace con muchas más neuronas de las que poseerá en su madurez y a lo largo de un proceso de *podado* (principalmente en la pubertad) el cerebro va perdiendo las conexiones neuronales menos frecuentadas y fortaleciendo los circuitos sinápticos más utilizados. Por eso, la infancia es un período clave de aprendizaje, especialmente emocional. Mientras que las áreas sensoriales maduran durante la temprana infancia y el sistema límbico en la pubertad, los lóbulos frontales (sede del autocontrol emocional, de la comprensión emocional y de la respuesta emocional adecuada) se desarrollan aún durante la tardía adolescencia.

La zona más primitiva del cerebro humano es el tallo encefálico (compartido con las otras especies animales) encargado de regular las funciones vitales básicas (respiración, metabolismo de otros órganos, reacciones y movimientos automáticos). De este cerebro emergieron los centros emocionales que luego originaron el cerebro pensante o neocórtex (estrato superior del sistema nervioso). Con la aparición del homo sapiens, el cerebro de los mamíferos se transformó incorporando nuevos estratos de células que configuraron el neocórtex o región que planifica, comprende lo que siente y coordina movimientos; permitiendo además comenzar a matizar la vida emocional.

Nuestra mente racional permite ponderar, reflexionar y solemos ser conscientes de ella. La mente emocional es impulsiva, más poderosa, más rápida y a veces, ilógica. Generalmente existe un equilibrio entre ambas. En momentos en que las emociones nos desbordan, la mente racional es secuestrada por la emocional (poder que tiene que ver con la evolución de la especie, cuando sobrevivir era una brutal presión que daba origen a respuestas emocionales que hoy se volvieron obsoletas, pero permanecen, y de las que hacemos frecuentemente un uso excesivo).

Goleman concluye que inteligencia emocional es el conjunto de habilidades modelables y aprendibles entre las que destacan el autocontrol, entusiasmo, perseverancia, automotivación, empatía. No se trata de eliminar la emoción reemplazándola por la razón, sino de descubrir el modo inteligente de armonizar ambas funciones. El grado de dominio que alcance una persona sobre esas habilidades resulta decisivo para triunfar en la vida.

A todo lo dicho debemos agregar que si quienes tienen problemas emocionales acarrean dificultades en el aprendizaje escolar, posiblemente incrementen el bajo rendimiento académico. Además, la cultura que atravesamos impone modelos ideales provocando algunos trastornos de conducta y, desde los medios masivos de comunicación se manejan persuasivamente las emociones de ciertos incautos receptores; sobre todo entre el público joven.

13.2.3. Capacidades y estilos de aprendizaje

A partir del nuevo constructo de inteligencia, parece que las capacidades podrían asimilarse al concepto de estilos cognitivos de uso bastante frecuente entre los educadores. Existen a su vez variadas definiciones de estilos de aprendizaje, pero habría coincidencia en considerarlas como la tendencia (constituida por rasgos cognitivos, afectivos y fisiológicos) relativamente estables con que la mente del individuo procesa la información respondiendo al ambiente de aprendizaje.

Estas variantes personales en las formas de aprender se oponen a los métodos o técnicas universales para aprender mejor -teoría muy difundida en el ambiente escolar-.

Como era de esperar, se intentó diagnosticar los estilos individuales de aprendizaje y los teorizadores han propuesto múltiples instrumentos. Como en forma ilustrativa explica Gallego (s.f.), el análisis de estudios comparativos demuestra que son pocos los que han desarrollado investigaciones profundas ajustando con la mayor exactitud la validez y confiabilidad. Uno de los trabajos que reúne una clasificación interesante entiende que es el de Curry (1987) conocido como *modelo onion* (del inglés: *cebolla*) estableciendo semejanzas entre herramientas y modelos de estilos de aprendizaje y las capas del bulbo. Así, el primer modelo se corresponde con la capa más visible de la cebolla, su exterior y sobre la que es más fácil actuar; aquellas preferencias relacionadas a los contextos en que se desarrolla el aprendizaje. El segundo modelo tiene que ver con las elecciones que el estudiante hace cuando procesa la información; y en este sentido el conocimiento que pueda alcanzar el docente colaboraría con la aplicación didáctica, es decir los recursos de los que puede valerse para facilitar el aprendizaje. Por último, el tercer modelo que corresponde a la capa más oculta, tiene que ver con lo que el sujeto elige al organizar el aprendizaje en relación con características de su personalidad. Es por eso que es sobre el que es más difícil de actuar aunque, no dejan de ser aspectos que luego de la concienciación, la persona también es capaz de modificar.

Así pues, sugiere para cubrir el espectro de necesidades, aplicar más de un cuestionario pertenecientes a diferentes clases o *capas de la cebolla*.

Al diseñar un proceso educativo centrado en el alumno, es deseable que los protagonistas de la pareja didáctica (en especial si el discente es adulto) hayan tomado conciencia de sus propios estilos y capacidades individuales.

13.2.4. La tecnología educativa y la innovación en los institutos de Educación Superior

Mucho se ha escrito acerca de que los jóvenes no leen, están desinformados, incomunicados (paradójicamente en la sociedad de la información y la comunicación), que todo tipo de imágenes los atrapa hipnóticamente. Los videojuegos, la televisión, captan la mayor parte de su tiempo que se convierte en ocio en el hogar. Los medios audiovisuales pasaron a ser los educadores informales de nuestro entorno. Es hora de preguntarse ¿qué hace la escuela para establecer un razonable diálogo con esas otras fuentes de socialización y educación?, ¿qué recursos utilizan los medios audiovisuales para atrapar la atención y responder a las necesidades de su público?, ¿qué nuevas interpretaciones del entorno sociocultural debe realizar la escuela para atender diversificadamente a los intereses de los destinatarios de sus proyectos?, ¿la persistente actitud de dar la espalda a la incorporación de las tecnologías en forma apropiada a las actividades del aula no resulta ser una forma más de colaborar en profundizar las desigualdades sociales?

El miedo a la implementación de las tecnologías como mediatizadoras del proceso educativo paulatinamente se irá perdiendo si mejora la comunicación entre los actores de la pareja didáctica; comenzando por la actitud de humildad que el docente debe tomar para reconocer que dentro del aula todos pueden y deben aprender del otro. Después de todo, para hacer uso de algunas de estas herramientas no se necesita ser un experto, basta con seguir algunas instrucciones indispensables hasta que la navegación se haga costumbre. En todo caso, la tarea debe apuntar a aprender a evaluar los medios disponibles para seleccionarlos de modo que se potencien sus ventajas teniendo en cuenta no sólo los objetivos que en cada circunstancia se pretenden alcanzar, sino las necesidades de los aprendices para facilitarles el camino mediante estrategias creativas que atiendan a la individualidad.

El nuevo siglo con su carga de transformaciones científicas, tecnológicas y comunicacionales, plantea a la Educación Superior la urgencia de insertarse estratégicamente en esas dinámicas, abrir sus puertas, derribar las barreras, ampliar su horizonte de acción institucional, conectarse al mundo académico internacional, aunar esfuerzos y generar sinergias entre la comunidad cercana y la comunidad mundial.

Se trata no sólo de conectarse, sino y especialmente, de pensar los nuevos espacios que se propician para el ejercicio de la enseñanza, del aprendizaje, de la producción de conocimiento, de la formación de investigadores, de la vida y bienestar social y de su responsabilidad con ese entorno. Se trata ahora de un contexto cuyos actores son los ciudadanos del mundo.

Esta Educación Superior soportada en las TIC, apenas empieza a ganar espacios, y en reiteradas ocasiones vemos que lo que se viene realizando en nombre de la virtualidad, se ubica en una etapa muy primaria (las mismas prácticas visualizadas a través de pantallas).

En consecuencia, la tarea de innovación que permanece pendiente a los educadores y especialistas del nivel, es la de contribuir a la producción de conocimiento teórico y aplicado necesario, para constituir una base propia de elementos conceptuales y analíticos, de tal manera que contemos con un sustrato básico y apoyados en este, valernos de modo pertinente y apropiado de los beneficios que estas herramientas ofrecen, sin descuidar en ningún momento la naturaleza del objeto específico que tenemos en nuestras manos: la educación de nuevos profesionales. Adherimos a Kozak (2010) que insiste en que el desafío consiste en integrar a las prácticas docentes las nuevas posibilidades didácticas que ofrece la tecnología.

Ya muchos estudios aseguran que la presentación multimedia por su atractivo y la posibilidad de acceso diverso a la información, facilita los propósitos educativos. Los sistemas computacionales permiten combinar toda una variable gama de elementos intervinientes en los procesos comunicacionales, potenciando cada vez más la interacción con el usuario.

La organización multidimensional de la información de un hipertexto aprovecha las ventajas que proporciona el almacenamiento electrónico de datos para salvar las barreras impuestas por la linealidad y jerarquización del texto impreso. Su estructura se asemeja a la del pensamiento humano por los enlaces que posibilitan conectar las ideas en infinitas direcciones. Los recursos visuales y auditivos agregan según las preferencias una forma efectiva para procesar la información por redundancia y activar el recuerdo. El estudiante puede entonces controlar su ritmo de aprendizaje; incrementar la retención gracias a la interacción, la combinación de imágenes y las simulaciones de la vida real que refuerzan en forma constante y eficaz la información; motivarse y sentirse a gusto al aprender; personalizar el proceso y evaluar no sólo resultados sino el camino seguido al aprender.

A partir de los noventa el diseño de recursos multimedia ya no quedó limitado a laboratorios importantes y se convirtió cada vez más en una posibilidad real para que el poseedor de un ordenador personal pudiera generar sus propias aplicaciones. Un salto cualitativo fundamental fue durante la década siguiente cuando entrando al nuevo siglo los cambios en la forma en que se utiliza la WEB con sus posibilidades de interoperatividad, fueron permitiendo a los usuarios la participación activa y el intercambio.

Si los educadores nos implicamos en la tarea de seleccionar los recursos y elaborar nuestros propios materiales (que por otra parte cada vez pueden actualizarse más fácilmente), nos aseguramos que ellos van a responder no sólo a nuestras intenciones sino, fundamentalmente a las necesidades educativas especiales de cada sujeto de aprendizaje.

Aunque todavía existen algunas barreras como el costo de los equipos necesarios y la falta de preparación de los profesores; el uso apropiado de los medios que nos brinda la tecnología resulta ser muy prometedor en la innovación del proceso de E-A.

Por otra parte, la educación semipresencial y a distancia debe ir ganando su lugar dentro del Nivel de Educación Superior para favorecer el crecimiento personal del estudiante y ampliar las posibilidades a aquellos que por razones de trabajo, económicas y/o de distancia no pueden concurrir a los centros educativos.

13.3. CONSISTENCIA DEL PROYECTO

Durante la tarea de campo las etapas atravesadas fueron la diagnóstica, la de diseño y aplicación del proyecto educativo y su recurso multimedia *Entorno Facilitador del Aprendizaje Estratégico –Ef@–*, la de su evaluación y la de retroalimentación.

En la fase de diagnóstico se recopilaron y analizaron recortes periodísticos, legislación educativa y documentos oficiales, diseños curriculares, documentos histórico-institucionales, relatos testimoniales de informantes clave, observaciones de clase y planificaciones didácticas, entrevistas ocasionales a profesores, datos socioacadémicos y emocionales de la población muestra y se aplicó una prueba construida para evaluar dominio de comprensión lectora y expresión escrita, que permitió seleccionar a los destinatarios de la propuesta.

Durante la etapa de ejecución, se profundizaron y compartieron los análisis en torno al perfil de los individuos de la muestra aplicando los cuestionarios CHAEA y

LIFO porque la información que brindan resulta complementaria y son sencillos de suministrar, puntuar e interpretar –los protocolos pueden hallarse respectivamente en Alonso y otros (1997, pp. 217-220) y Gallego y Alonso (1998, pp. 389-392)-, realizando entrevistas personales y observaciones a los implicados, conversando con sus profesores y monitoreando su rendimiento académico.

La denominada etapa de evaluación que fue permanente y cíclica incorporó cuestionarios a los destinatarios de la propuesta tanto para autoevaluarse y enumerar metas a conseguir, como para evaluar aspectos organizativos del taller y demandas (actuación del tutor, dinámica de los encuentros, virtudes, ventajas e inconvenientes del recurso multimedia y su uso). Se completó con el seguimiento académico del alumnado y reuniones con el equipo docente.

La retroalimentación se basó en las triangulaciones de datos, registros de testimonios de informantes clave y la evaluación del producto (de la que participaron los estudiantes y el profesorado).

En virtud del presupuesto, hubo que adaptar la propuesta a la reducida carga horaria laboral, el uso del gabinete de informática con los equipos y conexión a Internet ya disponibles y la instalación del hipertexto en red.

Los objetivos generales perseguidos esperaban que el destinatario logre:

- adquirir identidad como estudiante de Nivel de Educación Superior,
- desarrollar competencias lingüísticas y comunicativas acordes a su futuro rol en la comunidad,
- descubrir y superar obstáculos que le impiden resolver exitosamente conflictos y problemas cotidianos.

Y que específicamente consiga:

- convertir riesgos y problemas en nuevas oportunidades para aprender,
- actuar transformadoramente sobre la realidad.

El *Entorno Facilitador del Aprendizaje Estratégico –Ef@-* fue pensado para un usuario sin experiencia en el manejo operativo de ordenadores. Desde su carátula se accede a los objetivos de la aplicación, la forma de navegarla, el contacto con el tutor vía correo electrónico y a las otras páginas principales del recurso. Pretendiendo implicar paulatinamente al profesorado, contiene un apartado con documentos teórico-prácticos que sienta bases para conocer y profundizar en las teorías de los estilos de aprender con transferencia a la planificación de estrategias en la enseñanza. A su vez, para que el estudiante conozca su situación y participe en los propósitos del taller, también tiene un sector donde acceder brevemente a la caracterización de cada estilo hipervinculado a orientaciones para su mejora.

Contempla el abordaje de todos los contenidos del proyecto y los materiales de trabajo, y como está destinado a trazar un plan individual de tratamiento, no tiene secuenciación preestablecida de estrategias y los contenidos atraviesan vertical y horizontalmente la formación profesional en sus diversos campos, atendiendo al desarrollo de actitudes y procedimientos.

Según el plan personalizado, el tutor va sugiriendo ejercicios tendientes a optimizar los perfiles de aprendizaje con menor preferencia y superar condiciones en situaciones de baja productividad. Partiendo de la problematización de la práctica cotidiana, se promueve la capacidad de pensar y la actividad constructiva. Las estrategias persiguen la intención de potenciar habilidades para reunir y organizar datos, recabar ejemplos, establecer relaciones entre conceptos, aplicar hechos y principios a situaciones nuevas, leer imágenes, esquematizar e integrar ideas, reflexionar y formular críticas, observar hechos de actualidad, confrontar opiniones, resumir, comparar, establecer juicios de valor, interpretar, generar ideas, tomar decisiones, gestionar proyectos, investigar, discutir, formar opinión. En los encuentros se debaten resultados surgidos de las vivencias personales y grupales experimentadas en la resolución de estos prácticos y si es necesario, se cumplimentan actividades remediales para asegurar la aprehensión significativa del conocimiento. Se recurre alternativamente a todos los recursos que brindan las TIC para salvar las distancias y asegurar la continuidad en el tratamiento del aprendizaje.

En el diseño del recurso se ha contado con las posibilidades que brinda el formato html a nuestro alcance por entonces y la información ha sido almacenada en *Compact Disc Read Only Memory* (CD-ROM), lo que implica sólo poder recuperarla sin alterarla; pero simultáneamente, previendo el uso en el ordenador personal de -al menos- algunos de los estudiantes. La elección del soporte tuvo en cuenta el hardware disponible en las instituciones destino y en el ámbito cercano a la experiencia, así como el bajo costo derivado de la posibilidad de leer en pantalla o imprimir con buena calidad. La grabación quedó abierta para incluir modificaciones y actualizaciones sobre la base de nuevas necesidades, aportes y avances tecnológicos.

Autocríticos, señalamos que hubiéramos deseado hacer al recurso más dinámico posibilitando que el usuario pudiera añadir, cambiar y/o suprimir datos en lugar de verse restringido al desplazamiento sólo entre enlaces preestablecidos. También sabíamos que quedaba pendiente la conectividad con pares de otras aulas e incluso de otras instituciones. A su vez, el tiempo que ha transcurrido favorece hoy que los centros de servicios que comercializan la conexión a Internet resulten más económicos y los destinatarios de la formación Superior estén habituados a su uso.

Por eso, sostenemos que el acento debe ponerse actualmente en que el estudiante se acostumbre a utilizar todos los medios al alcance y a contemplar que el tutor y sus compañeros están para ayudarlo a vencer obstáculos. Hay que intensificar los esfuerzos para lograr que pierda el temor a consultar, a equivocarse y a plantear abiertamente sus dificultades, comprendiendo que la evaluación del aprendizaje está íntimamente relacionada a las diversas instancias del proceso.

13.4. REDISEÑO DE APLICACIÓN EN FUNCIÓN DE LA WEB 2.0

Como expresa O´Reilly (2006) la plataforma WEB 2.0 no tiene frontera clara sino más bien un núcleo gravitacional. Desde ese posicionamiento es el usuario quien controla los datos y las competencias consisten en: servicios, arquitectura de participación, fuentes de datos susceptibles de mezcla y transformación, software no limitado a un solo dispositivo y aprovechamiento de la inteligencia colectiva.

Las aplicaciones WEB 2.0 están provistas de interfaces fáciles de entender y de accionar, con diseños centrados en el usuario; que facilitan compartir información, dinamizando las comunicaciones y el trabajo colaborativo.

Por ello se convierten en herramientas que el docente no puede ni debe desaprovechar y que seguramente si no le son familiares, sus alumnos en gran medida ya vienen utilizando y permiten con facilidad aprender a comunicarse con el ordenador de una forma muy rápida e intuitiva. Justamente, las aplicaciones WEB están incrementando su popularidad debido a la practicidad, porque el software se codifica en un lenguaje soportado por los navegadores independientemente del sistema operativo. Su propiedad de interoperabilidad convertirá la relación docente-alumno en un intercambio recíproco porque el usuario es cualquiera de los participantes con el valor agregado de la permanencia, ya que la comunicación trasciende témporo-espacialmente la dimensión del aula.

Si pensamos en un usuario-discente, se potencian las posibilidades del docente de crear entornos concretos para ayudarlo a superar dificultades puntuales y optimizar los perfiles de aprendizaje. Además, no se requieren esfuerzos ni espacio físico para mantener los recursos creados, su actualización y mejora se resuelve cada vez de forma más sencilla gracias a que los navegadores van ofreciendo mayores funcionalidades, su recuperación es permanente (en cualquier sitio y desde cualquier ordenador) con sólo la conexión a Internet, no resulta necesario descargar e instalar nuevos programas, la última versión se autogestiona, los virus no dañan los datos porque están cargados en el servidor de la aplicación y la mayoría de los servicios son gratuitos.

A la propuesta del *Entorno Facilitador del Aprendizaje Estratégico –Ef@–* podríamos integrar:

Correo electrónico con sus renovadas capacidades (calendario, docs y mensajería instantánea).

Redes sociales o construcciones de enlaces en línea entre personas con actividades, necesidades e intereses en común o inquietos en explorar las de otros. En general su servicio posibilita crear el perfil de usuario, incorporar imágenes, celebrar debates. Se pueden establecer como cerradas (requieren confirmación a invitaciones de sus participantes) o públicas y las puede haber internas o externas (como las conocidas Facebook, Twitter, etc.). Más allá de las comunicaciones a entablar, aumentan el sentimiento de pertenencia a una comunidad entre sus miembros.

Wikis son sitios WEB con páginas publicadas por múltiples voluntarios que pueden crear y editar la información compartida, así como irla enlazando mediante vínculos en su texto a los títulos de las páginas que componen el/a wiki. Durante años mantuvieron un estándar de sintaxis, ahora las instrucciones de formateo son diferentes dependiendo del motor del/a wiki. Las más sencillas sólo soportan texto básico, pero otros/as también cuadros, imágenes, fórmulas e incluso otros elementos más interactivos como encuestas y juegos. Entre sus propiedades figuran la libertad y rapidez para mejorar el portal de forma instantánea. La mayoría están abiertos sin necesidad de registrarse como usuario.

Se han utilizado para el desarrollo colectivo de enciclopedias, entre las que Wikipedia es de las más conocidas.

Mashup es una página WEB de integración veloz y fácil, de información, presentaciones y funcionalidad que provienen de una o más fuentes para un nuevo propósito. Algo así como producción de datos originales en crudo mediante recortes, ensamblados y combinación con un objetivo enriquecedor en el uso personal.

Puede aplicarse por ejemplo, a la organización de colecciones de diversos elementos.

Folcsonomías son prácticas grupales de indexación social o clasificación colaborativa –de ahí su nombre– colocando etiquetas sin jerarquización ni interrelaciones predeterminadas.

A diferencia de lo que ocurre con otros sistemas de categorización, los usuarios comparten la descripción o referencia del material etiquetado.

Chats o cibercharlas consistente en sesiones de comunicación instantánea en línea y por escrito entre dos o más personas, pudiendo ser públicas o no. A su vez, la versión tradicional evolucionó incorporando voz y video, lo que se conoce también como *videoconferencia*.

Foros que por lo general existen como complemento de los sitios WEB y que están destinados a discutir entre muchos sobre un tema en común. Pueden tener un moderador que organiza, pauta y estimula los comentarios y finalmente cierra con conclusiones sobre la cuestión. Como foros diferentes pueden soportarse en una misma plataforma, los usuarios pueden comenzar otros debates nuevos o en paralelo a los existentes.

A diferencia de los Wikis, a menos que se tenga un permiso especial del administrador, no se pueden modificar los aportes de los otros participantes.

Blogs son sitios que se actualizan periódicamente recopilando de forma cronológica los artículos de uno o más autores, quien/es conserva/n por lo regular su identidad (no son masivos como los periódicos digitales o sitios de noticias) y siempre, la libertad de dejar publicado lo que crea/n conveniente.

Existe la opción del/os autor/es de que los lectores escriban comentarios y darles respuesta, pero también es posible que la decisión que se tome no permita que todos los internautas –o incluso ninguno– participen.

En los blogs es posible además agregar fotos y vídeos (*fotoblogs* y *videoblogs*).

En ocasiones, los blogs funcionan como herramientas sociales, para conocer a personas que se dedican a temas similares.

Servicios de alojamiento de archivos multiplataforma en la nube que permiten almacenarlos, sincronizarlos (en la nube y los otros equipos informáticos del cliente) y compartirlos con otros en línea. Tienen soporte para historial de revisiones, de forma que los archivos borrados de la carpeta pueden ser recuperados desde cualquiera de las computadoras sincronizadas y conocer la historia de un archivo en el que se esté trabajando, permitiendo que una persona pueda editar y cargar los archivos sin peligro de que se puedan perder las versiones previas. Algunos ofrecen el servicio gratuitamente (la diferencia con el pago suele radicar en la cantidad de espacio disponible), los historiales pueden o no ser por tiempo ilimitado y algunos servicios requieren instalación de software específico.

Su desarrollo se remonta a los últimos años, Dropbox es un ejemplo de este servicio que desde el día 18 de abril de 2011 anunció que está disponible en español, además de alemán, japonés y francés.

Por sus características, son servicios relacionados con los sitios de alojamiento de imágenes, entre los que uno de los más famosos es YouTube.

13.5. REFLEXIONES FINALES... *POR AHORA*

Cumpliendo con la idea que imaginamos al concluir la experiencia de investigación; actualmente trabajamos divulgándola en jornadas, congresos y publicaciones pedagógicas como esta.

En las pequeñas comunidades de trabajo que hemos conformado con la implementación de nuestro programa; los progresos del alumnado, las interacciones de los participantes, sus comportamientos en distintas actividades institucionales, la superación de los obstáculos y conflictos, demostraron que es posible -aún con escasos recursos- elevar la calidad educativa.

Los desarrollos tecnológicos facultan a instrumentar talleres telemáticos colaborativos; conexión en la virtualidad con otras aulas, socializando y compartiendo actividades. Los escenarios educativos que permiten acercar cualquier distancia, son sin lugar a duda estimulantes tanto para los discentes como para los profesores; y creando inesperados canales de intercambio, la interacción con otros promueve –además del conocimiento de sus diversidades–, afianzar mecanismos cognitivos adaptativos y habilidades sociales nuevas. El trabajo coordinado y cooperativo en red permite a su vez, evaluar los proyectos que otros implementan en sus centros.

Esto no sólo fomenta el repensar las tareas para poder participar y enriquecerse con esos otros agentes, sino que se transforma en un valor agregado al proceso y formas de evaluación desde que, se le añaden juicios a partir de renovadas perspectivas.

Sostenemos que el aprendizaje puede ser entretenido si los docentes logramos hacer sentir placer por aprender. La sociedad se ve bombardeada por el vertiginoso desarrollo tecnológico y la creciente pérdida de valores; a la vez que oprimida por la prisa y el estrés. Los profesionales de la educación debemos profundizar el conocimiento de la realidad y de las renovadas demandas de los jóvenes; a la vez que recuperar el juego, el buen humor y las estrategias de que se valen los medios de comunicación para captar su interés. No podemos olvidar cuánto hemos aprehendido jugando en la niñez ni descartar el atractivo que tienen las TIC para las nuevas generaciones. Debemos recrear y fortalecer las situaciones de aprendizaje aprovechando el espíritu lúdico y las tecnologías como disparadores.

13.6. REFERENCIAS

Alonso, C. M., Gallego, D. J. y Honey, P. (1997). Los estilos de aprendizaje. Procedimientos de diagnóstico y mejora. Bilbao, Mensajero.

Gallego, D. J. (s.f.). Diagnosticar los estilos de aprendizaje. Recuperado de http://www.ciea.udec.cl/trabajos/Domingo%20Gallego.pdf

Gallego, D. J. y Alonso, C. M. (1998). Curso Doctorado 1998-99. Estilos de aprender, estilos de enseñar. Tomo I: Lecturas y Tomo II: Lecturas y cuestionarios. Madrid, UNED (Universidad Nacional de Educación a Distancia).

Gardner, H. (1995). Inteligencias múltiples. La teoría en la práctica. Barcelona, Paidós.

Gardner, H. (1999). La inteligencia reformulada. Las inteligencias múltiples en el siglo XXI. Barcelona, Paidós.

Goleman, D. (2000). Inteligencia emocional. Barcelona, Kairós.

Kozak, D. (Coord.). (2010). Escuela y TICs: los caminos de la innovación. Bs. As.

Ley 24.195. Ley Federal de Educación (Sanc. 14/4/93; prom. 29/4/93: B.O. 5/5/93). En J. S. Gullermo y M. del C. Rodríguez (Colab.), Legislación Docente de la Provincia de Buenos Aires (2005) (pp. 137-157). Bs. As.: Universidad de Buenos Aires.

O´Reilly, T. (2006). Qué es la Web 2.0. Patrones del diseño y modelos del negocio para la siguiente generación del software. Recuperado de http://sociedadinformacion.fundacion.telefonica.com/DYC/SHI/seccion=1188&idioma=es_ES&id=2009100116300061&activo=4.do?elem=2146

Pérez, G. (2004). Pedagogía Social-Educación Social. Construcción científica e intervención práctica. Madrid, Narcea SA.

Rodríguez, M. del C. (2010). Intervención estratégica en la formación superior no universitaria. ~Reto innovador y proyectivo~ (Tesis doctoral). UNED, Madrid.

Sternberg, R. J. (2000). Inteligencia exitosa. Cómo una inteligencia práctica y creativa determina el éxito en la vida. Bs. As., Paidós.

Vygotski, L. S. (1996). El desarrollo de los procesos psicológicos superiores. Barcelona, Crítica.

CAPÍTULO 14. EL EPORTFOLIO COMO ESPACIO WEB 2.0 PARA REFLEXIONAR DE FORMA COLABORATIVA

María Luz Cacheiro González
Universidad Nacional de Educación a Distancia, España
mlcacheiro@edu.uned.es

Resumen. Presentamos una introducción al uso del portfolio electrónico (ePortfolio) como espacio web 2.0 para reflexionar de forma colaborativa en el ámbito universitario. Tras el marco conceptual se pasa a la tipología de portfolios digitales que ayudan a entender las distintas ejemplificaciones que se encuentran en la web incidiendo en sus posibilidades como repositorio de experiencias de aprendizaje. Se analizan algunos editores específicos para la creación de un ePortfolio. Se concluye con la caracterización de los ePortfolios como estrategia de enseñanza-aprendizaje y el papel de las rúbricas de evaluación. Se aporta una selección de sitios web para profundizar en esta temática.
Palabras Clave: ePortfolio, portfolio electrónico, portfolio digital, web 2.0., estrategia enseñanza y aprendizaje colaborativa, rúbricas de evaluación.

14.1. INTRODUCCIÓN

En el campo de las Tecnologías de la Información y la Comunicación (TIC) aplicadas a la educación, han ido surgiendo distintas tecnologías y metodologías para su uso didáctico. El portfolio digital aprovecha las posibilidades de contar con un espacio web en el que se van recopilando las distintas evidencias que representan los trabajos realizados. El valor fundamental está en el proceso de elaboración de las propuestas, gráficos, textos, etc. hasta llegar al producto final.

El interés pedagógico del portfolio electrónico del estudiante (ePortfolio de aprendizaje) es permitir a cada usuario guardar esa traza del aprendizaje pudiendo, en cualquier momento, volver a cada una de las muestras y seguir reflexionando a la luz de los nuevos conocimientos y experiencias que se van adquiriendo. Estas posibilidades se pueden aplicar igualmente al portfolio electrónico del docente (ePortfolio de enseñanza) ya que permite organizar los materiales y recursos didácticos para su uso en el aula, así como seleccionar los logros de su propio desarrollo profesional (Tochon, 2010).

El portfolio electrónico (ePortfolio) es una estrategia metodológica que puede aplicarse en el proceso de enseñanza-aprendizaje, facilitando el cambio del centro de atención desde el profesor al estudiante. Así mismo se ofrece claves para reflexionar sobre "los logros, los temas..., los momentos claves del proceso; y el punto de vista de los protagonistas" (Alfageme, 2007, p. 214).

El ePortfolio permite a docentes y estudiantes gestionar un espacio web con los trabajos personales, académicos, con la posibilidad de incluir la propia justificación y valoración de cada elemento que se incorpora.

14.2. CARACTERIZACIÓN DEL EPORTFOLIO

El Portfolio electrónico, Portfolio digital, ePortfolio o Webfolio se puede definir como una "colección de evidencias electrónicas creadas y gestionadas por un usuario a través de la web" [url: wikipedia: ePortfolio]. Estas evidencias o muestras de los trabajos desarrollados pueden contener elementos digitales en distintos formatos: textos, imágenes, entradas de blog, enlaces, etc. Como señala García-Doval (2005, p. 115) "Los portafolios electrónicos deben ir más allá de una mera función recopiladora y asumir funciones de gestión del aprendizaje"; pudiendo considerarse "un documento en continua metamorfosis" (Villar y Alegre, 2011, p. 279).

El ePortfolio puede analizarse desde distintas dimensiones (Mellado, 2007): recurso pedagógico, inclusión y revisión de evidencias, intervención en el aula, Análisis críticos, retroalimentación, evaluación de proceso, autoevaluación, interacción, instrumento de evaluación, etc.

Barrett (2010, p. 7) presenta una caracterización del portfolio electrónico como un equilibrio entre aspectos clave del proceso educativo (Figura 1).

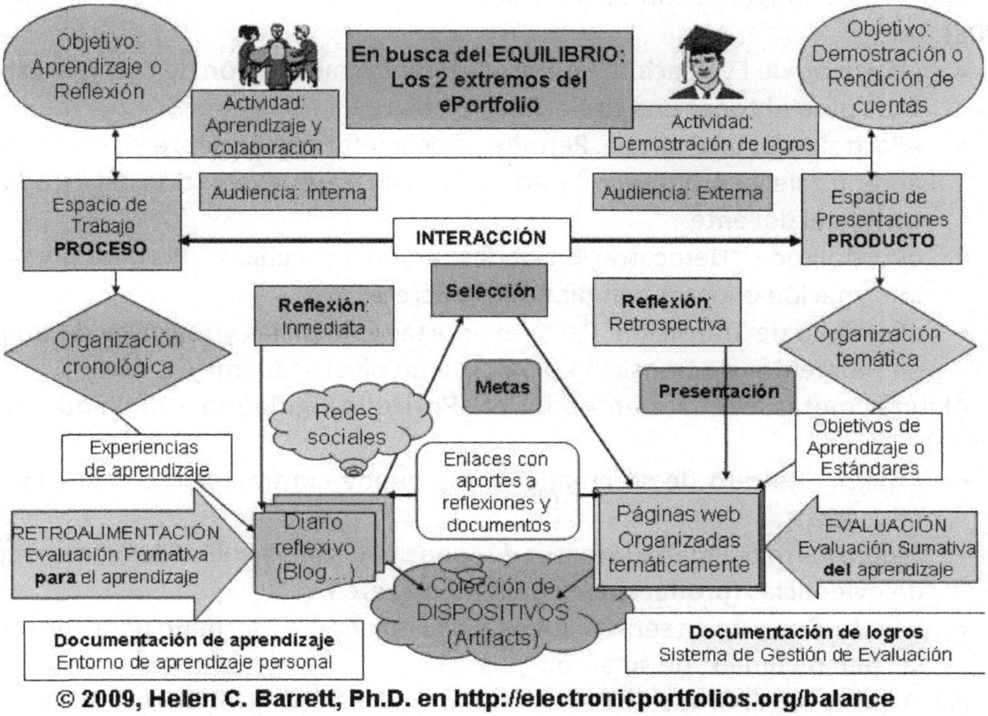

Figura 1. Equilibrio entre los elementos del ePortfolio (Barrett, 2009).
Fuente: http://electronicportfolios.org/balance/index_files/Equilibrio.jpg

En el gráfico la autora propone un equilibrio entre distintos aspectos del ePortfolio que interaccionan a lo largo de un continuo como son:

- *Proceso - Producto*
- *Reflexión inmediata - Reflexión retrospectiva*
- *Diario reflexivo - Páginas web organizadas*
- *Evaluación formativa - Evaluación sumativa*
- Documentación de aprendizaje - Documentación de logros

Para enfatizar este necesario equilibrio Barrett (2010) propone tres niveles para abordar el trabajo con el ePortfolio en el aula: (1) recopilación, (2) entorno de trabajo/proceso y (3) presentación/producto. Cada nivel trabaja elementos complementarios en distintos momentos del proceso de aprendizaje.

El ePortfolio puede cubrir distintos niveles de complejidad que va desde el ePortfolio para recopilar muestras no estructuradas a la presentación de evidencias para la auto-reflexión y evaluación por parte del docente (Love, Mckean y Gathercoal,2004).

Podemos distinguir distintos tipos o modalidades de uso del ePortfolio (Jones, 2008):

- ePortfolio de Evaluación. Permite valorar la consecución de criterios específicos para obtener una titulación o trabajo.
- ePortfolio de Aprendizaje. Permite ofrecer información sobre los objetivos de aprendizaje incorporando tanto reflexiones y autoevaluación del estudiante como del docente.
- ePortfolio de "Demostración de las mejores prácticas". Permite presentar información o logros a audiencias concretas.
- ePortfolio de Transición. Permite aportar evidencias y registros de utilidad en momentos de transición o paso de un nivel académico a otro.

Algunas metáforas para entender el ePortfolio siguiendo a Mellado, (2007) son:

- *Espejo*. "Retrato de su creador" que puede contrastarse con sus ideales educativos.
- *Mapa*. Permite enlazar la matriz de conocimientos y habilidades con ejemplos de evidencias (producciones multimedia, etc.)
- *Soneto*. Consiste en ser "creativos" en la estructura y formato para que refleje la "personalidad" de su autor.

Por su parte, en el Grupo de Discusión sobre ePortfolios [url: Google Group ePortfolio] se nos ofrece una herramienta interactiva para diagnosticar los aspectos que estamos priorizando en nuestro ePortfolio (Figura 2).

Figura 2. Modalidades de uso del ePortfolio.

Los aspectos incorporados en la autovaloración del ePortfolio se presentan combinando los dos extremos de aspectos clave del ePortfolio en un continuo:

- Cronológico - Inmediato
- Externo - Interno
- Sumativo - Formativo
- Social – Independiente

Estas propuestas para entender el ePortfolio nos permiten planificar una integración del mismo para abordar tanto estrategias de aprendizaje como de evaluación.

14.3. EJEMPLIFICACIONES DE TIPOS DE EPORTFOLIOS

Una forma de comprender algunas de las utilidades de los ePortfolios es revisar ejemplos que permitan visualizar los distintos tipos de diseños y estructuración de los mismos en función del uso para el que son creados. Klenowski señala que "se requieren oportunidades para exhibir o demostrar el aprendizaje y para autoevaluarlo o ser revisado por los compañeros" (2007, p. 152).

14.3.1. ePortfolios de presentación docente

Un ejemplo de ePortfolio que destacamos es el del experto en tecnologías de la información Ali Jafari desarrollado con un editor de ePortfolios específico denominado EPSILEN al que pueden acceder usuarios en Universidades de EEUU (Figura 3).

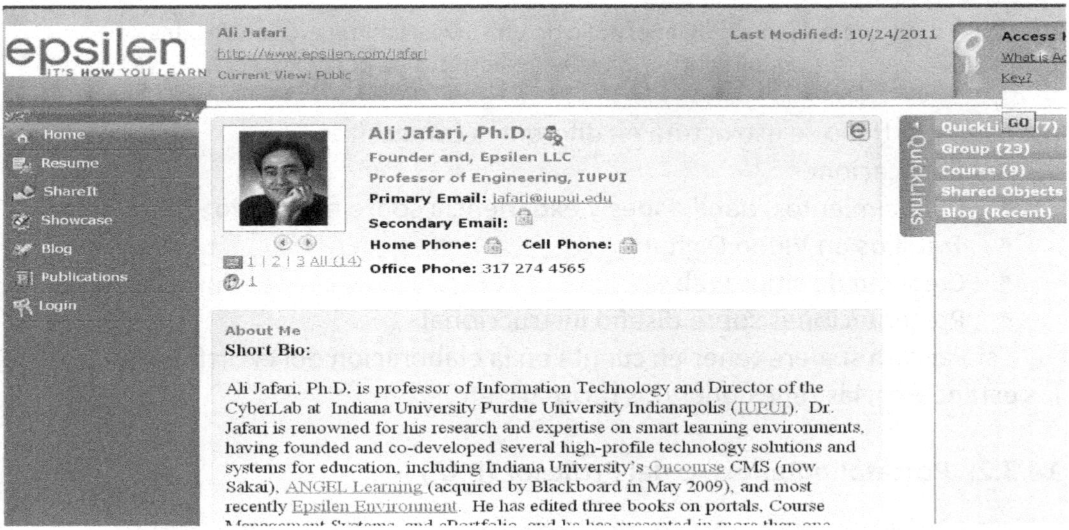

Figura 3. ePortfolio de Ali Jafari, Experto en Tecnologías de la Información
Fuente: http://www.epsilen.com/jafari.

En este ejemplo el autor ha incluido distintos apartados para configurar el tipo de ePortfolio que se ajusta a sus necesidades. En la columna lateral izquierda se han incorporado datos sobre: Biografía, Presentación, Certificaciones, Blog, Publicaciones y Enlaces. En la columna lateral derecha están los enlaces a grupos de discusión, cursos, etc.

Otro ePortfolio a destacar es el de la experta en esta temática Helen Barrett (Figura 4)

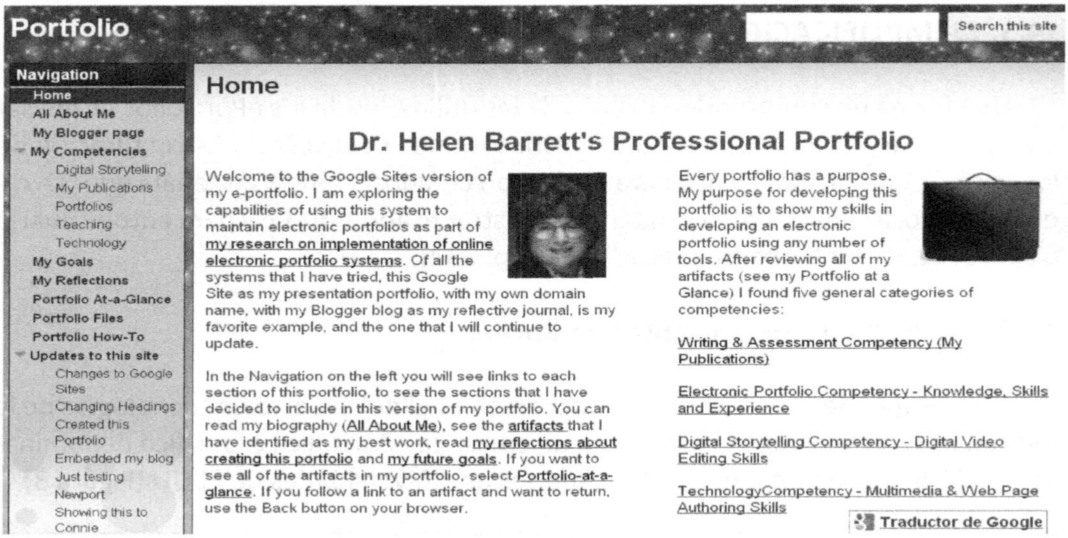

Figura 4. Ejemplo de ePortfolio de una investigadora en Google Sites.
Fuente: http://sites.helenbarrett.net/portfolio/.

Este ePortfolio se estructura en diferentes categorías:

- Publicaciones
- Conocimientos, habilidades y experiencia sobre ePortfolio
- Trabajos en Video Digital
- Creación de sitios web
- Presentaciones sobre diseño instruccional

Esta autora sugiere tener en cuenta en la elaboración del ePortfolio: el proceso, los estándares, las reflexiones, los recursos, etc.

14.3.2. Portafolio Reflexivo del Profesor (PRP)

Una de las características del ePortfolio es promover la presentación reflexiva de los contenidos, destacando los aspectos que se consideran relevantes en el desarrollo profesional del profesor; así como las experiencias que han supuesto momentos clave en cualquiera de los ámbitos de actuación docente.

Algunos de los apartados que se sugieren al plantearse un Portafolio Reflexivo del Profesor (PRP) son: introducción, punto de partida, objetivos, repertorio de muestras y visión global (Figura 5).

Introducción	**Mi PRP – Presentación del portafolio y sus partes**	
Punto de Partida	**¿Quién soy?** Formación Experiencia Creencias Rol del profesor Rol del alumno Procesos aprendizaje/adquisición Práctica docente	**¿Dónde estoy?** Logros Necesidades Inquietudes Preocupaciones Curiosidades
Objetivos	**¿Adónde voy?** Expectativas Objetivos Plan de acción	
Repertorio de Muestras	**Muestras** de productos/logros	**Reflexión:** **¿Cómo he llegado hasta aquí?**
	Muestras de procesos de los objetivos marcados	**Reflexión:** **¡Ya estoy en camino!**
Visión global	**Mi evolución** Evaluación general de mi desarrollo profesional	

Figura 5. Esquema de un Portafolio Reflexivo del Profesor.
Fuente: http://www.slideshare.net/JoanTomas/pr-pneutro.

En el siguiente ejemplo se visualiza esta estructura en las distintas secciones del Portafolio Reflexivo del Profesor (Figura 6):

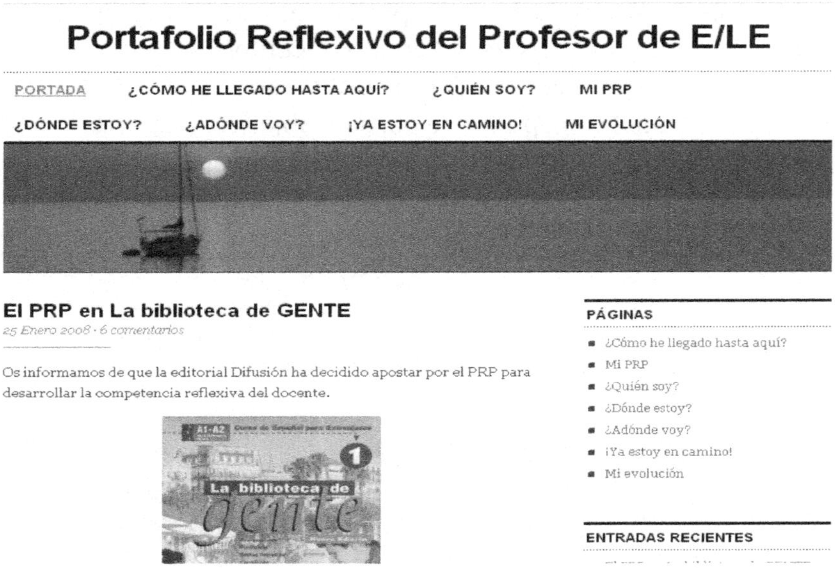

Figura 6. Portafolio Reflexivo de Profesor de idiomas.
Fuente: http://prpele.wordpress.com/mi-prp/.

Para facilitar la reflexión y personalización del ePortfolio se utilizan distintas preguntas para presentar la trayectoria y los planes futuros:

- ¿Cómo he llegado hasta aquí?
- Mi PRP
- ¿Quién soy?
- ¿Dónde estoy?
- ¿A dónde voy?
- Ya estoy en camino
- Mi evolución

14.4. HERRAMIENTAS PARA LA CREACIÓN DE EPORTFOLIOS

El diseño de ePortfolios va a depender de su tipología. Existen propuestas y modelos para su diseño así como herramientas web para su creación. El ePortfolio para un grupo reducido de estudiantes se puede llevar a cabo utilizando herramientas de creación de espacios web (editores web, wikis, bitácoras, etc.).

Cuando se trata de una estrategia generalizada por parte de una institución se utilizan editores web específicos que traen unas funcionalidades generales en función de unos estándares requeridos.

La decisión del tipo de información a incluir dependerá del tipo de uso del ePortfolio: individual, grupo clase, institucional, etc.

De esta forma en el ePortfolio de uso individual el propio docente o estudiante pueden decidir la estructura. En el uso para el grupo clase la estructura general puede venir definida por el docente. En el uso institucional suele tener una estructura común que permite el análisis de información bajo los mismos parámetros.

La decisión sobre las funcionalidades a incorporar en el ePortfolio puede variar en función de los objetivos pretendidos con esta herramienta, pudiendo tener una estructura libre, pre-definida o mixta (parte común y otra personalizable) (Cacheiro, 2011, p. 296).

Dada la tendencia a incorporar el ePortfolio en distintos escenarios personales, académicos y profesionales se están desarrollando editores específicos para su creación. Esta tendencia ha llevado a que las propias entidades educativas creen sus herramientas al efecto y las pongan a disposición de la comunidad educativa. Por otro lado distintos proyectos e iniciativas están desarrollando prototipos que permiten evaluar las posibilidades de las distintas modalidades de uso del ePortfolio.

A modo de ejemplo se presentan varios editores específicos de ePortfolios como el edu-portfolio y el zPortfolio. Ambos son gratuitos si bien requieren inscribirse previamente.

El editor de ePortfolios edu-portfolio permite crear de forma sencilla un espacio para ir organizando y reflexionando sobre los aspectos considerados relevantes para su autor (Figura 7).

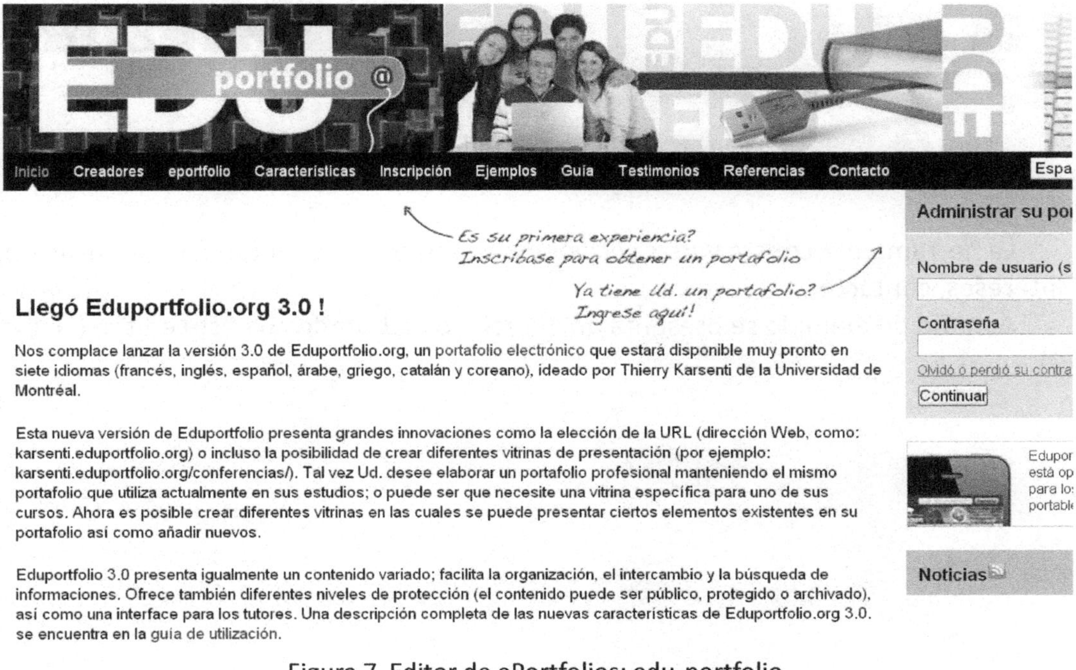

Figura 7. Editor de ePortfolios: edu-portfolio.
Fuente: http://eduportfolio.org.

Este editor no tiene una estructura pre-definida pudiendo cada usuario adaptarlo, incorporando para cada evidencia además de la descripción y la valoración personal, el archivo y una opción para recibir comentarios de otros usuarios.

A través de este ePortfolio se pretende ir reflejando las actividades que se van desarrollando en los distintos módulos que forma parte del programa formativo.

La herramienta doyoubuzz [url: doyoubuzz] permite elaborar el ePortfolio a través de distintas secciones que se pueden personalizar (Figura 8):

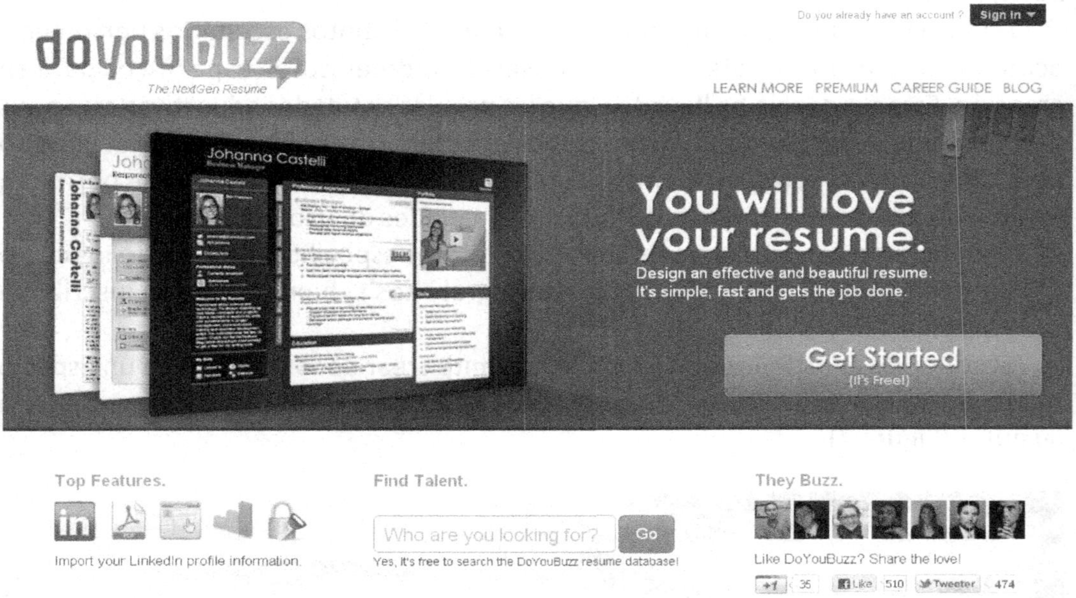

Figura 8. Editor de ePortfolios doyoubuzz.
Fuente: http://www.doyoubuzz.com/

La herramienta consta varias secciones: experiencia, competencias, educación, intereses, contacto.

A modo de ejemplo se presenta un ePortfolio elaborado con este editor. (Figura 9).

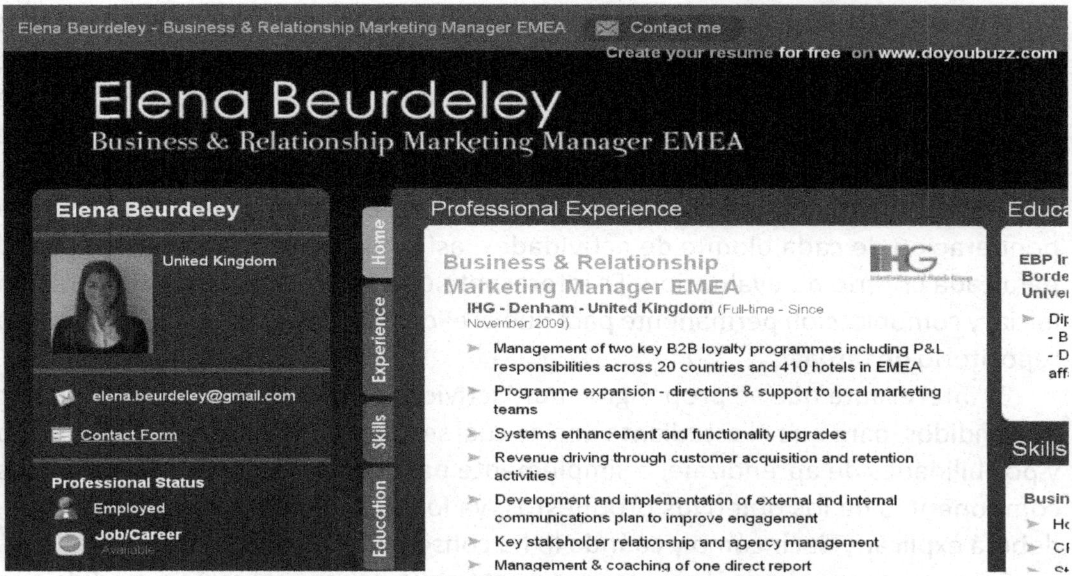

Figura 9. Ejemplo de ePortfolio creado con doyoubuzz.
Fuente: http://www.doyoubuzz.com/elena-beurdeley/

En el ejemplo se han utilizado las distintas secciones activando para su visibilidad en la pantalla principal parte de cada una a modo de tablón de anuncios.

14.5. EL EPORTFOLIO COMO HERRAMIENTA WEB 2.0 PARA EL TRABAJO COLABORATIVO

Podemos considerar el ePortfolio como una herramienta web 2.o para el trabajo colaborativo, ya que al tratarse de un espacio web una de las opciones que ofrecen los editores es compartir y recibir comentarios.

Una de las potencialidades del ePortfolio es poder recibir comentarios tanto de pares como de los docentes sobre los trabajos que se van realizando.

Este uso colaborativo del ePortfolio ha recibido atención de distintos autores (Wang, 2009; Zhang, Olfman & Firpo, 2010) para formentar un aprendizaje constructivista.

Como señala Klenowski (2007, p. 152) “El aprendizaje no es un simple registro de información. Profesores y estudiantes trabajan juntos en el proceso de construcción del conocimiento”.

El uso de ePortfolios permite gestionar la diversidad de actividades formativas que el equipo docente planifica para: (1) el trabajo con contenidos teóricos, (2) realización de actividades prácticas, y (3) trabajo autónomo (IUED, 2009).

A través del ePortfolio el estudiante va reflejando las actividades desarrolladas tanto de forma individual como en grupo y valorando tanto el proceso realizado como el resultado obtenido guardando evidencias de los trabajos académicos y sus apreciaciones al respecto. Igualmente el docente puede ir guardando sus materiales de enseñanza facilitando su consulta y actualización permanente.

Antes de iniciar la elaboración del ePortfolio los estudiantes deben conocer la ponderación de cada bloque de actividades, así como los indicadores de calidad para cada criterio de evaluación. Es interesante que se produzca esta clarificación inicial y comunicación permanente para que el ePortfolio no se convierta en un mero repositorio de tareas.

Es interesante que se propongan multiactividades respecto a los aprendizajes pretendidos, para que el estudiante decida cuál se adapta mejor con su estilo, ritmo y posibilidades de aprendizaje, o simplemente para que valore que algunos de los componentes de los objetivos propuestos, ya los tiene conseguido (para lo cual, deberá explicar y decir cómo y cuándo lo ha conseguido).

Rate presenta un ciclo de cuatro momentos que deben realizarse a medida que se avanza en el aprendizaje a través del ePortfolio (figura 10).

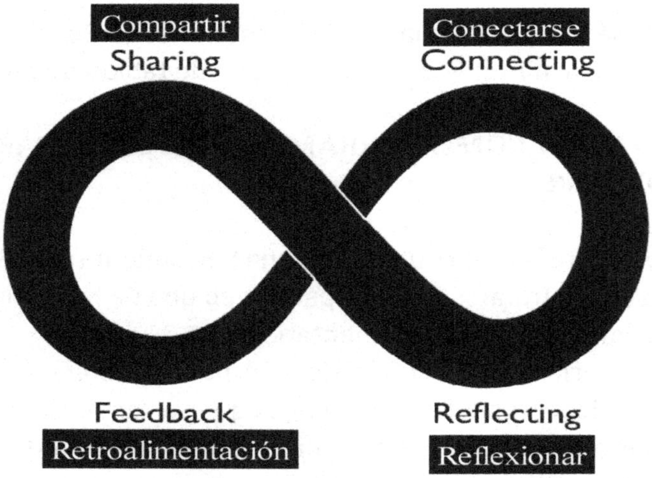

Figura 10. Ciclo de aprendizaje con el ePortfolio (Rate, s/f).
[Traducción propia]

El estudiante lleva a cabo acciones de compartir, reflexionar, conectarse y obtener retroalimentación para cada una de las entradas del ePortfolio.

14.6. LAS RÚBRICAS COMO COMPLEMENTO A LA EVALUACIÓN A TRAVÉS DEL PORTFOLIO ELECTRÓNICO

Cuando el ePortfolio se utiliza para la evaluación del estudiante es de gran utilidad contar con rúbricas o matrices de valoración (Eduteka, 2002) que permiten explicitar los criterios y niveles para evaluar el grado de consecución de las competencias. Para la redacción de las rúbricas puede ayudar la utilización de la adaptación de la Taxonomía objetivos educativos de Bloom (Anderson y Krathwohl, 2001) que propone seis niveles jerárquicos que requieren habilidades que van de un orden inferior a un orden superior de complejidad: Recordar, Comprender, Aplicar, Analizar, Evaluar y Crear (Figura 11).

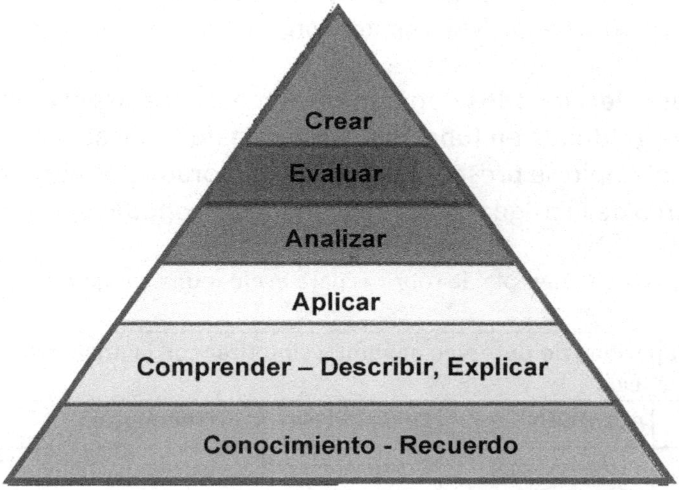

Figura 11. Adaptación de la taxonomía de Bloom (Anderson & Krathworhl, 2001).

Estas categorías nos permiten plantear objetivos que van del nivel inferior (conocimiento-recuerdo) a los niveles superiores (evaluación y creación), y una vez redactados deben establecerse los criterios para su evaluación.

La elaboración de rúbricas sirve de guía sobre los aspectos clave a dominar para cada competencia. Siguiendo a Villa y Poblete (2007) algunas dimensiones para establecer niveles de dominio o desempeño para cada competencia pueden ser: profundización en los contenidos, grado de desempeño autónomo, nivel de complejidad de las situaciones o contextos de aplicación, etc.

Siguiendo a Eduteka (2002), la matriz de valoración debe contener distintas secciones (Figura 12).

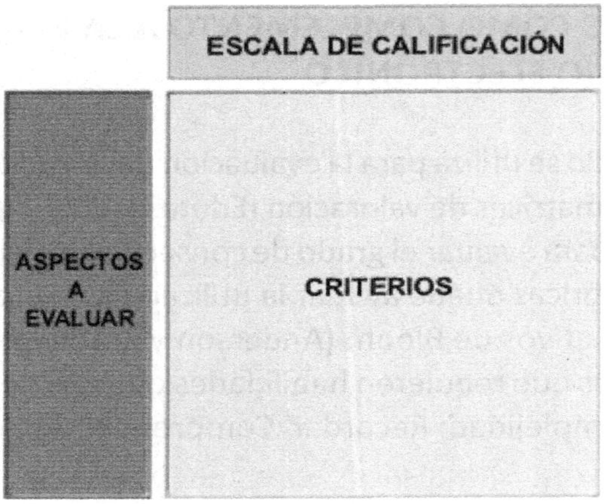

Figura 12. Matriz de valoración.
Fuente: http://www.eduteka.org/MatrizValoracion.php3

Los criterios seleccionados deberán referirse a cada aspecto a evaluar e igualmente de forma graduada en función de la escala de calificación.

A modo de ejemplo se presenta la rúbrica elaborada por Barberá y otros (2006, p. 61) en el marco de la asignatura prácticum de psicopedagogía (Tabla 1).

Tabla 1. Ejemplo de rúbricas para evaluar una competencia.

Competencia: Capacidad de observar, analizar y sintetizar con la finalidad de comprender el ámbito de intervención				
Experto	**Avanzado**	**En desarrollo**	**Emergente**	**Pendiente**
Extrae de forma excelente las ideas más significativas del conocimiento del ámbito y del rol profesional.	Extrae de manera explícita las ideas más significativas del conocimiento del ámbito y del rol profesional.	Extrae correctamente las ideas más significativas del conocimiento del ámbito y del rol profesional.	Extrae de manera poco adecuada las ideas más significativas del conocimiento del ámbito y del rol profesional.	No extrae las ideas más significativas del conocimiento del ámbito ni del rol profesional.
Analiza y sintetiza de forma excelente las diferencias y similitudes entre ámbitos y los diferentes roles profesionales, y justifica su análisis.	Analiza y sintetiza de manera explícita las diferencias y similitudes entre ámbitos y los diferentes roles profesionales, y justifica su análisis.	Analiza y sintetiza correctamente las diferencias y similitudes entre ámbitos y los diferentes roles profesionales, y justifica su análisis.	Analiza y sintetiza de manera poco adecuada las diferencias y similitudes entre ámbitos y los diferentes roles profesionales, y justifica su análisis.	No analiza ni sintetiza las diferencias y similitudes entre ámbitos ni los diferentes roles profesionales, ni justifica su análisis.

En este ejemplo se han seleccionado 5 rúbricas que van de mayor a menor nivel de logro (de experto a pendiente) indicando los criterios para su medición.

Un ejemplo de evidencias en función del tipo de competencia es el que presenta Cano (2005, p. 137) en un programa para formación de docentes (Tabla 2).

Tabla 2. Ejemplo de evidencias en un programa de formación docente.

Ámbito competencial	**Evidencias**
Saber	Análisis del programa, de los contenidos y de la bibliografía propuesta.
Saber hacer	Análisis de la metodología en una sesión de clase (mediante observación del aula o de una grabación).
Ser	Constatación de la pertenencia a grupos de innovación docente y de la creación de materiales didácticos.

Para facilitar la elaboración de estos niveles de logro de competencias se han desarrollado aplicaciones web específicas como rubistar [url: rubistar] (Figura 13).

Figura 13. Rubistar: herramienta para construir matrices de valoración.
Fuente/URL: http://rubistar.4teachers.org/index.php

Esta aplicación web facilita la creación de las rúbricas con ejemplos disponibles en distintas áreas y niveles educativos. También hay matrices de valoración para elaborar rúbricas.

14.7. CONSIDERACIONES FINALES

Son muchos los autores que coinciden en las aportaciones positivas del ePortfolio a los procesos de enseñanza-aprendizaje y a la evaluación (Sutherland, 2005; Barberà, Bautista, Espasa y Guasch, 2006; Klenowski, 2007; Jones, 2008; Barrett, 2009, 2011). Algunos autores proponen el ePortfolio como sistema alternativo a las evaluaciones a gran escala realizadas a nivel institucional (Syverson, 2009) por considerar que refleja en mejor medida muestras de los aprendizajes y fomenta la mejora continua.

El ePortfolio puede ayudar al docente en la planificación del proceso de enseñanza-aprendizaje utilizando una metodología de trabajo en la que las actividades se van desarrollando, presentando y comentando a través del ePortfolio.

A su vez, el docente cuenta con una estrategia que le permite promover una enseñanza en base a tareas y procesos que permiten ir avanzando en la línea de los objetivos pretendidos.

Como señala Sutherland (2005), no debe limitarse el uso de ePortfolio a un módulo, curso o programa. Cada uno tenemos distintas identidades en la vida y a través del ePortfolio es conveniente dar libertad al estudiante para recopilar experiencias de distintos ámbitos y pasar del "eLearning" al "myLearning", es decir a un entorno de aprendizaje electrónico para el propio desarrollo personal.

El estudiante puede ir recopilando los resultados y sus reflexiones de las distintas actividades que va realizando durante su proceso de aprendizaje, dando visibilidad y pudiendo obtener una retroalimentación de otros estudiantes y docentes gracias a las herramientas web 2.0 para el trabajo colaborativo que están incorporadas en los editores de ePortfolios. De esta forma el ePortfolio se convierte en Zona de Construcción del Aprendizaje (O'Brien; en A.Jafari y C. Kaufman, 2006).

El ePortfolio permite compartir los propios intereses y progresos dentro del marco institucional y a su vez tener una repercusión exterior al poder recibir retroalimentación por parte de otras personas interesadas en la misma temática. La recopilación y reflexión sobre los logros del aprendizaje va a permitirle al final de este proceso, describir y autovalorar el resultado obtenido por parte de los distintos agentes de la Comunidad Educativa.

La evolución del ePortfolio pasa por la utilización de los teléfonos móviles mPortfolio (Mobile Portfolio) y también por la creación de los entornos personales de aprendizaje (PLE, Personal Learning Environments).

14.8. REFERENCIAS

14.8.1. Bibliografía y webgrafía

Alfageme, M.B. (2007). El portafolio reflexivo: metodología didáctica en el EEES. *Educatio Siglo XXI*, n.º 25, pp. 209-226. Recuperado de http://revistas.um.es/educatio/article/viewFile/720/750

Anderson, L.W., & Krathwohl, D.R. (Eds.) (2001). *A taxonomy of learning, teaching, and assessment: A revision of Bloom's taxonomy of educational objectives*. New York: Longman.

Barberà, E.; Bautista, G.; Espasa, A.; Guasch, T. (2006). Portfolio electrónico: desarrollo de competencias profesionales en la Red». En: A. Badia (Coord.). Enseñanza y aprendizaje con TIC en la educación superior [monográfico en línea]. *Revista de Universidad y Sociedad del Conocimiento (RUSC)*. Vol. 3, n.° 2. UOC. Recuperado de http://www.uoc.edu/rusc/3/2/dt/esp/barbera_bautista_espasa_guasch.pdf

Barrett, H. (2009). Equilibrio entre los distintos elementos del ePortfolio. Recuperado de http://electronicportfolios.org/balance

Barrett, H. (2010). Balancing the Two Faces of ePortfolios. *Educação, Formação & Tecnologias, 3*(1), 6-14. [Online], Recuperado de http://eft.educom.pt/index.php/eft/article/viewFile/161/102

Barrett, H. (Marzo, 2011). My "Online Portfolio Adventure". Recuperado de http://electronicportfolios.com/myportfolio/versions.html

Cacheiro, M.L. (2011). El portfolio electrónico como estrategia de apropiación de competencias. En D. Gallego, C. Alonso y M.L. Cacheiro (Coords.), *Educación, Sociedad y Tecnología* (pp. 291-306). Madrid: Ramón Areces y UNED.

Cano, E.(2005). *El portafolios del profesorado universitario. Un instrumento para la evaluación y para el desarrollo profesional*. Barcelona: Octaedro-ICE-UB.

Eduteka (junio, 2002). Matriz de valoración. Recuperado de http://www.eduteka.org/MatrizValoracion.php3

García-Doval, F. (2005). El papel de los portfolios electrónicos en la enseñanza-aprendizaje de las lenguas. *Glosas didácticas, Revista Electrónica Internacional*, nº 14.

Google Group ePortfolio. Grupo de Discusión sobre "Investigación sobre ePortfolios en la Formación Continua y Web 2.0." [Researching Lifelong ePortfolios and Web 2.0]. Recuperado de http://groups.google.com/group/web2eportfolios?pli=1

IUED (2009). *Orientaciones para la elaboración de la guía de estudio*. Madrid: UNED-IUED. Documento policopiado.

Jafari, A. & Kaufman, C. (2006). *Handbook of Research on ePortfolios*. Melbourne: Idea Group Reference.

Jones, S. (2008). *E-portfolios and how they can support Personalisation. Improving learning through technology*. UK: Becta. Recuperado de http://events.becta.org.uk/content_files/corporate/resources/events/2007/jan/bett_2007/bett07_eportfolios_support_personalisation.pdf

Klenowski, V. (2007). *Desarrollo de portafolios para el aprendizaje y la evaluación*. Madrid: Narcea.

Love, D., Mckean, G. & Gathercoal, P. (2004). Portfolios to Webfolios-*Educause Quarterly*, V27-2. Recuperado de http://www.educause.edu/apps/eq/eqm04/eqm0423.asp

Mellado, M.E. (2007). Portafolio en línea: una herramienta de desarrollo y evaluación de competencias en la formación docente. *Educar*, nº 40, pp. 69-89.

Rate, N. [s/f]. A framework for developing ePortfolios [slideshare: nickrate]. Recuperado de http://www.slideshare.net/nickrate/core-education-breakfast-seminar-eportfolios

Syverson, M. A. (2009). Social justice and evidence-based assessment with the learning record. *Forum on Public Policy Online, 2009*(1)

Sutherland, S (2005). ePortfolios: a personal learning space. S. Freitas, de y C. Yapp. *Personalisation in the 21st Century*. Stafford: Network Press.

Tochon, F. V. (2010). Los riesgos inherentes a la institucionalización de la narrativa de la experiencia profesional en los portafolios electrónicos. *Profesorado: Revista De Curriculum y Formación Del Profesorado, 14*(3).

Villa, A. y Poblete, M. (Dirs.) (2007). *Aprendizaje basado en competencias. Una propuesta para la evaluación de las competencias genéricas*. Bilbao: Mensajero-ICE Universidad de Deusto.

Villar Angulo, L. y Alegre de la Rosa, O.M. (2011). Aplicación de las Tecnologías de la Información y la Comunicación (TIC) a la evaluación: los efectos de las r-rúbricas y los e-portafolios en la enseñanza (pp. 273-297). En M.L. Sevillano (Coord.), *Medios, recursos didácticos y tecnología educativa*. Madrid: Pearson Educación y UNED.

Wang, C. X. (2009). Comprehensive assessment of student collaboration in electronic portfolio construction: An evaluation research. *TechTrends: Linking Research and Practice to Improve Learning, 53*(1), 58-66.

Wikipedia_ePortfolio. Definición del términio ePortfolio. "An electronic portfolio, also known as an e-portfolio or digital portfolio, is a collection of electronic evidence assembled and managed by a user, usually on the Web" [Traducción propia]. Recuperado de http://en.wikipedia.org/wiki/Electronic_portfolio

Zhang, X., Olfman, L., & Firpo, D. (2010). Supporting social constructivist learning through the KEEP SLS ePortfolio system. *International Journal on E-Learning, 9*(3), 411-426.

14.8.2. Editores específicos de ePortfolios

Eduportfolio. Recuperado de http://eduportfolio.org
doyoubuzz. Recuperado de http://www.doyoubuzz.com/

14.8.3 Herramientas para creación de sitios web

Google Sites. Editor de sitios web. Recuperado de http://sites.google.com
Joomla. Editor de sitios web. Recuperado de http://www.joomlaspanish.org/

Drupal. Editor de sitios web. Recuperado de http://www.drupal.org.es/
Rubistar. Editor de rúbricas. Recuperado de http://rubistar.4teachers.org/index.php

14.8.4. Sitios Web de interés sobre ePortfolios

Nombre del sitio / URL	Pantalla principal del sitio web
Electronicportfolios. Sitio web sobre ePortfolio de Helen Barret. Disponible el 23/02/2009 en http://www.electronicportfolios.com/	
ELP. Enhancing Learner Progression Project - Guide to e-portfolios. Recuperado de http://www.elp.ac.uk/ep.html	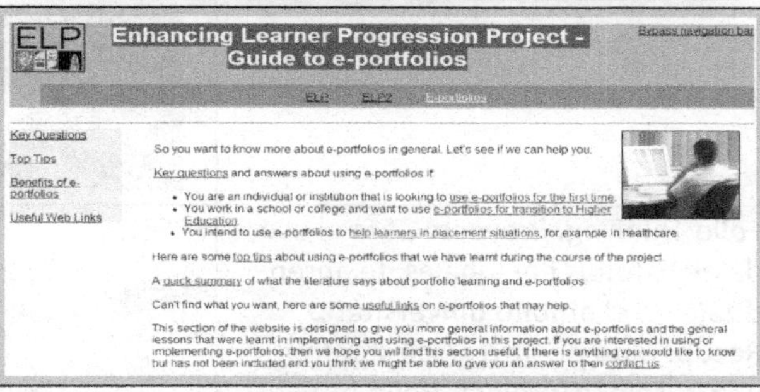
EPICC (EPortfolio Initiatives Coordination Committee). Comité de coordinación de iniciativas sobre el ePortfolio.. Recuperado de http://www.eife-l.org/activities/projects/epicc	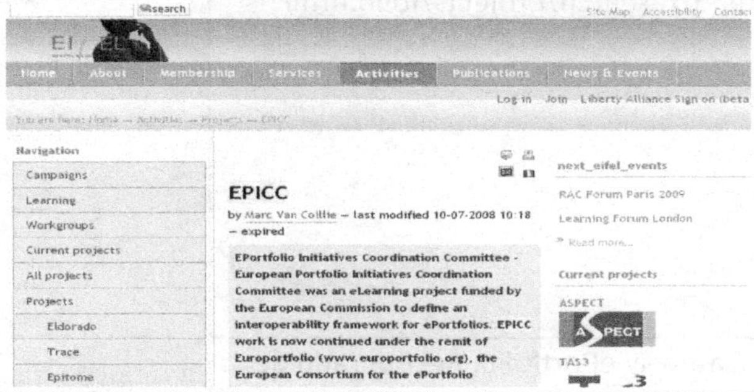

ePortConsortium. Consorcio que trabaja en la temática del ePortfolio. Recuperado de <u>http://ePortConsortium.org</u>

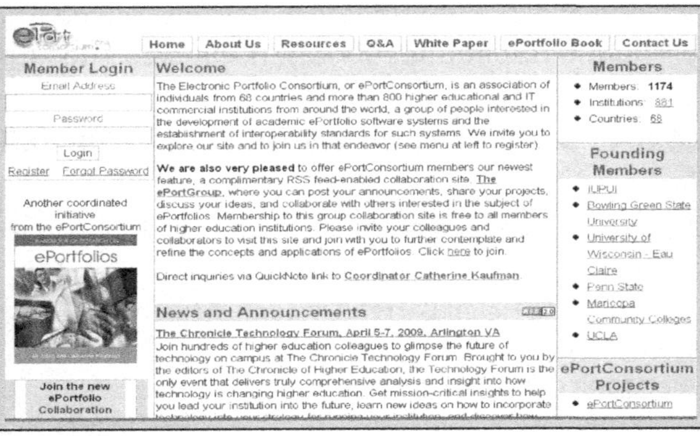

ePortfolio de Helen Barrett sobre cómo crear un ePortfolio. Recuperado de <u>http://newali.apple.com/ali_sites/ali/exhibits/1000156/</u>

Folio Thinking. Proyecto para el uso de ePortfolios personales de aprendizaje en el ámbito universitario. Recuperado de <u>http://scil.stanford.edu/research/projects/folio.html</u>

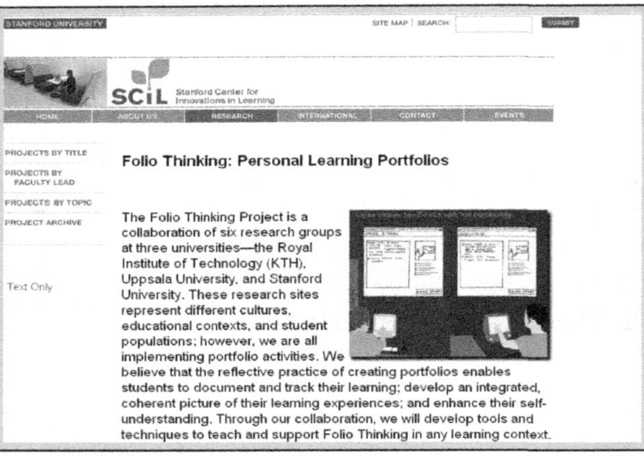

Gateway ePortfolio. Recuperado de http://gwc.maricopa.edu /class/e-portfolio/index.html

<table>
<tr>
<td>Iportfolio. Editor de ePortfolios. Recuperado de http://iportfolio.fr//</td>
<td>
</td>
</tr>
<tr>
<td>Le portfolio numérique. Sitio web de Robert Bibeau. Recuperado de http://www.robertbibeau.ca/portfolio2.html</td>
<td>
</td>
</tr>
<tr>
<td>Open Source Portfolio (OSP). Recuperado de http://www.osportfolio.org/</td>
<td>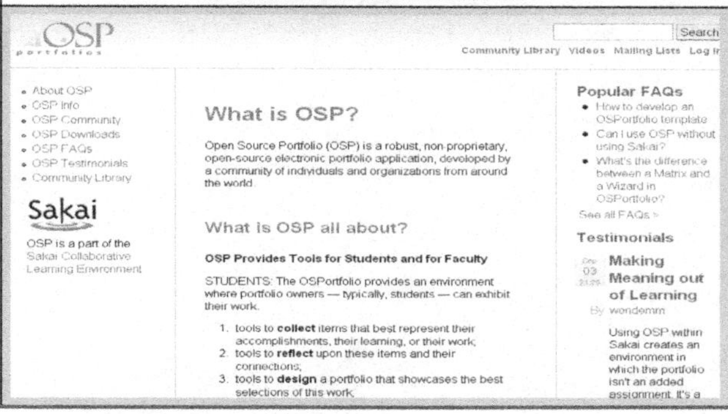
</td>
</tr>
</table>

Made in the USA
Monee, IL
05 November 2026

67808947R10149